To :

사막에서 깨달은 진리, 냇가가 바당

함께 녹녀요.

KB205801

백만숙 목사의 4번째 기적의 간증에세이

사막에서 깨달은 진리

십자가 사랑

백만숙 지음

백만숙 목사의 4번째 기적의 간증에세이

사막에서 깨달은 진리

십자가 사랑

백만숙 지음

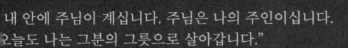

내 안에 주님이 계십니다. 주님은 나의 주인이십니다.
오늘도 나는 그분의 그릇으로 살아갑니다."

기적은 큰일을 통해서 이루어지는 것만은 아닙니다.
일상에서 도저히 내가 못할 일들이 이루어지는 것이 바로
기적입니다. 하나님 편에서는 일상적인 일이지만, 인간
편에서는 기적이라고 합니다.
주님의 그릇으로 살 때 날마다 기적을 체험하게 됩니다.

'민들레 홀씨가 되어 또 다른 복음의 씨앗이'

최원호 교수

2020년 새 일을 행하시는 하나님께 영광 돌리는 기쁨은 더욱 새롭습니다. 사랑하는 제자(백만숙 박사)의 네 번째 책 '사막에서 깨달은 진리, 십자가 사랑'은 그동안 출간한 '사막에 핀 꽃 시리즈(3권)'를 뛰어넘어 '진리와 십자가'의 키워드로 영적 성숙을 의미합니다. 이 책에 추천의 글을 쓴다는 자체가 저 역시 또 하나의 간증입니다.

책 속에 자기를 드러내지 않는다는 것은 쉬운 일이 아닙니다. 물론 출간목적에 따라 다르겠지만, 어쩌면 자기를 더 많이 드러내기 위해 출간하는 경우가 대부분입니다. 하지만, 이 책은 내 안에 역사하시는 하나님을 드러내기 위해 쓴 책이라 더 귀하게 여겨지는 이유입니다. 그것은 본문을 읽다 보면 순간순간 생각지도 못했거나, 아니면 내 뜻과 전혀 상관없이 인도하시는 모습 속에 살아계신 하나님을 알게 하는 증인된 삶의 현장이기 때문입니다.

하나님은 우리 인생의 연출자이시라 그가 기획하는 대로 순종하기만 하면 훌륭한 작품으로 만들어질 수밖에 없다고 강조합니다. 자신의 문제보다 크신 하나님을 보지 못하고, 문제만 바라보는 관점을 변화시킬 때 풍성한 삶으로 인도하심을 간증하고 있습니다.

  인간관계 역시 하나님과 밀접한 관계를 어떻게 형성하느냐에 달렸습니다. 내 인생의 주인은 하나님이시기에 그분보다 앞서기보다 인도하심을 기다릴 때 풍성한 삶으로 인도하는 노하우를 보여주고 있습니다.

  그리고 이 한 권의 책 속에 보석 같은 열일곱 명의 또 다른 간증들로 채워져 있어 백 목사님을 통한 복음의 증인이 민들레 홀씨처럼 흩어져 또 다른 행복의 씨앗이 되었음을 고백합니다. 그러기에 이 책을 통하여 더 많은 주의 백성들에게 각양각색으로 역사하시는 주님의 음성이 곧 나의 간증이 되기를 축복합니다.

(국제청소년문화교류협회 이사장)

'나는 열등한 나를 사랑한다' 저자

<추천의 글>

'내가 나 된 것은 하나님의 은혜입니다.'

최진수 목사

제가 지금 있는 이곳은 자그마한 교회 작은 공간입니다.
이곳에서는 무엇이든지 하고 싶은 일은 할 수 있는 곳입니다.

이곳에서
음악을 듣기도 하고,
책을 읽기도 하고,
커피를 마시며 글을 쓰기도 합니다.

얼마 전 책을 읽었습니다.

백만숙 목사의
사막에 핀 꽃은 아름답다.(1권)
사막에 핀 꽃은 시들지 않는다.(2권)
사막에 핀 꽃은 형통하다.(3권)

사막 시리즈 3권의 책을 읽었습니다.

한 사람의 아픔이 보이고, 한 사람의 인생이 보였습니다.

그분의 아픔이 내 아픔이고
그분의 마음이 내 마음이었습니다.

그분을 알고 싶었고 만나고 싶었습니다.

그분을 만나보니, 글로 만난 것보다 더 존경하게 되었습니다.
매일 '오늘의 말씀'을 보내시는 분이십니다.
그 말씀으로 하루를 시작합니다.
그분은 '오늘의 말씀'을 한 번도 아닌, 매일 같이 꾸준하게 보내십니다.
그 성실한 모습이 또한 은혜입니다.

추천서를 써 달라는 부탁을 받았습니다.

추천의 글을 쓰기 전
백만숙 목사의 4집, '사막에서 깨달은 진리, 십자가 사랑'의 일부를 읽어 보았습니다.

사막 시리즈 4집에서도

그분의 인생이 보이고, 그분이 만난 하나님이 보였습니다.

그분을 잡고 있는 하나님의 손길을 나도 잡아 봅니다.

그분의 예수님이 보였습니다.

그분 마음에 있는 예수님을 나도 마음에 모십니다.

그분의 겸손이 보입니다.

예수님 때문에 겸손한 인생을 나도 내 마음에 예수님의 겸손을 담습니다.

4집을 읽고 책장을 덮으니 영화 한 편을 본 듯합니다.

마음에 평안하고, 잔잔한 여운이 남습니다.

오랫동안 기억하게 될 것입니다.

그분이 따라간 하나님의 발자취를 나도 따라갑니다.

사도 바울의 고백

"내가 나 된 것은 하나님의 은혜라"(고전 15:10)가 생각납니다.

"사막에서 깨달은 진리, 십자가 사랑" 의 출판을 축하합니다.

총신대 대전캠퍼스 서병문 학장

이 책은 그 이름처럼 주님께서 인생의 사막에서 깨닫게 한 십자가 사랑입니다. 사막에서 핀 백 목사님의 삶에 개입하시고, 역사하신 주님의 생생한 이야기입니다. 이 책은 한 치 앞도 내다보지 못하는 우리 인생에 고난을 통한 깨달음을 통해 삶에서 역사하신 하나님의 하신 일들을 적어낸 글입니다.

책의 제목을 주신 분도, 책을 출판하라는 사인을 주신 분도 하나님이셨으니 이 책을 통해 넘치는 은혜와 축복을 받으실 분들도 하나님께서 준비하실 것입니다.

저는 총신 대전캠퍼스 우리 학생들이 이 책을 통해 백 목사님의 삶에서 세밀하고 구체적으로 역사하셨던 주님을 만나고 십자가 진리를 체험하기를 바랍니다.

그리고 많은 기독교인들이 이 책을 통해 십자가 진리로 거듭나고 새 생명을 얻어 오늘도 살아 역사하는 주님과 매 순간 동행하는 영적인 삶을 살기를 축복합니다. 성령께서 이 책을 읽는 독자들에게 감동과 승리의 기쁨을 주시기를 바라는 마음입니다.

'사막에서 깨달은 진리, 십자가 사랑'

이정우 목사

사람은 저마다 추운 겨울에는 따뜻한 봄 날씨를 기다리고 더운 여름에는 시원한 날씨를 기다립니다. 추운 겨울 봄과 같은 사람, 더운 여름 냉수와 같으신 분이 목사님입니다.

책을 쓴다는 것은 자신의 생각과 경험과 지식의 총합을 논리적으로 때로는 감성적으로 풀어가는 작업이라고 할 수 있습니다. 특히 간증 성격의 자기 고백적인 글에는 마음으로 글을 쓰는 것이 아주 중요합니다. 글이 머리에서 나오는 사람이 있고, 가슴에서 나오는 사람이 있는데 저자의 글은 단순히 생각과 머릿속에서 인스턴트처럼 만들어진 글이 아닙니다. 산속 옹달샘에서 샘물이 솟아오르듯 가슴속에서 터져 나오는 인생의 진실한 고백이 담겨 있습니다.

글을 읽는 독자들의 마음을 따뜻하게 만들어주면서 저자가 만났던 하나님을 간접적으로 경험할 수 있는 통로를 제공해 줍니다.

저는 목사님을 알고 지낸 지가 15년 정도 됩니다. 처음에는 평신도 권사님으로 만났다가 지금은 목사님으로 만나고 있습니다. 평신도로 뵐 때의 모습이 성실과 열정이었다면 지금은 성숙과 기다림입니다.

목사님이 걸어가는 여정을 보면 그 길이 광야처럼 보이는데 구약시대 광야를 걸었던 백성들의 모습과는 다르게 걸어가고 있음을 보게 됩니다.

광야에는 물이 없고, 양식이 없고, 고단한 삶의 연속일 수 있지만 그곳에는 은혜가 있고, 십자가 사랑이 있습니다. 저자는 그 하나님을 손에 잡힐 듯이 가깝게 만나면서 걷고 있습니다. 책에서는 그 광야에서의 하나님을 기도와 기다림 속에 만나는 과정을 그리고 있습니다. 하나님과 동행의 맛과 멋을 아는 분입니다. 그래서 광야를 푸른 초장같이 걸어가시는 분이었습니다. 그리고 마침내 그 광야, 사막에도 아름다운 꽃이 필수 있음을 보여 주셨습니다.

그러한 광야에서 만났던 하나님과의 사랑 이야기, 고난의 쓴잔이 변하여 은혜의 잔이 되었던 이야기, 갈 바를 알지 못하고 갔는데 길이 열려진 이야기 등 많은 이야기들이 잠든 영혼을 깨우는 청량제 역할을 하게 될 것입니다.

우리의 삶 속에 만나게 되는 다양한 광야의 현장, 어떤 광야가 중요한 것이 아니라 어떻게 광야를 바라보느냐? 어떻게 해석하며 광야를 걸어가느냐에 따라 그 광야는 전혀 다르게 보일 수 있습니다.

이 책을 통해 사막, 광야에서 하나님의 뜨거운 사랑을 느낄 수 있습니다. 사막이 변하여 강물이 되고, 광야가 변하여 푸른 초장이 되는 은혜가 이 책에 담겨있습니다. 강력히 추천합니다.

'고난을 축복으로 여기며 감사하는 삶'

백희숙 교수

"우리가 환난 중에도 즐거워하나니 이는 환난은 인내를 인내는 연단을 연단은 소망을 이루는 줄 앎이로다"(롬 5:3-4)

태초에 하나님은 인간을 창조하실 때 각자의 사명과 함께 누구에게나 고난이 공존하도록 만드셨습니다. 고난의 깊이와 무게는 다를지언정 그 누구도 인생을 살면서 고난을 피해 갈 수는 없는 것입니다.

수년 전부터 언니이자 제 인생의 멘토인 백만숙 목사님이 매일 아침 보내주는 '오늘의 말씀'은 성경 말씀을 근거로 한 하나님 자녀로서의 삶과 고난이 주는 축복을 주제로 한 말씀이 주를 이루고 있었으며 이를 바탕으로 '사막에 핀 꽃은 아름답다' '사막에 핀 꽃은 시들지 않는다' '사막에 핀 꽃은 형통하다'의 간증집이 탄생하게 되었고, '내 안에 주님을 모시고 기도하고 시작한 모든 것은 이루어진다'라는 확신을 가지고 하나님의 은혜에 감사하며 또 하나의 간증집을 편찬하게 되었습니다.

저자는 매우 솔직합니다.

경험한 사실에 대해 꾸미지 않으며 늘 자신을 드러내지 않고 있는 그대로를 보여주면서 하나님의 메신저 역할을 담당하고 있는 저자의 간증집을 대할 때마다 평강과 공감의 은혜가 밀려옴을 고백합니다. 간증집을 통해 고난을 축복으로 여기며 감사할 수 있는 방법을 깨달을 수 있었음 또한 저에게는 크나큰 선물이었습니다.

'왜 나에게는 고난이 많은가'라는 의문을 가진 분이라면 꼭 이 간증집을 읽어보시라고 적극 권하고 싶습니다.

수많은 시간을 거친 사막에서의 연단을 통해 기적의 꽃을 피우고 형통함을 체험하며 급기야는 십자가의 진리를 깨닫고 진정한 하나님의 사랑을 나누고자 하는 사명을 가진 저자는 하루하루가 은혜의 시간이 아닐 때가 없으므로 향후 간증집 편찬은 계속될 것입니다.

"내 안에 주님이 계십니다.

주님은 나의 주인이십니다.

오늘도 나는 주님을 나타내는 그릇으로 살아갑니다."

겸손과 진솔함으로 가득한 저자의 고백이 독자들 마음속 깊이 파고들어 한없는 십자가 사랑을 체험할 수 있기를 간절히 소망합니다.

'사막에서 깨달은 진리, 십자가 사랑'

기정남 목사

"내가 어렸을 때에는 말하는 것이 어린아이와 같고 깨닫는 것이 어린 아이와 같고 생각하는 것이 어린아이와 같다가 장성한 사람이 되어서는 어린아이의 일을 버렸노라 우리가 지금은 거울로 보는 것 같이 희미하나 그때에는 얼굴과 얼굴을 대하여 볼 것이요 지금은 내가 부분적으로 아나 그때에는 주께서 나를 아신 것 같이 내가 온전히 알리라 그런즉 믿음, 소망, 사랑, 이 세 가지는 항상 있을 것인데 그중의 제일은 사랑이라"(고전 13:11-13)

목사님으로부터 추천서 의뢰를 받고 많이 망설였습니다. 왜냐하면 저는 너무 부족하고 글재주가 없기 때문입니다. 목사님께서 4권 출판을 준비하신다고 했을 때 마음에서 기쁨이 솟아 먼저 박수로 응원을 했지만 글로 추천서를 쓴다는 것은 큰 부담이 되었습니다. 그런데 목사님과 대화를 통해, 프롤로그를 읽게 되면서 이 일이 주님의 일임을 알기에 부족하지만 용기를 내어 순종합니다.

목사님께서 보내 주신 프롤로그를 읽고 떠오른 하나님의 말씀은 고린도전서 13장, 사랑장입니다. 주님 사랑의 최고의 봉은 십자가에서 이루신 사랑입니다. 주님께서 지신 십자가를 우리도 통과해야만 주님의 생명으로 새롭게 되는 줄 믿습니다. 이 사랑이 있어야 믿음도 소망도 진짜가 되는 것입니다. 백만숙 목사님의 삶은 십자가를 통과하는 삶의 여정을 적나라하게 그려주고 있습니다. 백만숙 목사님 속에서 역사하는 예수님을 볼 수 있었기에 이 글을 쓰고 있습니다.

저자는 1권과 2권에서는 삶의 여정에서 문제와 사건, 시험, 질병, 그리고 갈등을 통해 하나님을 만나고 훈련받은 삶을 이야기했습니다. 그리고 제3권을 통해서는 하나님의 사랑을 흘러 보내는 통로의 역할을 통해 많은 성도들이 예수님의 십자가에 연합하여 죽고, 예수님의 부활에 연합하여 새로운 생명, 예수님의 생명으로 살아가는 변화를 이끄는 안내자의 삶을 증언해주고 있습니다. 이번 4권에서는 총체적으로 사막에서 깨달은 진리, 십자가 사랑을 성령께서 백 만숙 목사님을 통해 어떻게 노래하실지 기대됩니다.

십자가 복음이라는 제목으로 많은 책이 나와 있지만 정작 우리에게는 목마름이 있었습니다. 세상에서 채울 수 없는 목마름, 그것은 직임과 상관없이 사막과 같은 옛사람의 황폐하고 황량한 모습은 소망을 가질 수 없는 황폐한 땅입니다. 그런데 주님은 그 황폐한 땅에서 생명수를 발견하게 하십니다. 그 생명수는 주님의 십자가에 흘리신 피와 주님께서 흘리신 땀이 적셔진 그 십자가를 대신 잠깐 지게 된 구레네 사람 시몬의 영혼에 주님의 생명이 잉태했듯이 그 주님의 생명수, 새 생명, 성령의 인치심의 세례를 받게 된다는 것입니다.

목사님과의 인연은 매일 보내주시는 '오늘의 말씀'을 통해 알게 되었습니다. 이러한 인연을 계기로 목사님의 저서 1권, 2권, 3권을 읽게 되었습니다. 저에게 역사하신 성령께서 동일하게 역사하는 영적인 성령의 원리를 풀어내신 주님께 많은 감동을 받았습니다. 그리고 구체적으로 백 목사님의 삶을 만지시고 성화의 과정으로 구원을 이루어 가시는 주님께서 하나님의 백성에게 한 분의 인생을 실례를 들어 구체적으로 말씀과 기도를 적용하는 원리를 풀어서 우리에게 모델로 주신 것이라고 믿습니다.

이 책을 읽으시는 많은 분들도 백 만숙 목사님의 삶 속에서 역사하시는 하나님을 만나고 삶의 주인이요, 삶의 왕으로 모시는 응답의 자리에서 영원한 생명수로 목마르지 않는 복을 누리기를 축복합니다. 그리하여 신령과 진정으로 하나님께 영광 돌리기를 기도합니다.

'사막에서 깨달은 진리, 십자가 사랑' 순종

최정호 집사

"전제와 같이 내가 벌써 부어지고 나의 떠날 시각이 가까웠도다. 나는 선한 싸움을 싸우고 나의 달려갈 길을 마치고 믿음을 지켰으니 이제 후로는 나를 위하여 의의 면류관이 예비 되었으므로 주의 나타나심을 사모하는 모든 자에게 도니라."(딤후 4:6-8)

교회에 다니는 사람 혹은 성도들에게는 항상 듣는 이야기이지만 정작 순종의 의미와 순종으로 가는 길을 안다는 것은 쉽지 않으며, 때로는 추상적이고 막연한 단어로 여겨지기도 합니다.

백 만숙 목사님의 책(사막에서 깨달은 진리, 십자가 사랑)을 읽으면서 떠오른 단어는 순종이었습니다. 백 목사님의 이전 저서 '사막에 핀 꽃은 아름답다', '사막에 핀 꽃은 형통하다'를 읽었는데 그 책에서도 백 목사님이 깨닫고 찾아가는 진리의 길을 고난이라는 현실을 배경으로 풀어냈습니다. 이번 저서는 삶에서 쉽고 편안하게 찾아갈 수 있는 믿음의 길과 성령 충만의 삶, 그리고 순종의 삶을 알 수 있는 단순하지만 누구나 가깝게 다가갈 수 있도록 쉬운 길을 잘 설명해 주셨습니다.

본문의 사도바울은 본인의 삶의 마무리를 준비하고 있습니다. 사도로서 자신의 사명을 다하고 육신의 삶을 마무리하는 종착점 앞에서 소회(所懷)를 밝히고 있습니다.

'순종'의 사전적 의미는 '순순히 따르다'입니다. 순순히 따르기 위해서는 누군가의 지시가 있어야 하고 그 지시를 알아야 순종할 수 있는데, 여기서 말하는 순종은 하나님의 뜻하심을 알고 그 뜻하심이나 지시에 순종하는 것입니다. 그런데 순종하고 싶어도 하나님의 뜻을 알 수 없다는데 문제가 있습니다. 그렇다고 성경의 율법을 전부 지킬 수 있는 것도 아니므로 결코 쉬운 말이 아닙니다. 백 목사님의 책은 순종으로 갈수 있는 길을 안내해주는 안내서라고 생각합니다.

믿음이 우선이고 그 후에 성령 충만이 되고 주님의 뜻을 알 수 있을 때, 비로소 순종이 되고 기도 응답이 일어나는 선순환 구조의 열쇠가 되어줄 것입니다.

이전의 저서에서 백 목사님의 삶과 그 삶 속에서 배우는 고난의 의미와 삶의 해석이 있었다면 이번 저서 속에는 일상의 삶 속에서 누구나 쉽게 접할 수 있는 하나님의 일하심과 나의 순종을 편안하게 풀어준 좋은 가이드북이라고 생각합니다. '사막에서 깨달은 진리, 십자가 사랑', 이는 제목에서부터 우리의 삶 속에 녹아진 예수님을 표현하고 있습니다. 진리를 깨닫고 각자의 삶 속에서 예수님이 나타난다면 주님 앞에 갔을 때 결코 부끄러운 모습은 아닐 것입니다.

이 책을 읽으신 후 믿음이 성장하고 있음을 느낄 수 있기 바라며 '사막에서 깨달은 진리, 십자가 사랑'을 또한 깨닫게 되시기 바랍니다.

제 2부
주님은 내 안에 계십니다

제 3부
나는 오늘도 주님을 나타내는 그릇으로 살아갑니다

사 막 에 서 깨 달 은 진 리

프롤로그

'사막에서 깨달은 진리, 십자가 사랑'

'사막에 핀 꽃' 시리즈(아름답다, 시들지 않는다, 형통하다)는 주님이 내게 개입하셔서 역사하신 내용들입니다. 주님께서 허락하신 고난을 통해 기도하게 하셨고, 깨달음을 통해 문제해결을 받았고, 삶에서 고스란히 하나님이 역사하신 일들을 적어낸 글입니다.

책의 제목을 주신 것도 놀라운 일이었고, 책을 출판하라는 사인을 주신 후에는 넘치는 은혜와 사건들을 주셔서 그 문제들을 직접 해결해 주시는 하나님을 체험할 수 있었습니다. 주님께서 생각나게 하셨고, 저를 통해 직접 쓰신 책입니다. 그래서 제게 역사하신 성령께서 독자들에게 감동을 주셔서 동일하게 역사하심을 체험할 수 있습니다.

책을 집필할 때마다 주님께서 제게 원하신 메시지는 '너를 드러내지 않도록 하라. 네 안에서 역사하는 나를 드러내라'였습니다. 철저히 나는 그릇임을 고백할 수 있도록 제가 할 수 있는 일이 아무것도 없었습니다.

이번 제목을 무엇으로 정할까? 생각했는데 갑자기 "내 안에 주님이 계십니다. 주님은 나의 주인이십니다. 나는 오늘도 그분의 그릇으로 살아갑니다."를 함축한 내용을 주십니다. 그것은 바로 십자가 복음의 핵심입니다. 이 내용으로 어떻게 제목을 찾을까? 고민하던 중에 남편이 '사막에서 찾은 십자가의 길'이란 제목이 어떤지 물었습니다. 책 내용이 전부 십자가인지라 굳이 제목까지 십자가를 어필해야 할까? 라는 생각을 했는데, 주님께 묻고 싶었습니다. 그래서 힐링동산에 올라가면서 주님께 어떤 제목으로 책을 출판하면 좋은지 물었습니다. '사막에서 깨달은 진리, 십자가 사랑'이란 제목이 머리에 스쳤습니다.

예수님께서 십자가에서 죽으실 만큼 우리를 사랑하셨고, 우리 또한 받은 그 사랑으로 다른 사람을 사랑하는 것이 십자가 복음의 핵심입니다. 나는 사랑할 수 없지만 내 안에 계신 주님이 주시는 그 사랑을 흘러 보내는 것, 그것이 주님이 원하시는 삶입니다.

'나는 그분의 그릇입니다.' 우리는 그릇으로 내용물을 나타내는 삶이 영광의 삶이요, 가장 잘 사는 삶입니다. 그래서 이제 천천히 그분이 나를 통해 하신 일들을 적어나갈 것입니다.

하나님께서 부어주신 은혜가 넘칠 때, 그때가 바로 출판의 시기입니다. 하나님께 받은 은혜는 샘물처럼 퍼내어 다른 사람의 갈증을 해결해 주어야 합니다. 샘물이 고이면 물이 썩듯이 받은 은혜는 나누지 않으면 저를 오히려 교만의 자리로 가게 합니다.

28년 동안 살던 집을 이사하게 되면서 '하나님의 일은 하나님이 하신다.' 라고 수없이 고백할 수 있었습니다. 모든 상황이 이사할 수 없는 상황이었고, 주님의 인도하심이 없었다면 내 힘으로 할 수 있는 일이 아무것도 없었습니다. 다른 사람에게 빌려준 돈이 있었습니다. 그 돈을 받을 수 없어, 수없이 제 삶을 주님께 맡길 수밖에 없었고, 온전히 맡기게 되면서 주님의 기적 같은 일들을 날마다 체험할 수 있었습니다.

'주님, 돈 받게 해 주시면 제가 출판할게요.' 11월 말에 지나가는 말로 주님께 기도했습니다. 그런데 사진을 배우게 되면서 알게 된 윤 용 목사님께서 선물로 드린 간증집을 보시며 '다음에 출판할 때 도와드릴게요.'라고 말씀하셨습니다. 계획된 일이 아니었기에 '다음에 출판하게 되면 부탁드릴게요.'라고 여지를 두었습니다.

그리고 잊어버렸습니다. 책이 세상에 나오고, 독자들이 그 책을 읽고 은혜 받는 일은 제 일이 아니라 주님의 일이니 제가 아쉬운 일이 아니었습니다. 어찌 보면 하나님을 믿고 기다려온 시간이 너무 길다보니 살짝 주님께 떼를 쓴 것일 수도 있습니다. 주님께서 저를 통해 하실 일이니 그냥 제 생각을 말씀드린 것 뿐 입니다.

그런데 놀라운 것은 모든 것은 하나님의 계획안에 있었다는 것을 알게 되었습니다. 몇 해 전부터 '오늘의 말씀'을 받아 묵상하던 동생 친구인 이혜숙 권사님이 전화를 하셨습니다. 그리 활발한 교류가 없었는데 웬일일까? 하고 전화를 받았습니다. 선교헌금을 하고 싶다고 계좌번호를 물었습니다. 이게 뭐지? 하며 혹시 그 헌금을 출판에 사용해도 되는지 물었습니다. 그분은 흔쾌히 허락하셨습니다. 그리고 '아, 하나님께서 출판에 대한 계획이 있으신가보다'고 생각하게 되었습니다. 그런데 다음 날 백령도교회에 다니시는 김금자 집사님이 문서선교 헌금을 하겠다고 연락이 왔습니다. 그 후로 하문자 권사님, 제부(류인구)가 헌금을 해주셨습니다.

갑자기 이런 일들이 왜 일어나는 것일까? 빌려준 돈만 받게 해 주시면 좋을 텐데, 그런데 물질을 주셨으니 당연히 출판하라는 사인으로 받아들였고, 혹 모자라는 만큼 개인적으로 보충하면 되겠지, 이렇게 생각하고 선교통장을 확인한 순간 깜짝 놀라게 되었습니다. 이혜숙 권사님이 헌금한 액수는 출판금액과 예배드린 후 식사비용까지 포함된 액수였습니다. 출판비용은 출판, 플러스 장소 사용료, 예배드리러 오신 분들의 식사대금입니다.

주님은 늘 그렇게 물질을 먼저 준비해 주셨습니다. 그리고 페이스 북을 통해 알게 된 윤 용 목사님을 통해 출판사와 연결해 주셨고, 사랑하는 제자(정애경 권사, 백승연 집사)를 미리 준비해 주셔서 원고 수정을 도와 주셨습니다. 여호와 이레의 하나님께서 물질과 출판사와 도움을 주실 분들을 준비하셨으니 이제 순종하여 주님께서 주신 은혜를 그대로 적으면 되는 것입니다.

지난 번 출판예배를 드릴 때, 혹시 다음에 예배를 드린다면 학교가 아닌 다른 곳에서 드리고 싶었습니다. 하나님께 예배를 드리는데 사용료를 내고 예배를 드린다는 것이 불편했습니다. 그래서 기쁨으로 장소를 제공해 줄 곳이 없을까? 생각하게 되었고, 연로하신 부모님이 참석하시기 가까운 장소를 찾다보니 '꽃이 피는 교회' 생각이 났습니다.

'꽃이 피는 교회' 최진수 목사님은 교회 성도를 신학원에 보내주시면서 알게 된 분입니다. 목사님께 교회를 잠시 사용하게 해 주실 수 있는지 여쭈어보았습니다. 그러자 목사님은 오히려 작은 교회가 출판예배에 피해를 주는 것은 아닌지, 염려하며 다른 곳을 먼저 알아보고 마땅한 곳이 없으면 얼마든지 빌려 드리겠다고 하셨습니다.

주님께 예배드리는 곳은 크고 화려한 곳이 아니라 주님이 주인으로 계신 곳이면 좋겠다는 생각을 하였습니다. 작고 아름다운 교회, 그곳이 우리의 마음을 편하게 하고, 함께 예배드리는 사람들의 마음을 하나 되게 할 것 같았습니다. 그래서 목사님께 정중히 부탁하여 그곳으로 정하게 되었습니다. 이미 모든 것을 여호와 이레로 예비하신 주님이셨습니다.

새해 첫날 저는 지금 양수리에 와 있습니다. 이곳에서 2박 3일 동안 주님께서 제 삶에 역사하신 흔적들을 되돌아보며 2020년 탄생할 '주님을 나타내는 책'을 준비하고 있습니다.

이 책은 총 3부로 나누어집니다. 제 1부는 제 삶을 통해 주님이 주인 되셔서 역사하신 주님의 흔적을 적어보려고 합니다. 그리고 제 2부는 신앙인들이 꼭 알아야 할 내용들을 간단한 칼럼 형식으로 적어갈 것입니다. 그리고 제 3부는 하나님께서 '오늘의 말씀'을 통해 만나게 하신 분들의 간증이 써질 것입니다. 저 혼자 이 책을 쓰는 것보다 여러 사람이 써나가는 것이 훨씬 하나님을 더 잘 나타나게 할 것 같습니다.

어찌 보면 사도행전 29장과 같이 성령이 주체가 되어 역사하신 흔적들을 보게 될 것입니다. 이 책은 성령의 감동에 의해 쓰여 진 책이기 때문에 주님이 쓰신 책이라고 감히 말씀드리고 싶습니다.

저는 작고 연약합니다. 그러나 제 안에 계시는 주님은 강하십니다. 그래서 무서운 파괴력을 가지고 계셔서 어떤 장애물도 뚫고 나갈 수 있습니다. 그 능력은 죽음을 초월한 능력입니다. 마치 한 방울 한 방울 떨어지는 빗물이 바위를 패이게 하듯이 소소하게 작은 체험들이 모여서 저를 강한 믿음으로 만들어 주었습니다. 제가 할 일은 저를 통해 주님이 나타나도록 날마다 나를 버리는 일입니다. 내가 버려질수록 주님으로 가득 채워지기 때문입니다.

이 글을 읽으시는 분들에게도 저와 동일한 역사가 일어나기를 바라는 마음입니다.

"내 안에 주님이 계십니다. 그분은 나의 주인이십니다. 나는 오늘도 그분을 나타내는 그릇으로 살아갑니다."

내가 그릇이라는 사실을 잊지 않고 살아간다면 내 삶은 늘 형통할 것이라고 믿습니다. 우리는 주님을 나타내는 그릇으로 지음 받은 존재이기 때문입니다. 본질을 잊지 않는 우리 모두가 되어야 할 것입니다.

이 책이 나오기까지 도움을 주신 분들이 있습니다. 늘 용기와 격려를 이끼지 않고 큰 힘을 주시는 사랑하는 나의 아버지 백윤석 집사님, 하나님의 일에 쓰임 받는 딸을 자랑스럽게 여기며 기도해 주신 엄마 남궁길순 권사님, 그분들이 살아계신 자체가 제게는 큰 축복이고 힘이 됩니다. 하나님의 사역에 동역자가 되어주는 남편 이상덕 집사, 늘 엄마를 지지해 주는 사랑하는 아들 철규, 민정 그리고 사위 광석이, 모두가 힘이 되어 주었음에 감사드립니다. 출판이 되기까지 물질로 도와주신 부모님, 이혜숙 권사님, 김금자 집사님, 하문자 권사님, 그리고 사랑하는 제부 류인구, 이제는 신앙의 동역자가 된 사랑하는 동생 백희숙 교수, 모두에게 감사드립니다.

하나님은 늘 제 삶속에 역사하십니다. 어떤 일도 그 일은 내 일이라고 생각하지 않습니다. 하나님의 일이기 때문입니다. 그래서 느린 삶을 즐깁니다. 이 길이 아니면 저 길로 가면 됩니다. 하나님이 열어놓으신 길로만 가면 되기 때문입니다.

이번에 깨달은 것은 하나님의 뜻을 물을 필요가 없다는 것입니다. 그분이 내 삶의 주인이심을 믿는다면, 내가 가는 길이 그분의 길이었습니다. 그리고 그분은 내가 가는 길의 방향을 살짝 바꾸시며 그 길을 인도해 가십니다.

내가 죽고 예수로 사는 삶, 처음에는 힘들지만 살아보면 쉽습니다. 내가 죽을 때 주님이 온전한 주인으로 사실 수 있기 때문입니다. 신앙에서 기다림은 힘들지만 축복으로 가는 길입니다. 나의 삶을 통해 오직 주님만 나타나기를 간절히 기도합니다. 아멘.

사도 바울의 고백이 나의 고백이 되길 원합니다.

"그러나 내가 나 된 것은 하나님의 은혜로 된 것이니 내게 주신 그의 은
혜가 헛되지 아니하여 내가 모든 사도보다 더 많이 수고하였으나 내가 한
것이 아니요 오직 나와 함께하신 하나님의 은혜로라"(고전 15:10)

1부
주님은 나의
주인 이십니다

2017년 '사막에 핀 꽃은 형통하다'의 책이 나온 이후 2년의 시간이 조금 지났습니다. 그동안의 변화라면 그동안 꿈꾸어 왔던 일들이 하나씩 실현되고 있다는 것입니다.

2019년 6월 28일, 28년 동안 살던 고향과 같던 광명시를 떠나 경기도 광주로 거처를 옮기게 되었습니다. 이곳은 아들이 살고 있는 판교와 근접 지역으로 공기도 좋고 조용한 동네입니다. 주님의 뜻하신 바가 있어 이곳으로 옮기게 하셨습니다.

이사하는 과정에 많은 일들이 있었습니다. 그러나 그 복잡한 상황에서 주님은 정확하게 삶을 인도하셨고, 이미 다 이루어 놓으신 것들을 찾아가는 삶을 살게 하셨습니다. 그래서 하나님께서 일상의 삶을 통해 역사하신 일들이 많아 또 다시 간증집을 출판하게 되었습니다.

제 삶이 다른 사람에게 소망을 주는 것은 저는 아무 것도 가진 것이 없는 사람으로서, 오직 주님이 주신 약속을 믿고 누리는 삶이기에 다른 사람들에게, 특히 어려움에 처해 있는 사람들에게 많은 소망을 주리라 생각합니다.

문제가 올 때마다 제가 주님께 한 고백이 있습니다.

'주님은 나의 주인이십니다.'

주님, 당신은 내 삶의 주인이시니 내 모든 것을 책임지실 의무가 있다고 주님께 고백하는 것입니다. 그러면 주님은 너무도 정확하게 그 문제를 해결하는 방법을 알려주시든지, 아니면 깨달음으로 생각을 통해 제게 길을 열어주십니다.

우리의 삶이 힘든 것은 내 문제에 대한 해석이 안 될 때입니다. 그러나 주님의 마음을 알면 주님과 같은 생각을 통해 문제의 해석을 하게 됩니다. 아무리 어려운 문제일지라도 그 문제에 대한 해석만 할 수 있다면 그 문제는 더 이상 문제가 되지 않았습니다.

지금, 내가 글을 쓰고 있지만 이 글은 내가 쓰는 글이 아닙니다. 주님께 기도를 드렸고, 나를 통해 주님께서 사람들에게 하시고 싶은 말씀을 하는 것입니다. 이렇게 주님의 도구로 쓰임 받는다는 것은 참으로 신나는 일입니다. 나는 그저 과정에 쓰임 받을 뿐, 그 삶의 결과는 주님의 몫이기 때문입니다.

이런 원리를 깨닫고 삶에 적용하면서부터 제 삶이 너무도 쉬워졌습니다.

이젠 과정에 충실하고, 주님이 마음으로 주시는 일에 순종합니다. 그래서 교만할 수가 없습니다. 뭐 하나라도 내가 한 일이 있어야 자랑도할 것입니다. 그저, 부족한 종을 사용하여 주심에 감사할 뿐입니다. 나의 주님이 이 글을 읽는 모든 분들의 주님이 되시기를 간절히 기도합니다.

책의 형식은 있었던 사실과 그 일에 대한 성령의 깨달음의 형식으로 적어갈 것입니다. 주관적이긴 하지만 각 개인에게도 성령의 역사하심이 있을 것입니다. 기적은 큰일을 통해서 이루어지는 것만은 아닙니다.

일상에서 도저히 내가 못할 일들이 이루어지는 것이 바로 기적입니다.

하나님 편에서는 일상적인 일이지만, 인간 편에서는 기적이라고 합니다.
이제 저와 함께 성령의 인도함을 따라 가보기로 하겠습니다.

photo by mansook

그리운 그대

그대가 그곳에서 날 부르니
오늘도 그대를 만나러 갑니다

그대에게 가는 길이 결코
쉽지는 않습니다

그러나 내 마음을 끌어당기는
그대가 있어 발걸음을 그곳으로 향합니다

계절마다 옷 갈아입고
그 자태를 뽐내는 그리운 그대

그대가 보고 싶어
오늘도 그곳에 갑니다

-mansook paik-

'사막에 핀 꽃은 형통하다' 후기

2017년 11월 11일 토요일 오후 5시에 '사막에 핀 꽃은 형통하다' 출판 감사예배를 드렸습니다. 하나님이 주신 마음은 평안이었습니다. 늘 좋은 일을 앞두고 사단이 역사하기에 마음을 지키는 것이 승리하는 것이므로 마음지킴에 승리하리라 다짐하였습니다. 하나님은 성공하는 것보다 승리하는 것을 더 기뻐하시기 때문입니다.

책이 세상에 나오게 되면서 출판사와 소통이 잘 이루어지지 않아 마음을 빼앗길 일이 생겼습니다. 아주 중요한 실수였는데, 내용과 전혀 다른 사진이 들어간 것입니다. 분명 수정해 줄 것을 요구했는데, 그것을 인쇄가 다 된 후에 발견하게 되었습니다. 그것을 알게 된 순간, '감정에 속지 말자. 다 지나가리라.' 마음을 지키니 그 일은 아무것도 아닌 것이 되었습니다. 사실 가장 중요한 일이지만 그보다 더 중요한 것이 마음을 지키는 것이었습니다. 그래서 첫 번째 시험에서 승리하였습니다.

출판 예배 장소를 섭외하면서 한영대학교 식당에 구두로 예약을 했는데 아무 문제가 없다고 해서 그렇게 믿고 있었습니다. 그리고 정식으로 예약을 하려고 갔는데 토요일 오후에는 직원들이 출근하지 않아서 예약이 안 된다고 한마디로 거절했습니다. 참 황당했습니다. 뭐지? 교회에서 자주 애용하던 출장 뷔페에 연락했더니 마침 토요일은 예약이 다 차있다고 했습니다. 순간, 고민하며 시설 담당 목사님께 '식당도 뷔페도 안 된답니다.'라고 문자를 보냈습니다. 그러나 이상하게도 마음은 평안했습니다.

그리고 시설사용에 대한 계약서를 작성하려고 학교에 들렀을 때 시설 담당 목사님으로부터 식사 준비를 해 주시겠다는 감사한 소식을 들었습니다. 제 문자를 받고 사모님과 함께 고민을 하셨다고 합니다. 사모님께서 가족들이 먹는 음식을 준비하듯 너무도 정성스럽게 음식을 만들어주셨습니다. 참석한 사람들이 참 맛이 있다고 음식에 대해 칭찬해 주었습니다. 마음을 지켜 승리한 하나님의 또 다른 선물이었습니다.

예배를 드리는 날이 토요일이고, 모두가 바쁜 일상에서 예배에 참석해 주실 분들에 대해 마음을 내려놓았습니다. 그리고 '하나님, 꼭 필요한 사람만 참석할 수 있게 해 주세요.'라는 기도를 드렸습니다. 순서를 맡으신 분들은 한 마음으로 하나님께 영광을 돌렸고, 진심으로 축복해 주셨습니다.

사회를 맡은 정애경 권사님, 설교를 맡아주신 남궁선 교수님, 기도 순서를 맡아주신 은종천 장로님, 축사를 해주신 홍종수 총장님, 축가를 맡은 지은이, 또 특송을 해 주신 예루살렘 대원들과 신학원 학생들 모두가 하나님께 영광 돌린 자리였습니다.

화려하거나 특별한 것은 없었지만 소박하고, 정성과 사랑이 담긴 절제된 예배였습니다. 대전, 남양주, 화성, 송도, 도봉구, 정릉에서 와 주신 분들, 특히 SNS로만 교제하던 집사님들을 직접 만나 볼 수 있어 감사했습니다. 일찍 와서 안내로 봉사해 주신 귀한 집사님들, 마음이 하나인 사람들이 함께 한 예배여서 더욱 은혜로웠습니다.

'오직 하나님 한 분께만 영광을 올려드립니다.'

우리 신앙은 성공이 아닌 승리입니다. 성공은 사라질 그림자이고, 승리는 영원 세계에 상급으로 쌓입니다. 내가 승리한 것이 아니라 내 안에 계신 주님이 나타나므로 승리한 것입니다. 연약한 부분이 많았기에 더 많이 주님께 내어 드렸고, 주님이 나타나도록 자신을 절제 했기에 승리한 것입니다. 내 뜻대로 되지 않고 하나님 뜻대로 이루어짐이 가장 최선이었음을 고백합니다. 모든 것은 하나님의 은혜이고, 성공이 아닌 승리하게 하신 하나님께 감사를 드립니다. 함께 해 주신 모든 분들께 감사를 드립니다.

무엇이 사람을 승리하게 하는가? 내 안에 계신 주님이십니다. 내 생각, 내 뜻을 버릴 때 주님은 최고의 것으로 나타내 주십니다. 그런 하나님이 우리의 주인이시니 우리는 정말 행복한 사람들입니다.

예배 순서자들

사랑하는 부모님

"네가 손에 가지고 있는 것이 무엇이냐? 지팡이입니다. 그것을 땅에 던져라"

집을 계약하러 가기 전날 밤에 묵상하던 말씀이었습니다. 하나님께서는 이 말씀을 통해 제 마음을 두드리셨습니다.

1990년도 제가 광명시에 이사 올 때 저희는 송파구에 살고 있었습니다. 그런데 해마다 천만 원씩 오르던 전세자금을 올려 줄 상황이 안 되어 친정이 있는 광명시로 이사 오게 되었습니다. 때마침 여동생이 영국으로 유학을 가게 되어 동생네 집에 잠시 살기로 했습니다. 그런데 93년도에 친정아버지께서 지금 살고 있던 곳에 건물을 짓게 되면서 26년 동안 세를 올려줄 걱정 없이 살게 되었습니다.

모든 것은 하나님의 섭리 안에서 일어난 일이었습니다. 물론 아버지의 마음을 움직이신 분은 하나님이셨습니다. 그곳에서 13년 동안 미용실을 하면서 사람들을 섬기는 훈련을 받았고, 가장 낮아지는 체험을 하게 되었습니다. 그런데 감사하게도 광명시로 이사할 때 3,000만원으로 시작된 제 재산이 이사할 때가 되니 26년 만에 1억 3,000으로 불어나게 되었습니다. 물론 이 돈은 제가 노력해서 생긴 것이 아니고 하나님의 은혜로 재개발로 인해 이사하게 되면서 아버지께서 건물을 파셨고, 자녀들에게 동일하게 나누어 주신 돈이었습니다. 그 과정에 전세 계약이 제 명의로 되어 있기에 당연히 새로 살 집은 제 이름으로 해야 한다고 생각했습니다.

그런데 하나님께서 갑자기 제 손에 가지고 있는 것을 던지라는 것입니다. '주님, 제 손에 든 것이 무엇입니까?' 아무리 생각해 보아도 제 손에 들고 있는 것이 없었습니다. 다음날이 오포에 있는 집을 계약하는 날이고, 당연히 남편도 제 명의로 계약하는 것으로 알고 있었기에 아이들과 저는 집을 계약하러 가기로 했고, 남편은 시댁에 가기로 했던 것입니다. 그런데 하나님께서 갑자기 그렇게 말씀하시니 혼란스러웠습니다. 혹시 제가 가지고 있는 이 돈을 던지라는 것인가? 그렇게 기도를 드리니 갑자기 마음에 평안이 왔습니다.

솔직히 순종한다는 것이 쉬운 일은 아니었습니다. 저희 가정은 step family(재혼가정)입니다. 사실 재산상의 문제는 서로에게 예민합니다. 저희는 서로 수입을 따로 관리하고 있습니다. 그래서 더더욱 남편의 명의로 한다는 것은 후에 아이들에게 불리할 수 있어, 먼저 아이들과 상의를 했습니다. 하나님께서 이런 마음을 주시는데 아이들 마음은 어떤지 물었습니다. 두 녀석 다 하나님의 말씀에 순종하라고 했습니다.

아침에 일어나 남편에게 계약하러 같이 가자고 했고, 도장을 가지고 가라고 하니 남편은 어리둥절했습니다. 하나님이 당신 이름으로 계약하라고 하신다며 집을 계약하러 갔습니다. 그런데 참으로 놀라운 일이 벌어졌습니다.

삼일 전에 집을 보았고, 오늘 계약하기로 약속을 하고 갔는데 갑자기 건축주가 그 집을 팔지 않고 아들에게 주기로 했다는 것입니다. 참으로 황당한 일이었지만 하나님이 막으시는 것으로 판단을 했습니다.

제가 오포로 이사를 하려고 한 이유는 오랜 시간 동안 지친 몸을 쉬고 싶었습니다. 오랜 시간 수면 부족과 운동 부족, 지쳐가는 자신을 보며 하나님께 그 부분을 놓고 기도했습니다. 몸이 건강해야 하나님의 일도 할 수 있기 때문입니다. 그래서 공기가 좋고, 숲이 있는 곳에서 살고 싶었습니다. 다른 사람은 생각하지 않고, 오로지 제 생각만 했습니다. 그런데 하나님께서 그 집의 계약을 막으셨습니다. 그리고 방금 전에 해약한 집이 있는데 그 집을 보고 결정하라는 것입니다. 자주 올 수도 없는 상황이고, 당일 계약을 해야 할 상황이라 그분들이 안내하는 곳으로 가보았습니다. 이미 계약된 집인데, 하필이면 그 날에 해약이 되었다는 것입니다. 뭔가 하나님이 주시는 집이란 확신이 들어 더는 보지 않고 계약을 하기로 했습니다.

그 당시 저는 빌려준 돈을 받아서 계약을 하려고 했기 때문에 융자를 받아서 집을 산다는 생각을 하지 못하고 있었습니다. 돈을 빌리신 분은 저희가 이사하는 것을 알고 있었고, 하나님께서 이사 전에 돈을 받게 하실 것이라고 믿었기 때문입니다. 그런데 계약서를 쓰려고 할 때 중개인이 누구의 이름으로 계약을 할 것인지 물었습니다. 하나님께서 어제 말씀하신 일 때문에 당연히 남편 이름으로 계약한다고 했습니다. 그러자 중개인이 "해약하신 분이 여자 분인데 은행에서 융자 자격심사에서 떨어져 해약하게 되었다."고 말하는 것입니다. 그 말을 듣고 분명 하나님의 일하심에 이유가 있을 것이라고 생각했는데 바로 이 문제였습니다.

저는 급여를 받고 있지만 4대 보험이 적용이 안 되어 과세 증명을 할 수가 없습니다. 또 융자에 필요한 여러 가지 서류를 준비할 수 없었던 것입니다. 우리 인간은 한 치 앞을 알 수 없습니다. 그러나 하나님은 그 뒤를 보고 계십니다. 그래서 하나님은 제 손에 든 것을 버리라고 하시며 남편에게 그 일을 하도록 이끄신 것입니다. 그래서 무사히 융자를 받아 이사를 하게 되었습니다.

때로는 하나님께서 내 것을 달라고 하실 때 우리는 망설입니다. 그런데 하나님은 사랑의 하나님이십니다. 저에게 유익하지 않은 일을 허락하지 않으십니다. 그분을 신뢰하기 때문에 그분의 말씀에 순종합니다. 그래서 그분은 늘 가장 최선의 길로 인도하십니다.

융자에 필요한 여러 서류들을 준비하느라 남편이 많은 고생을 하였습니다. 저를 자유하게 해 주신 주님이십니다. 내 손에 든 지팡이를 버리고 나니 그 지팡이는 하나님의 능력의 지팡이가 되었습니다.

버린다는 것은 잃어버리는 것이 아니라 그것에서 자유해지는 것이라는 것을 알려주기 위해 하나님은 저에게 순종을 요구하신 것입니다. 그리고 우리 가족 모두는 남편을 축복해 주었습니다. 생애 첫 집주인이 된 것을, 그 거룩한 책임을 평생 져야 할 것입니다.

'내 방법이 아닌 하나님의 방법'

집을 계약하고 난 후 또 다른 고민이 생겼습니다. 새로 이사할 집에 수납공간이 많지 않아, 지금 가지고 있는 짐들을 그곳으로 옮길 수가 없었습니다. 이 집을 허락하신 분이 주님이라, 원망하듯이 '주님, 저 짐들 다 어쩌라구요. 김치 냉장고 놓을 자리도 없고, 세탁실도 좁아서 빨래건조대 놓을 자리도 없는데,' 구시렁거리며 기도했습니다.

그런데 갑자기 '뭘 걱정 하냐, 다 필요한 사람들에게 나누어주고, 그 집에 맞도록 준비하면 되지,' 갑자기 머리가 멍해졌습니다. '주님, 말이 쉽지 어떻게 저걸 다 버리고 그 집에 맞추어 삽니까? 그 많은 돈은 어쩌구요. 지금 융자 받은 게 얼마인데...' 그러면서 주님이 해결해 주실 거야, 광명에서 28년을 살았고, 재개발로 인해 강제 철거를 당하는데, 이 또한 주님의 섭리 안에서 일어나는 일인데 내가 왜 걱정을 하는가? 그런 믿음이 생겼습니다.

집안을 둘러보니 28년 동안 쌓아놓은 짐이 산더미 같았습니다. 아, 이사하게 되니 이제 묵은 짐을 다 버리게 되는 구나, 오히려 감사한 마음이 들었습니다. 최소한의 짐만 추리고 다른 것들은 필요한 이웃들에게 나누어 주었습니다.

그리고 이사하면서 집에 맞는 새로운 가구로 다 들여 놓았습니다. 많은 돈이 들었습니다. 김치 냉장고, 에어컨, 세탁건조기, 화장대, 침대, 소파, 책상, 수납장, 가구 등 새것으로 다 구입을 했습니다. 그런데 신기하게도 이 모든 비용이 조합에서 보상해준 이주비로 다 해결이 되었다는 것입니다. 쓸데없는 걱정을 한 것입니다. 이것이 하나님께서 하나님의 백성을 이끄시는 방법이었습니다.

그리고 당시에는 살아보지 않아서 절대로 모를 수밖에 없는 일을 이사한 후에 알게 되었습니다. 처음에 계약을 하려고 했던 집은 신현리에 있어 교통이 불편했습니다. 광역버스를 타고 내려서 마을버스를 다시 갈아타야 합니다. 제가 쉼에 초점을 두어 숲이 있는 곳을 찾다보니 교통편을 생각하지 못했는데 주님께서 그 집을 막아주시고, 지금 살고 있는 능평리로 방향을 바꾸어주셨는데 이곳은 광역 버스 정류장에서 1분 거리입니다. 생각해 보니 저희 집을 힐링 하우스로 개방하고 있는데 이곳에 오는 사람들 중에는 버스를 이용하는 사람들도 있습니다. 만일 신현리로 이사를 했다면 집을 찾아오기 쉽지 않았을 것이고, 대중교통을 이용하여 출근하는 딸이 힘들었을 것입니다. 태재고개를 넘으면 저희 집으로 가는 길은 뻥 뚫려 있지만 신현리로 가는 길은 늘 좌회전 차선이 꼬리를 길게 물고 있습니다.
이사한 후 새록새록 하나님이 하셨다는 것을 깨닫게 되고, 남편은 늘 퇴근시간에 태재고개를 넘을 때마다 저 집(신현리)을 막아주시고, 이집(능평리)을 주신 하나님께 감사기도를 드린다고 합니다.

이번 일을 통해 깨달은 것이 있습니다. 기도하는 자에게 하나님은 우리가 보지 못하는 길을 막아버리시고, 가장 최선의 길로 인도하시는 하나님이십니다. 그런 하나님을 찬양합니다.

photo by mansook paik

하나님이 예비하신 Healing House

상담학과를 졸업했지만 인본주의적 상담은 저와 맞지 않았습니다. 그래서 상담학 대신 신학을 공부하게 되었습니다. 모든 인간의 상처 혹은 해결할 수 없는 문제는 하나님과의 관계 안에서 해결된다는 것을 익히 알고 있었기 때문입니다.

저는 하나님 계획안에 허락된 많은 상처를 경험하였습니다. 그 상처들은 하나님 안에서 그분의 사랑으로 치유되었습니다. 그래서 하나님은 저에게 상담에 대한 특별한 은사를 주셨습니다. 상담을 받겠다고 오는 사람들 대부분 그 자리에서 문제를 해결 받거나, 하나님의 사랑을 경험하기 때문에 홀로서기를 할 수 있도록 도움을 주게 되었습니다.

그리고 어느 날부터 저는 꿈을 꾸기 시작했습니다. 제가 사는 곳이 그런 사람들을 치유하는 곳이 되기를 기도하면서 나름대로 계획을 세우기도 했습니다. 그런데 이사한지 얼마 되지 않던 날이었습니다. '오늘의 말씀'을 통해 알게 된 임희연 집사님에게 전화가 왔습니다. 집사님의 집은 광주 광역시에 있었고, 자녀들이 서울에서 대학에 다니고 있는데 기숙사에 있는 짐을 싣고 가기 위해 서울에 올라왔는데 저희 집에 꼭 방문하고 싶다고 했습니다.

방문할 시간이 점심시간과 겹치게 되어 간단한 점심 식사를 준비하고 기다렸습니다. 그런데 2시 정도 되어 식사를 하고 왔다며 잠시 차 한 잔만 마시고 가겠다고 했습니다. 자녀들은 2층에서 쉬도록 하고 집사님과 대화를 하다 보니 4시가 훌쩍 넘어버렸습니다. 멀리 운전해서 가야하니 이른 저녁을 먹고 가라며 점심에 준비하였던 식사를 대접하게 되었습니다. 그리고 집사님을 배웅하였는데 늦은 저녁에 문자가 왔습니다. "목사님, 마치 친정에 방문했다 가는 것처럼 편안한 집 밥을 먹게 되어 너무 행복했습니다. 사실 점심에 매운탕을 먹었는데 너무 맛이 없어 먹는 둥 마는 둥해서 배가 많이 고팠습니다. 그런데 아이들도 목사님이 차려주시는 저녁에 어리둥절했지만 너무 행복했다고 합니다." 행복했다는 말에 저도 참 기뻤습니다. 그리고 그날 이후로 많은 사람들이 집에 방문하여 행복한 시간을 보내고 돌아갔습니다. 모두 행복했다고 문자가 왔습니다.

하나님께서 신학원 방학 동안 많은 사람들을 방문하게 하셨고, 또 학기 중에는 제가 쉴 수 있도록 가끔 사람들을 보내셨습니다. 나도 모르는 사이에 저희가 살고 있는 집이 힐링 하우스가 되어 버린 것입니다. 그래서 대문 앞에 Healing House란 예쁜 간판이 걸리게 되었습니다. 임희연 집사님은 힐링 하우스에 오는 손님들에게 좋은 물을 마실 수 있도록 암웨이 정수기와 요술냄비를 선물해 주셨고, 이곳에 다녀가신 분들이 힐링 하우스에 오는 분들에게 제공하라고 날마다 필요를 공급해 주십니다.

쉼이 필요한 사람들에게 쉼을 제공해 주고 싶습니다. 이곳에 오면 힐링 동산, 불가마 찜질방, 근사한 커피숍 등 여유 있게 누릴 수 있는 곳들이 가까이 있습니다. 주님이 예비하셨고, 발견하게 하셨습니다. 함께 더불어 이 땅에 임한 하나님 나라를 누리고 싶습니다. 하나님은 자신의 기쁘신 뜻을 우리의 마음에 소원을 갖게 하시고, 그 일을 친히 이루어 가십니다.

"너희 안에서 행하시는 분은 하나님이시니 자기의 기쁘신 뜻을 위하여 너희에게 소원을 두고 행하게 하시나니"(빌 2:13)

방학을 하면 그 기간 동안에 주님은 상담이 필요한 사람들을 보내십니다. 저는 그분들의 고민을 들어주고, 주님이 주시는 마음을 전해줍니다. 그리고 방문객들에게 정성껏 식사를 대접합니다. 온전한 섬김을 통해 그분들이 행복해지기를 기도합니다. 우리 가정을 통해 하나님 나라가 확장되기를 기도했는데, 감사하게도 설탕공장을 하는 제부(弟夫)가 방문객들이 빈손으로 돌아가지 않도록 많은 원당을 선물해 주어서 얼마나 마음이 부요한지 늘 감사한 마음입니다.

요 근래 힐링 하우스가 톡톡히 제 몫을 해냈습니다. 어느 권사님이 자녀의 리듬체조 교육 때문에 저희 동네에까지 와서 교육을 하게 되었습니다. 그런데 자녀의 교육이 끝나는 시간까지 기다릴 곳이 없어 차 안에서 기다려야 할 상황이었습니다. 그런데 우연히 저와 통화를 하게 되었고, 저희 집이 그곳에서 가까운 곳에 있었습니다. 그래서 힐링하우스에서 식사와 쉼을 제공하게 되었습니다. 아마 하나님께서 하나님의 자녀에게 큰 위로와 쉼을 주기 위해 이런 공간을 허락하신 것 같습니다.

주님! 힐링 하우스를 통해 영혼이 살아나게 하시고, 그들이 하나님 존재로 인해 기쁨을 찾게 하소서

힐링하우스

주님이 예비하신 힐링 동산

이사하기 전, 저희가 살던 동네에는 안양천이 있어 걷기 운동을 하기에 좋은 장소였습니다. 그런데 이사를 한 후 주변 경관은 좋고 산이 많아 눈이 맑아짐을 느낄 수 있었지만 운동할 수 있는 곳이 없었습니다.

주변에 공원은 많이 있지만 차를 타고 나가야 하니 번거로웠습니다.

다이어트에 열중인 사위가 하루는 땀을 뻘뻘 흘리며 집에 왔습니다.

어디를 다녀왔느냐고 물으니 길 건너에 그리 높지 않은 산이 있다고 했습니다. 원래 산에 올라가는 것을 별로 좋아하지 않아 관심을 두지 않았습니다. 우연한 기회에 알게 된 목사님이 산을 좋아하셨는데 '인자요산 (仁者樂山)'이란 말씀을 하시며 '산을 좋아하는 사람은 마음이 어질다.'라고 하셨습니다. 산을 좋아하면 마음이 어질어질 수 있다면 한 번 가볼까? 하는 마음이 생겼습니다. 그래서 딸을 설득하여 둘이 산에 오르게 되었습니다.

산이라면 질색을 하던 딸도 한 번 다녀오더니 산에 가볼만하다고 했습니다. 저도 딸도 점점 산에 오르는 것이 좋아졌습니다. 이름도 없고, 어찌보면 초라할 수밖에 없는 동네 앞산인데 신비하게도 갈 때마다 산이 달라보이는 것입니다. 비밀스런 산이었습니다. 그래서 저는 그 산의 이름을 '힐링 동산'이라고 부르게 되었습니다. 산에 한 번 올라갔다오면 몸과 마음이 치유되는 것 같았습니다.

지치고 힘들 때 산에 오르면 주님이 저를 반갑게 맞아 주는 것 같았고, 주로 혼자 오를 때는 주님과 대화를 많이 나누는 곳입니다. 개방된 산이 아니다 보니 오가는 길에 아는 사람만 몇 분과 마주칠 뿐입니다. 또한 산에 다니는 사람들의 특징은 마주치면 먼저 인사를 한다는 것입니다. 여러 면에서 산에 오르는 것이 좋아졌습니다.

힐링 동산은 테마가 있는 동산입니다. 산에 오르는 입구에는 집성촌의 무덤이 있습니다. 그 무덤을 보면서 인생에 대해 많은 생각을 하게 됩니다. 인생의 가장 큰 딜레마인 죽음을 생각하며 마음을 겸허하게 내려놓게 됩니다. 한 줌의 재로 남겨질 이 세상에서 욕심 부리며 살지 않겠다는 것입니다. 주님과 동행하며 살다 부르시면 언제든지 갈 준비를 하는 것입니다.

그리고 조금 더 올라가면 지나다니는 등산객을 바라볼 수 있는 위치에 벤치 2개가 있습니다. 힘들면 쉬었다 가라는 벤치입니다. 여기까지는 그래도 초보자도 무난하게 올라갈 수 있습니다. 우리가 예수를 믿어도 처음에는 주님께서 기도하는대로 응답하시는 것처럼, 모든 것이 안정되고 평안한 코스입니다. 여기서 조금 더 올라가면 우리끼리 부르는 '깔딱 고개'가 있습니다. 상당히 가파른 곳입니다. 그리 길지 않은 코스인데 이곳에 올라갈 때는 주님의 도움을 구합니다. 발을 내딛을 때마다 힘주시라고 기도합니다. 숨을 헉헉 댈 정도로 가파릅니다. 여기에 오를 때마다 우리 인생도 어렵고 힘든 시기에는 주님을 더 의존하는 것 같다는 생각을 합니다. 고난에 힘겨워 주님의 이름을 부르고, 조금은 주님을 체험하는 구간이 있습니다. 이 고개가 있기에 산을 오르내리는 묘미를 느낄 수 있습니다.

가파른 언덕을 올라가면 평탄한 길이 나옵니다. 그리고 등산객을 등지고 세상을 바라보는 벤치가 2개 있습니다. 가장 높은 곳입니다. 우리가 주님을 깊이 만나는 체험을 하면 인간들 속에서, 세상 속에서 주님의 임재를 느낄 수 있는 것과 같습니다. 치열한 전쟁터와 같은 삶 속에서 주님을 바라보는 것입니다.

그리고 여기에서 조금 더 내리막길로 내려가면 이제는 서로 마주보는 벤치가 2개 있습니다. 어쩌면 십자가에서 하나님과 인간의 조화를 참 아름답다고 표현하는 것과 같습니다. 하나님의 은혜를 입은 성도의 교제를 이루는 것, 서로를 바라볼 수 있고, 서로의 단점을 보완해 줄 수 있는 곳입니다.

참으로 테마가 있는 동산입니다. 저는 주로 여기까지 왔다가 다시 돌아갑니다. 왕복 1시간 정도 걸리는 동산입니다. 처음에는 산책로가 없어 툴툴대다가 이 산을 발견한 후 산에 오르는 재미가 솔솔 합니다. 오롯이 한 시간 동안 주님을 생각할 수 있고, 적당한 등산이 걷는 것보다 훨씬 건강에 좋다고 하니 일석이조인 것 같습니다.

오늘 혼자 산에 오르며 갑자기 한 생각이 들어 소름이 돋았습니다. 아, 주님이 나를 위해 이 산을 준비하셨구나, 나는 2019년 6월 28일 이곳에 이사 왔는데 주님은 이 산을 만들 때부터 내가 올 것을 알고 계셨구나, 그래서 이곳으로 나를 초청하기 위해 이렇게 아름답게 단풍으로 물들이셨구나! 그 생각을 하니 주님의 사랑에 눈물이 났습니다. 그리고 아름다운 찬양을 들으며 목표로 하는 정상까지 한 걸음에 달려 올라갈 수 있었습니다. 산에 오르면서 변한 것이 있습니다. 사람을 만나면 먼저 "안녕하세요?"라고 인사를 하는 것입니다. 낯가림이 심한 저로서는 큰 변화입니다. 주님이 함께 하시기에 가능한 변화인 것 같습니다.

일상의 삶에서 주님을 모시면 행복합니다. 산에 올라갈 때는 조금 힘들지만 내려오는 기분은 상쾌합니다. 산이 그곳에 있어서 산에 오릅니다. 산에 오를 때마다 다른 모습을 보여주시는 주님이 그곳에 계셔서 오늘도 기쁨으로 주님을 만납니다.

힐링 하우스에 방문하는 분들에게 힐링 동산을 소개하고 싶습니다. 주님은 태초로부터 이미 이 산을 준비하셨고, 제가 올 수 있도록 방향을 틀어주셨고, 그곳에 한 발을 디뎠을 때 주님의 임재를 느끼게 하셨습니다. 그래서 '주님, 저를 위해 이곳을 준비하셨군요.'라는 고백과 함께 그 산의 이름을 힐링 동산이라 부르게 되었습니다. 총체적인 치유가 일어나는 이곳에서 주님의 임재를 누리는 사람들이 많아졌으면 좋겠습니다.

힐링 동산에 오르다

주차 문제

어느 곳이든 주차 문제는 영원한 숙제입니다. 이곳으로 이사하면서 외곽지역이니 주차문제는 당연히 문제가 없을 것이라고 생각했습니다. 저희는 출퇴근 거리 때문에 네 명의 가족 중, 세 사람에게 차가 필요합니다. 그래서 남편이 차를 구입하게 되어 우리 가정에 차가 세 대가 되었습니다.

저희 빌라는 총 8세대이고 주차 공간은 10대입니다. 차가 2대이신 분이 두 가정이라 저희가 이사하기 전에는 별 문제가 없었는데 저희가 이사 오게 되면서 주차 문제가 심각해지게 되었습니다. 그래서 가족들에게 주차 문제는 참으로 스트레스로 작용하였습니다. 늘 퇴근하고 돌아오면서 어느 곳에 주차를 해야 하는가? 그것 때문에 가족들이 참으로 예민해졌습니다. 그 당시는 제가 방학 중이라 주차를 하곤 움직이지 못했습니다. 차를 움직이면 집에 돌아와 주차할 공간이 없었기 때문이었습니다. 너무 장기 주차를 하니 항의가 들어오기도 했습니다.

예수 믿는 사람으로 본이 안 되었습니다. 그리고 가족들은 좋은 집을 주셔서 감사하다고 한지 불과 얼마 되지 않아 불평하기 시작했습니다. 마치 출애굽한 후 광야에서 먹을 것 때문에 불평하던 이스라엘 백성들과 똑 같았습니다. 괜히 내 책임 같아 민망하기도 하였습니다. 이것은 누구의 책임도 아니고 그 방법을 알려달라고 기도하지 않고 원망하는 자신의 책임이었습니다.

하나님이 원하시는 것은 '주차 문제 해결해 주세요.'가 아니었습니다. '더불어 함께 불편하지 않도록 하라'는 그 방법을 알려주고 싶으셨던 것입니다. 그래서 기도하기 시작하였고, 저희 가정을 통해 이 빌라 동에 하나님 나라가 임하게 해달라고 기도했습니다. 그때 마침 제부가 이사 선물로 유기농 설탕 100포를 보내주었고, 기도 중에 빌라 56세대에 설탕을 한 봉지씩 선물하게 되었습니다. '먼저 섬기라'는 주님께서 선물까지 정확하게 보내주신 것입니다. 그래서 빌라 동 사람들이 저희 차를 보면 새로 이사 온 집의 차 인줄 알게 되었습니다.

주차 문제로 기도하던 중 주님은 우리가 필요한 모든 것이 다 준비되었는데 너희가 기도하지 않아서 보지 못하는 것이라고 하셨습니다. 방법이 있었습니다. 먼저 섬기고 다가가니 답이 보였습니다. 저희 빌라에 차가 2대이신 가정이 2명인데 그 중 한분은 하루씩 교대로 들어오십니다. 그리고 한 가정은 주말에만 가장이 집에 오기 때문에 주중에는 자리가 한 자리 비게 됩니다.

저희들 사정을 이야기하고 동 주민들에게 양해를 구해 가장 사이드 쪽에 남편과 사위의 차를 주차하게 되니 주차 문제는 해결된 것입니다. 그리고 저희 빌라 바로 아래 큰 길에 주차 공간이 여유가 있어 주 2회 정도만 그곳에 주차하면 해결 되는 것입니다.

하나님께서 허락하신 모든 것을 우리가 감사할 때 우리의 불편한 환경은 해결될 수 있는데 우리가 문제보다 크신 하나님을 보지 못하고 문제만 바라보니 감사하지 못하는 것입니다. 이 일을 통해 남편의 믿음이 많이 자랐습니다. 두 달 동안 이사 잘못 왔다고 얼마나 불평을 했는지 참으로 답답했습니다. 그런데 이 일을 통해 믿음의 눈이 열린 것입니다. 어찌보면 불편한 문제는 처음부터 없었으면 좋겠지만 믿는 우리에게 문제는 오히려 축복으로 다가옵니다. 그 불편한 문제로 우리는 기도했고, 그 문제를 해결해 주시는 하나님을 보게 되었으니 그보다 더 큰 축복은 없을 것입니다. 그 문제를 통해 가족들의 믿음이 조금은 성장했으니 그 또한 감사한 일입니다.

이제는 아이들도 여유가 생겨 도로변에 주차하고 그분에게 주차하도록 해주자는 마음도 갖습니다. 무슨 일이든 마음을 비우고 자유한 자가 가장 큰 자인 것 같습니다. 그 일을 계기로 이제 반상회는 저희 집에서 하는 걸로 했습니다. 현대는 가정을 개방하지 않습니다. 그래서 반상회를 모델하우스에서 하는 것을 보고 저희가 제안을 했습니다. 저희 집에서 그분들을 잘 섬기면 어쩌면 그분들 중에서 주님을 믿는 사람이 생길 수도 있을 것입니다.

문제를 문제로 보지 않고, 문제보다 크신 주님을 보면 문제는 이미 해결되고, 그것은 영적인 축복으로 다가옴을 발견하게 됩니다.
늘 주님께 감사합니다.

주차 문제가 어느 정도 해결이 되었다고 생각했는데 더 놀라운 일이 일어났습니다. 참으로 주차문제로 가장 예민하게 반응했던 E동 동장에게 연락이 왔습니다. 자기네 동 주차장에 남편의 차를 주차하면 어떻겠느냐? 그 문제로 반상회를 열었다는 것입니다. 하나님이 하시는 일은 참 놀랍습니다. 우리는 가만히 기도만 하고 있었는데 하나님께서 친히 그들의 마음을 열어 그들 스스로 의논하여 우리의 문제를 해결해 준 것입니다. 남편은 가끔 하나님이 내 주차 문제를 해결해 주기 위해 반상회까지 열어서 해결하신다고? 그 사랑에 놀라워 감격하고 있습니다.

오직 하나님께 영광 드립니다. 좋으신 주님.

photo by mansook paik

연약한 존재임을 알게 하시는 하나님

저는 대체적으로 건강한 체질입니다. 그래서 잘 아프지 않았고, 지금까지 제왕절개로 아이들을 낳을 때를 제외하곤 병원에 입원한 적도 없습니다.

감기 정도는 약 한 봉지로 끝났습니다. 그런데 이번 종강, 졸업 여행을 다녀온 후 몸에 오한과 함께 근육통을 동반한 몸살감기와 장염이 한꺼번에 왔습니다. 그래서 일찍 잠을 청하게 될 수밖에 없었고, 시름시름 병든 닭처럼 기운이 없는 나를 보며 감사기도를 드렸습니다.

하나님의 법칙이 있습니다. 하나님은 반드시 무슨 일을 시키시기 전에 먼저 쉬게 하십니다. 늘 저에게 어떤 계획이 있으실 때는 먼저 안식하게 하십니다. 저는 야간에 학교를 10년 동안 다녔기 때문에 야행성 체질입니다. 아직 그 습관 때문에 12시를 넘겨야 잠을 청하고 때로는 밤을 꼬박 새우기도 합니다. 그런데 나이가 젊었을 때는 큰 무리가 없었는데 나이를 먹게 되면서부터 demage가 커지는 것을 느끼게 되었습니다. 지금 몸의 상태가 좋지 않은 것은 저를 보호하시는 하나님의 방법입니다. 만일 지금보다 컨디션이 조금만 좋았다면 찬바람을 쏘이며 산에 올랐을 것이고, 글을 써야 한다는 사인을 받았으니 밤을 새워서 무언가 했을 것입니다. 주님의 마음을 알기에 원망 대신 감사기도를 드린 것입니다.

그런데 이제는 어느 목사님의 조언을 받아들이기로 했습니다. 나는 나의 모습을 보지 못하지만 다른 사람은 제 모습을 볼 수 있으니 감사한 충고라 생각합니다.

저는 일 중독자입니다. 물론 하나님의 일이지만 쉴 때는 쉬어야 하는데 밤낮없이 말씀을 듣고 정리하고, 그 일을 하지 않을 때는 마음이 불안했습니다. 그분은 제가 일중독자라는 것을 알려주셨고, 쉼의 필요함도 알게 해 주셨습니다. 영과 육의 조화를 이루기 위해 이제는 건강을 지키려고 합니다. 저의 건강을 지켜주시려는 하나님께서 기운 없이 만들어 일찍 잠을 자게 하시는 그 크신 사랑에 너무도 감사한 마음입니다.

출판에 대한 사인을 주셨지만 천천히 할 계획입니다. 제가 하는 것이 아니라 주님이 하실 것이기 때문입니다. 제가 박사 논문을 쓰던 과정이 생각납니다. 교수님께서 박사과정 3년 동안 준비한 자료를 다 버리고 새로운 내용으로 쓰기 원하셨을 때 저는 이유가 있을 것이라 믿었고, 주님께 기도했습니다. 그런데 놀랍게도 20년 동안 준비했던 자료가 있음을 알고 깜짝 놀라게 되었습니다. 그래서 너무도 빠른 시간에 주님의 인도하심대로 쓸 수 있었고, 두 번 심사 후에 심사위원 전원 통과되어 최우수 논문상을 받게 되었습니다. 제가 멈추고 하나님이 일하신 결과였습니다.(사막에 핀 꽃은 형통하다. p41~)

분명 주님께서 제게 어떤 환경을 열어주셨을 때는 그 나름의 이유가 있었습니다. 어떤 상황에서도 제가 감사의 마음으로 주님을 신뢰하는 눈으로 바라볼 때 주님은 최선의 길을 열어주셨습니다. 그래서 저는 지금 질병을 즐기고 있습니다. 남은 시간 동안 충분한 잠을 자려고 합니다. 그리고 주님이 제 마음을 두드리실 때 글을 쓸 것입니다. 하나님보다 앞서지 않기 위해서입니다.

그리고 저 만의 책이 아닌 참여하고 싶은 모두의 책이 되기를 기도하고 있습니다. 주님 안에서 우리 모두는 하나이기 때문에 각자에게 주신 은혜가 나누어진다면 참 조화로울 것 같습니다. 이미 제 안에 하나님 나라가 이루어져 가고 있기 때문에 저는 참 행복합니다. 주님을 주인으로 모시는 사람들과의 교제는 아름답습니다. 서로 나누는 마음을 갖기 때문입니다.

주님, 제가 이 세상사는 동안에는 주님의 마음을 아프게 하지는 않겠습니다. 다른 것은 약속드리지 못할지라도 이 마음을 계속 유지하도록 그것에 목숨을 걸겠습니다. 저는 사람들에게는 무명인이 되고 싶고, 주님께만 유명인이 되고 싶습니다. 맛디아처럼 자신에게 맡겨진 일에 성실히 일하다가 주님이 부르시면 네~하고 달려가고 싶습니다.

주님, 이 마음을 끝까지 유지할 수 있도록 날마다 저를 보게 하소서. 제 안에 괴물이 자라지 않도록 늘 겸손한 제가 되게 해 주세요. 누구든 저를 보면 주님이 보이게 해 주세요. 이런 기도를 날마다 드리게 하소서.

주님이 저를 쉬게 하신 이유가 있었습니다. 마음의 여유를 가지고 출판을 3월 말에서 4월 말로 생각하고 여유를 부렸습니다. 그런데 갑자기 하나님께서 3월 말로 날짜를 잡아주셨습니다. 그 날짜에 맞추어 밤을 새워 작업하는 일이 생기게 된 것입니다. 손가락을 다치게 하여 쉼을 주시고, 발을 다치게 하여 외출을 못하는 환경을 만들어주신 하나님께서 글 쓰는 작업에만 온 심혈을 기울이도록 만들어주신 것입니다.

쉼을 주셨던 이유, 분명하였습니다. 저는 연약하기에 더욱 더 주님을 의존합니다.

하나님이 허락하신 인연

2019년 3월 27일 아이들 할머니가 위독하다고 연락이 왔습니다. 연락을 받고 병원에 도착하니 이미 숨을 거둔 후였습니다. 입에 거즈를 물고 계셨는데 얼굴은 너무도 평안해 보였습니다. 너무도 작은 체구의 할머니를 보니 참으로 인생 무상함이 느껴졌습니다. 일주일 전 병원에 왔을 때 "어머니, 하나님이 부르시면 그냥 편하게 가세요. 우리 천국에서 만나요." 그러자 손깍지를 끼시며 꼭 쥐어주셨습니다. 그게 마지막 인사가 되었습니다.

그분과의 만남은 제가 23세가 되던 어느 날로 거슬러 올라갑니다. 엄마가 오늘은 고향 친구들이 오니까 외출하지 말고 옆에서 거들어 달라고 했습니다. 그 당시 저는 대학을 졸업하고 하는 일 없이 집에서 백수로 지내고 있었습니다. 엄마 친구 분들이 와서 놀다 가시고 며칠 후 엄마가 저에게 선을 보라고 했습니다. 그때 오셨던 엄마 친구의 아들인데 한 번 만나보라는 것입니다. 그날 놀러 오신 아이들 할머니께서 저를 보시고 자기 아들과의 만남을 주선해 달라고 하셨던 것입니다.

용돈을 두둑하게 준다는 엄마의 말에 마지못해 약속을 하고 만났는데 첫 인상이 그다지 마음에 들지 않았습니다. 키도 작고 두툼한 외모가 별로 마음에 들지 않았습니다. 엄마는 그런 나를 설득하며 세 번만 만나보고 그래도 싫으면 안 만나도 된다고 하셨습니다. 그런데 세 번째 만나던

날 그 남자로부터 '결혼하자'는 고백을 받았습니다. 대답할 때까지 집에 가지 않겠다는 것이었습니다. 그때는 통행금지가 있었는데 당황해서 알았다고 하고 돌려보냈습니다. 거절할 틈도 없이 밀어붙이는데 12월 23일 처음 만났고, 1월 15일에 약혼을 하게 되었습니다. 이미 양가가 서로 잘 아는 사이였고, 그 남자는 군인 장교로 지방에 있었기에 결혼을 서두르셨던 것 같습니다.

사실 저에게 결혼은 현실도피였습니다. 집에서 무위도식하는 것이 싫었고, 부자인 시댁에 마음이 끌려 결혼했습니다. 그렇게 해서 아이들 할머니와 인연이 시작되었습니다. 화려하게 시작하는 듯 했던 결혼생활은 갈등의 연속이었고, 남편과의 갈등보다 시어머니와의 갈등이 더 깊었습니다. 참 완벽하신 분이었는데 제가 하는 일이 모두가 마음에 들지 않았나 봅니다.

남편이 운전면허증이 없는 상태에서 저를 위해 차를 사주었는데 시어머니는 그것이 못 마땅해서 저를 들들 볶으면서 남편이 면허증을 취득하도록 하라는 것이었습니다. 아들이 잘못하면 모든 것이 저에게 화살이 되어 돌아왔습니다.

그러다 아들이 교통사고로 세상을 떠나게 되면서 시어머니의 폭언과 시집살이는 더 심해졌습니다. 심지어 전세로 살던 집이 세가 오르자 저희 집 전세를 빼서 시댁으로 들어오면 아파트를 사주시겠다고 했습니다. 이 말을 들은 친정아버지께서 더는 시집살이 할 이유가 없다고 친정이 있는 광명으로 이사하라고 하셨습니다. 이렇게 잠시 시댁과 연락이 끊겼습니다. 그리고 명절이 되면 아이들만 시댁에 데려다 주고 저는 그냥 집으로 오게 되었습니다. 경제적으로 도움을 주시다 보니 얼굴은 안보고 살지만 마음에 들지 않으면 전화로 폭언을 일삼으셨고, 전화 노이로제에 걸릴 정도로 힘들게 하셨습니다.

아이들이 둘 다 대학에 들어간 어느 날, 명절이 되어 아이들을 할머니 집 앞에 내려주고 집으로 돌아오려고 하는데 아이들 할머니가 집으로 잠간 올라오라고 하셨습니다. 집으로 올라가니 "그동안 아이들 키우느라 고생이 많았다. 네가 끝까지 아이들 키워줘서 고맙다. 네가 키워서 애들이 잘 컸다." 진심으로 고마워하셨습니다. 그때부터 아이들을 데려다 줄 때면 어머님 댁에 들렀고, 어머니는 제 손을 잡고 백화점에 데리고 가 평소에 도저히 사 입을 수 없는 옷들을 사주셨고, 늘 용돈도 풍족하게 주셨습니다.

그렇게 좋은 관계를 유지하던 어느 날 아이들 할머니는 70대 중반에 알츠하이머 치매에 걸리게 되었습니다. 자주 집에 들러 아이들 할머니에게 복음을 전하며, 목욕하는 것을 도와 드리곤 했습니다. 처음에는 깜박깜박 하더니 점점 기억이 희미해져갔습니다. 그래도 감사한 것은 제가 목사안수를 받은 후 아이들 할머니에게 병상세례를 집례 할 수 있었던 일입니다.
물론 약식 세례였지만 그때 아이들 할머니의 눈물을 보았습니다. 잊지 않으시도록 갈 때마다 하나님에 대해 말씀드렸습니다. 너무도 편하게 복음을 받아들이셨고, 고마워하셨습니다.

그래서 아이들 할머니가 소천하신 후 '성도(聖徒) 강순덕'이란 위패를 모실 수 있었습니다. 친척들이 아이들 할머니가 교회에 다닌 것을 본적이 없어 모두들 의아해 했습니다. 그러나 아이들 할머니와 나, 그리고 하나님만 아시는 비밀입니다. 하나님 말씀을 할 때마다 늘 고개를 끄덕이고 제 손을 꼭 잡아 주셨던 그 기억이 새록새록 납니다.

오랜 시간 아이들 할머니를 무서워했습니다. 몸이 조금 아프기 시작할 때 "어머니 저 그때 참 무서웠어요. 왜 그렇게 무섭게 하셨어요?" "내가 그랬니?" 하면서 제가 너무 젊은 미망인이라 자신을 떠날까봐 두려웠다고 합니다. 그러면서 내 친구들은 60넘어 혼자되어도 팔자 고치라고 말하면서 그때 저에게 호되게 굴었던 것이 많이 후회가 된다고 하셨습니다.

저는 애들 할머니를 참 많이 사랑했습니다. 처음에는 무서웠고 야단치는 어머니가 싫어서 나쁜 생각도 했습니다. 그런데 관계가 회복된 후 저는 애들 할머니를 친정어머니보다 더 잘 섬겨드렸습니다. 그리고 너무 고통스럽게 지내실 때 하나님께 어머니를 평안한 천국으로 불러 달라고 기도드리기도 했습니다. 저는 애들 할머니가 천국에 가신 것이 너무도 감사합니다. 참 깔끔한 성격의 아이들 할머니께서 가끔 정신이 돌아오실 때 제게 늘 하던 이야기가 있습니다. "애미야, 나 빨리 죽었으면 좋겠다." 집에서 환자복을 입고 기저귀를 차고 있는 현실이 너무도 싫으셨던 것입니다. 그 마음을 알기에 저는 아이들 할머니가 소천하신 후 늘 가슴으로 대화를 합니다. "어머니, 잘 계시지요? 아들은 만나셨나요? 저도 곧 갈게요, 사랑해요. 어머니." 지금도 어머니 생각하면 눈물이 납니다. 아마도 갑자기 사랑하는 아들을 떠나보낸 충격으로 그 병을 앓게 되었는지도 모르겠습니다.

살아계실 때 조금 더 잘해드릴 걸, 후회도 되지만 그래도 잘한 일이 있다면 어머니를 천국으로 인도한 일인 것 같습니다. 다시 만날 수 있는 그 날을 기약할 수 있기 때문입니다. 어머니, 사랑합니다.

대상포진

며칠 전부터 갑자기 살이 베인 듯 쓰라려 이상하다 생각했는데 며칠이 지나니 그 자리에 수포가 생겼습니다. 간헐적으로 콕콕 찌르는 듯한 통증이 와서 대상포진이 아닐까? 하는 생각이 들어 병원에 갔습니다. 대상포진 초기로 진행이 되는 중이라고 했습니다. 하루가 지나니 근육통이 왔습니다. 의사의 처방은 잘 먹고 푹 쉬면 일주일이면 없어지지만 그렇지 않으면 오래 진행이 되며 심할 경우 병원에 입원할 수도 있다고 합니다. 쉰다는 것, 늘 새벽예배 지휘로 인해 잠이 부족했는데 그것이 가장 마음에 걸렸습니다. 그런데 "새벽에 일어나야 하는데요?" 이렇게 대답하는 나에게 "얼마나 중요한 일인지 모르겠지만 적당한 쉼을 갖지 않으면 그 중요한 일을 아주 못 할 수도 있어요."라고 겁을 주었습니다.

그 말이 겁나는 것은 아니었지만 다음 주에 4일 동안 임직 훈련이 있고, 그 다음 주부터 개강을 하면 퇴근 시간이 10시가 됩니다. 하나님은 우리의 영과 육의 조화로운 강건함을 원하시는데 몸을 혹사하는 것 또한 그분이 원하는 일이 아니었습니다. 이런 상황에서 왜 하나님께서 내게 대상포진을 허락하셨을까? 라는 생각을 해보았습니다.

얼마 전부터 신경을 쓸 일이 좀 있었고, 개강을 하게 되면서 등록을 포기한 학생들도 있고, 기도하며 맡긴다고 하지만 관리자의 책임으로 아마도 내 몸이 스트레스를 받은 것 같습니다. 이런 상황에서 하나님께서 그

뒤의 일을 생각해서 잠시 쉼을 허락하신다고 믿으니 어떤 상황에서도 보호하시는 그분의 사랑이란 마음으로 다가왔습니다.

13년 전 지방에서 공부하던 딸이 졸업 공연을 앞두고 "엄마, 대상포진이라고 의사 선생님이 공연하면 안 된다고 하는데 어떻게 해요?"라고 말할 때 "그것 땜에 죽지 않아. 하나님이 낫게 해 주실 거니까 절대로 포기하지마. 엄마가 기도할거니까 죽더라도 무대에서 죽어"라고 했던 말이 생각납니다. 참으로 딸의 입장에서는 황당하고 무식한 엄마였습니다. 그러나 선포한대로 딸은 공연을 잘 마쳤고, 회복도 빨랐습니다.(사막에 핀 꽃은 아름답다 p136)

그 당시 저는 율법적인 신앙인이었습니다. 너무도 영적으로 치우친 믿음이었습니다. 이번에 저에게 허락하신 대상포진에 대해 저는 하나님의 사랑으로 받아들입니다. 나는 앞날을 모르지만 하나님은 분명 사명을 감당하고 있는 제게 육체의 쉼이 필요하기 때문에 질병을 통해, 그러나 생각보다 훨씬 고통도 줄여주시고, 나타나는 수포의 현상도 크지 않은 상태로 적당한 쉼을 주시고 지나가게 할 것이라 믿습니다.

우리에게 오는 환경은 다양하지만 그 환경을 어떻게 해석하느냐에 따라 넉넉히 이길 수 있습니다. 예수를 잘 믿어도 원하지 않는 환경들이 밀려옵니다. 그런데 신실하신 하나님을 믿고, 그분의 관점으로 환경을 해석하면 늘 내게 유익한 일로 다가오는 것을 체험합니다. 제가 아파서 입원하게 되면 '오늘의 말씀'은 전해지지 못할 것입니다. 이 일은 하나님이 저를 통해 하시는 일이기 때문에 제 손해가 아니라 하나님 손해입니다. 이런 믿음을 가지니 늘 결과에서 자유 합니다. 저의 마음은 하나님이 허락하시는 만큼 그 이상도 이하도 아닙니다. 하나님께서 저를 지켜주셔야 저 또한 하나님의 일을 할 수 있을 것입니다. 이런 생각이 늘 결과에서 자유하게 합니다.

잘 먹고, 잘 자고 나면 더 많이 건강해져 있을 것입니다. 잘 먹는 것 또한 하나님이 공급하고 계십니다. 어제는 어떤 분이 한우를 보내주셔서 잘 먹었고, 오늘은 어느 집사님이 비타민을 보내주셨습니다. 내게 필요한 것이기에 하나님께서 공급해 주셨다고 믿고 잘 먹고 있습니다. 이렇게 모든 것이 하나님의 섭리라 믿게 하시고, 긍정의 해석을 하도록 해주신 하나님께 감사드립니다.

콕콕 찌르는 통증이 있을 때마다 기도합니다. 주님이 제 고통을 분담해 주시도록, 그러면 신기하게도 통증이 멈추고 있음을 체험하고 있습니다. 참 좋으신 하나님. 그분이 나의 주님이십니다. 내 인생의 주권자이십니다. 그분을 찬양합니다. 할렐루야.

주변에 있는 사람들 중 세상적으로 성공하거나 많은 것을 소유한 사람들의 대부분이 쓸데없는 걱정들을 하거나 가진 것에 대한 감사보다 없는 것에 대해 불평하는 것을 보게 됩니다. 반대로 사는 것이 어렵고 많은 문제를 가지고 있지만 하나님께 기도하고 늘 하나님의 말씀을 사모하는 사람들을 보면 내가 보기에도 부끄러운 만큼 감사하고, 주님 때문에 행복하다고 고백하는 사람들이 많이 있습니다. 그들은 주님이 주시는 마카리오스의 복을 받은 사람들입니다.

어려움을 겪게 되었을 때 사람들을 통해 하나님의 사랑을 체험하게 됩니다. 이번에 대상포진을 통해 여러 사람들에게 톡을 통해 위로를 받았고, 필요를 채워주시는 하나님의 크신 사랑을 체험하게 되면서 나는 참 행복한 사람이라는 생각을 했습니다. 오늘 아침 노모를 통해 공급 받은 음식을 먹으며 '주님, 이런 것들이 주님의 사랑이지요?' 눈물이 날만큼 행복했습니다.

누군가의 관심과 사랑을 받는다는 것은 또 다른 행복인 것 같습니다. 이런 행복을 도움을 필요로 하는 이웃에게 나눌 수 있다면 내게 오는 행복은 배가 될 것입니다. 행복은 받는 것이 아니라 나누어 주는 것입니다. 내게 있는 작은 것들을 나눌 때 풍성하게 채워지는 하나님의 축복을 경험하게 됩니다. 지금 내 도움을 필요로 하는 이웃은 없는지, 주변을 돌아보아야 합니다.

하나님은 여러 사람들을 통해 주님의 사랑을 확증해 주십니다. 아구찜, 도가니탕, 백령도에서 홍삼 엑기스를 보내주셨습니다. 주님의 사랑을 체험합니다.

상처를 극복하는 법

며칠 전 산에 오르며 유기성 목사님의 '능력 있는 기도의 비밀'이라는 설교를 듣게 되었습니다. 설교의 내용 중 우리 옛 사람의 쓴 뿌리는 상처를 통해 드러난다는 말씀이었습니다.

다른 사람에게 유독 상처를 주는 사람이 있습니다. 저 정도의 위치에서 왜 그럴까? 저도 그 사람의 행동에 대해 폄하하였습니다. 그런데 말씀의 근원으로 들어가 보니 그분 또한 어릴 적 상처가 해결되지 않았기 때문이라는 것입니다. 자신이 인정받지 못한다고 느낄 때 그 상처가 괴물이 되어 자신 뿐 아니라 다른 사람들을 괴롭게 하는 것입니다.

분명 속은 것입니다. 그분이 속고 있다는 것을 깨닫게 되니 더는 미워할 존재가 아닌 사랑해야 할 대상이라는 것을 주님께서 알게 하십니다. 얼마나 힘들었을까? 돌아서서 수없이 회개했을 것입니다. 그런데 회개만 하는 것은 의미가 없다고 합니다. 완전히 상처에서 벗어나려면 나 자신의 회개는 물론 상처를 받은 사람에게 용서를 구해야 한다는 것입니다. 그렇게 할 때 어둠이 떠난다는 것입니다. 그런 용기는 쉽게 생기지 않습니다. 자신이 죽은 사람에게만 할 수 있는 용기입니다.

내가 아무것도 아님을 깨닫고, 상대가 주님 안에서 귀한 존재라는 것을 깨닫는 사람은 자신의 자존심을 던져 버릴 수 있을 것입니다. 주님이 저에게 생각나게 하신것은 '말을 함부로 했던 일, 다른 사람에게 상처를 주었던 일'들을 생각해 보았습니다. 물론 저에게도 그런 일이 있었습니다.

졸업생 중 하나가 신뢰를 깨어버리는 말을 해서 아주 호되게 야단을 쳤습니다. 나는 사랑으로 그 말을 했다고 생각했는데 아마 그 친구에게는 충격이었을 것입니다. 늘 그래, 그래하고 받아주다가 그렇게 신뢰감 없이 행동할 것이면 다시는 연락하지 말라고 했습니다. 그 친구가 상처받지 않도록 기도했지만 저도 2단계를 실천할 수 있는 용기를 내야겠습니다.

그 친구에게 '너는 연락하지 말라고 한다고 연락 안하냐?' 문자를 보냈습니다. 그랬더니 바로 '목사님, 사랑해요.'라고 연락이 왔습니다. 우리는 다른 사람의 행동에 대해 옳고 그름을 따지지 말고 이해하고 수용하는 마음을 가져야 할 것입니다.

사단은 우리에게 타인으로부터 상처를 받게 하고, 자꾸만 미워하는 마음을 줍니다. 그런데 우리의 자아가 십자가에 처리된 사람은 거기에 넘어가지 않습니다. 순간 정신을 차리지 않으면 실패할 수밖에 없는 연약한 존재임을 고백합니다.

A.W.토저는 그의 저서 '하나님의 길에 우연은 없다'라는 책을 통해 이렇게 말하고 있습니다.

"믿음의 사람은 무시당하고 평판이 나빠지고 과소평가 되더라도 추호의 불안감 없이 조용히 참아낼 수 있을 정도로 하나님 앞에서 자신의 지위에 대해 확신이 있다."

저의 연약한 부분을 주님이 만져주셔서 감사할 뿐입니다.

핸리 블랙가비의 '하나님을 경험하는 삶'에 이런 내용이 나옵니다.

"사랑은 모든 것을 참으며 모든 것을 믿으며 모든 것을 바라며 모든 것을 견디느니라"(고전 13:7)

사랑에는 한계가 없습니다. 사랑은 절대로 '네가 너무했어. 이제 널 사랑할 수 없어'라고 말하지 않습니다. 여기서 '모든 것'은 그야말로 '모든 것'을 포함하는 것입니다. 그리스도와 같은 사랑은 다른 사람의 마음속에 '과연 당신이 변치 않고 계속 사랑할 것인가'하는 의심을 남기지 않습니다.

사랑은 다른 사람들에 대해 가장 좋은 것을 생각하는 것입니다. 어떤 사람이 무심코 당신 기분을 상하게 만들면 그것이 고의가 아니었다고 믿어야 합니다. 어떤 사람이 당신을 해치려고 한다면 '모든 것을 참으며' 조건 없이 용서하십시오. 어떤 사람이 계속 화를 돋우면 '모든 것을 견뎌야 합니다.' 고린도 전서 13장을 읽으며 하나님이 이미 이 완전하고 헌신적인 사랑을 당신에게 보여주셨다는 사실에 감사하십시오. 그리고 이제 그 사랑을 당신을 통해 다른 사람들에게 나타내 달라고 기도하고 간구하십시오.

우리가 말씀 안으로 들어가면 미움을 극복할 수 있습니다. 미움은 두려움이며 두려움에서 벗어나는 길은 하나님의 사랑 안으로 들어가는 것입니다.

바로 말씀을 깨달은 그 날, 산에서 내려오는 길에 등산로 입구의 경사진 길에서 걸음을 멈추게 되었습니다. 바로 앞에 지팡이를 두 개나 짚은 채 울타리를 잡고 마치 춤을 추듯이 내려가고 있는 한 남자를 보게 되었습니다. 도저히 그분의 앞을 질러 갈 수 없어 불안함을 갖지 않도록 인기척을 내지 않고 조용히 지켜보았습니다. 저 사람은 왜 저렇게 몸이 불편하게 되었을까? 뇌출혈? 사고? 이유는 모를지라도 그분을 위해 기도하게 되었습니다. 주님, 저 다리에 힘을 주셔서 넘어지지 않고 잘 내려갈 수 있도록 도와주세요. 저분이 발을 내딛을 때 다리에 힘을 주셔서 잘 걷게 해 주세요. 저 사람이 예수 믿고 근본이 치유되게 해 주세요. 그런데 평지에 내려가서는 너무도 씩씩하게 걸어가는 뒷모습을 바라보며 주님이 원하시는 마음이 무엇인지 알 수 있을 것 같았습니다.

내 안에 계신 주님이 주시는 마음에 순종만 하면 되는 삶이 바로 그분의 그릇으로 사는 삶입니다. 일상에서 만나는 사람을 대하는 나의 변화입니다. 그것은 내가 아닌 내 안에 계신 주님이 하시는 일입니다. 주님의 미소를 느낄 수 있었습니다.

신앙의 가장 기본은 사랑입니다.

2018년 여름휴가를 딸과 함께 보홀에 갔습니다. 필리핀은 자주 여행하던 곳이라 참 익숙한 곳입니다. 딸과 함께 여행을 하게 되면 주로 숙소에 머물면서 책을 읽거나 동네 주변 마사지 shop에서 마사지를 받습니다. 한 학기 동안 쌓인 피로를 풀 겸해서 이번에는 세부가 아닌 보홀로 갔습니다. 그곳은 자연경관이 아름답다고 해서 선택한 곳입니다. 그런데 보홀 직항의 티켓을 구하지 못해 세부에서 오션 젯을 이용해서 보홀로 들어가게 되었습니다.

여행 가기 전, 마음에 답답한 일들이 있었습니다. 어떤 사람과의 갈등이 있었습니다. 사람과 사람사이에는 쌍방 간의 대화가 되어야 하는데 일방적이었고, 소통이 되지 않은 채 결과만을 가지고 판단을 하였습니다. 그 일들이 내게 스트레스로 다가왔습니다. 그래서 마음을 풀고 싶었습니다.

세부에서 오션젯으로 보홀에 도착하자 우리를 안내해 줄 가이드를 만났습니다. 피터라는 이름을 가진 젊은 친구인데 좀 거칠어 보였습니다. 어떻게 소식을 들었는지 제가 목사라는 것을 알고 자기도 가끔 교회에 가는데 친척 중에는 목사님도 계신다고 했습니다. 그래서 간간이 복음을 전할 수 있었습니다. 그런데 우리가 보홀에 가기 전, 관광 코스에 대해 대략 가격을 알고 갔는데 터무니없이 비싸게 안내하는 것입니다. 마음에 부담이 되어 더 이상 그분들과 함께 한다는 것이 불편해지기 시작했습니다.

다음 날, 그날의 일정은 호핑과 함께 점심으로 선상에서 해산물 뷔페가 있었습니다. 그런데 아침에 일어나니 눈이 떠지지 않았습니다. 눈곱이 끼어 있었고, 빨갛게 충혈되어 있었습니다. 일정을 진행할지 아니면 취소를 해야 할지 결단을 해야 할 상황이었습니다. 다른 곳이 아픈 것도 아니고 하필 눈병이 났다면 그날의 계획을 내려놓고 주님이 원하시는 것이 무엇인지를 찾아야 했습니다. 그래서 일정 취소 통보를 하고 숙소에서 쉼을 갖기로 결정했습니다. 이런 상황을 주신 주님께 감사하고, 남은 일정을 주님의 인도하심에 몸을 맡기기로 했습니다.

주님은 여행 출발 전 짐을 쌀 때 간증집 한 권을 넣어가라는 마음을 주셨습니다. 그래서 순종했고, 그 책을 전달해 줄 사람이 누구인지 찾았습니다. 그런데 식사시간만 되면 늘 함께 하던 일행이 있었습니다. 젊은 부부와 딸이 여행을 왔는데 그분은 남편과 딸만 호핑을 보내고 혼자 식사를 해야 할 상황이었습니다. 그래서 함께 점심을 같이 먹기로 약속을 했습니다. 식사를 하던 중 갑상선 암 수술을 받았다는 이야기를 들었습니다. 그리고 죽음을 목전에 둔 경험이 있어 삶의 대부분을 내려놓고 살고 있다는 것을 알게 되었습니다. 그곳에서 많은 이야기를 나눌 여건이 되지 않아 이분을 위해 책을 준비하게 하셨다는 생각이 들었습니다. 내가 만난 주님을 소개한 책이기에 그분에게 시간이 되면 읽어보라고 권하며 하나님을 만날 기회를 주시기를 기도하며 선물하였습니다.

이제 그분의 구원에 대한 문제는 성령께서 하실 일입니다. 저는 주님이 주시는 마음대로 순종하였기에 그것으로 제 임무는 끝난 것입니다. 그리고 주님은 호핑에 가지 못한 대신 아주 저렴한 가격으로 스톤 마사지를 받게 하셔서 육신의 피로를 말끔히 씻어주셨습니다. 이 또한 눈병이 나지 않았다면 누릴 수 없는 호사였습니다.

내 계획이 무산되었을 때 감사를 선포하며 하나님의 인도하심에 몸을 맡긴 결과였음을 고백합니다. 원래 결막염은 일주일 이상 지나야 깨끗하게 낫는데 이틀 만에 눈병이 깨끗하게 나았다는 것도 참 감사한 일입니다. 딸이 출발하기 전 안약을 가지고 온 것도 신비한 일입니다. 그냥 아무 생각 없이 물갈이를 할 수 있어 안약을 챙겨 왔다는 것입니다. 그 약이 있었기에 후속조치를 할 수 있었습니다.

여호와 이레의 하나님을 찬양합니다. 함께 해준 딸과 신앙적으로 마음이 하나가 되었다는 것도 참 감사한 일입니다.

오후 시간에 가지고 갔던 후안까를로스 오르띠즈 목사님의 '사랑, 그것은 빵을 만들 때 들어가는 밀가루와 같습니다.'라는 책을 읽었습니다. 책을 읽다가 감동되는 부분이 있어 저에게 스트레스를 준 사람을 위해 기도하게 되었습니다. 그 사람을 위해 기도하던 중 주님은 저에게 가장 기본적인 사랑이 없다는 마음을 주셨습니다. 아니 하나님의 섭리는 놀라웠습니다. 집에 있는 많은 책들 중 두께가 가벼워 쉽게 읽을 책을 골라 갔는데 하필이면 제 상황에 꼭 맞는 책을 집어 간 것입니다.

"사랑은 그리스도인의 삶을 이루는 많은 요소들 중의 하나가 아닙니다. 바로 사랑은 그리스도인의 삶 자체입니다. 사랑이 없으면 인간 자체로서의 의미가 없어진다는 것입니다. 그리스도인의 삶에서 유일하고도 영원한 요소인 사랑이 없다면 우리는 영생을 소유하지 못한 것과 마찬가지입니다. 빵에 밀가루가 꼭 필요한 것처럼 그리스도인의 삶 속에는 사랑이 반드시 있어야 합니다. 사랑은 우리의 삶에서 대기 중에 떠도는 산소와 같은 역할을 합니다. 산소가 없다면 우리는 죽게 됩니다. 그러므로 사랑이 없는 곳에는 생명도 있을 수 없습니다."

"성경에 이름이 나올 때마다 여러분이 좋아하지 않는 사람의 이름을 그곳에 넣어 읽으십시오. 예수님은 여러분이 좋아하지 않는 그 사람을 위해서 십자가에서 죽으셨고, 그 사람을 위해 축복하셨습니다."

모든 허물을 덮어줄 수 있는 것은 오직 사랑 뿐 이라는 것입니다. 그 사람을 이길 수 있는 것은 그 사람을 사랑하는 것입니다. 그러나 저에게는 사랑할 능력이 없습니다. '주님, 저의 마음을 지배해 주세요. 그를 사랑하겠습니다. 사랑할 수 있게 해 주세요.' 기도를 하는데 눈물이 주르륵 흘렀습니다. 긍휼한 마음이 들었습니다. 저는 주님께 용서와 사랑을 구했고, 주님은 사랑할 수 있는 마음을 주셨습니다. 사랑하겠다고 고백할 때 하나님은 사랑할 수 있는 능력을 부어주셨습니다. 그리고 그 사람을 만나야 할 일이 있을 때 주님이 함께 해 주실 것을 기도하였습니다. 주님의 사랑으로 그 한계를 넘어설 수 있었습니다.

하나님께서 여행 가기 전, 세 권의 책을 넣어가게 하셨는데 일정이 취소되어서 숙소에서 책을 읽게 되었습니다. 주님은 그 책을 통해 그동안 갈등하던 문제를 말끔히 해결해 주셨습니다. 내가 어떤 행동을 해야 하는지 알고 있었고 많이 고민했습니다. 그런데 반드시 그 상황만 되면 또 다시 갈등에 빠지게 되었던 것입니다. 이렇게 반복이 되면서 기쁨이 사라지게 된 것입니다. 그런데 책을 읽어가던 중 주님이 제 마음을 만져 주셨습니다. 그리고 '제가 순종하겠습니다.'하고 제 마음을 내려놓는 순간 주님의 마음이 제 안에 들어온 것입니다. 제가 죽는 순간 주님의 인격이 저를 지배하게 된 것입니다. 그리고 놀라운 것은 내 눈에 보이던 부정적인 현실이 긍정으로 보이게 되었습니다. 내 계획대로 되지 않은 것이 너무도 감사하였습니다. 나는 그분의 뜻을 몰랐지만 그분은 나에게 쉼을 주시며, 아무 생각 없이 선택한 책 속에 하나님의 능력의 비밀을 체험하게 하신 것입니다. 그리고 더 많은 깨달음들을 주셨습니다. 그 깨달음은 막연하던 제 미래에 소망으로 다가왔습니다. 제가 쉬고 있는 동안에 하나님은 일하고 계셨습니다. 5일간의 시간 동안 참 평안을 누렸습니다. 매 순간 주님을 인식하니 꿈 같은 휴식을 주신 것입니다. 이제 일상으로 돌아와 제게 맡겨진 일을 합니다. 그런데 그 일을 제가 전심으로 하는 것이 아니라 주님이 일하시도록 제가 하려는 마음을 내려놓습니다. 그리고 주님이 제게 주시는 마음에 최선을 다 해 순종합니다.

사랑할 수 있는 사람을 사랑하는 것은 쉽습니다. 그러나 사랑할 수 없는 사람을 사랑한다는 것은 쉽지 않습니다. 그 사랑도 내게 없습니다. 그러나 그 사람을 위해 주님이 십자가에서 죽으셨다는 말씀에 더는 할 말이 없었습니다. 그래서 주님께 내 자아를 굴복하고 주님의 능력으로 사랑할 수 있게 해 달라고 기도하게 되었습니다. 그리고 그 다음에 일방적인 대화가 아닌 쌍방의 대화가 가능하게 되었습니다. 주님은 먼저 형제와 화해한 후 예배드리기를 원하십니다. 주님이 원하신다면 어떤 원수라 할지라도 용서할 수밖에 없음을 고백합니다. 내가 그를 용서할 때 주님도 나를 용서하시기 때문입니다.

보홀에서

일상의 삶에서 나타나는 일들

대부분 사람들에게 어떤 부탁을 하면 '기도해 보고 말씀 드리겠습니다.' 라고 합니다. 우리가 삶 속에서 늘 하나님의 뜻대로 살려고 하고, 주님의 뜻에 순종하려는 마음의 자세를 가지고 살아간다면 우리의 생각이 다 하나님의 생각이고, 우리의 뜻이 다 하나님의 뜻입니다.

만일 어떤 사람이 기도하고 하나님의 뜻을 물어본다고 한다면 그 사람은 하나님과 분리된 사람입니다. 늘 하나님을 생각하고 그분이 원하는 삶을 살려고 하면 하나님은 그 사람의 생각을 통해 하나님의 뜻을 알게 하십니다. 그것은 평안으로 확신을 주십니다.

지난 토요일 아는 지인으로부터 스터디용 탁자를 주겠다는 연락을 받고 남편과 함께 탁자를 가지러 갔습니다. 오전 12시부터 비 소식이 있어 12시 전에 움직이면 될 것이라 생각했습니다. 그런데 10시 반 정도부터 폭우가 쏟아진 것입니다. '아, 이건 뭐지?' 그렇게 기도하고 맡겼는데, 가구는 그대로 쏟아지는 비를 다 맞게 되었습니다. 내 입술에서 불평이 나오려고 하였습니다. 그런데 내 생각이 나를 붙잡았습니다. '어차피 비를 맞을 수밖에 없는 상황이었고, 그렇게 기도했음에도 비가 내렸다면 주님께서 분명 내게 깨닫게 하시는 것이 있을 거야, 어차피 벌어진 상황에서 입술로 죄 짓지 말자' 생각으로 승리하자는 것이었습니다.

그런데 하나님은 '폭우가 쏟아졌으니 가구들이 다 젖어버렸을 것이라는 우리의 경험적 생각이 기우였다는 것'을 깨닫게 하셨습니다. 집에 도착하여 가구를 내려 보니 수건으로 살짝 닦아 주면 될 정도만 젖어있었습니다. 순간의 보이는 현상 때문에 마음을 빼앗길 뻔 했습니다. 내 기도 (생각)는 '비가 오지 않게 해주세요.'였고 하나님은 비가 올지라도 그것이 내게 아무런 영향을 받지 않게 하시는 분은 하나님이심을 알려주고 싶으셨던 것입니다.

　주님과 연합하여 주님 안에 있을 때 우리는 늘 승리할 수 있습니다. 성공은 세상에 쌓는 업적이지만 승리는 하늘에 쌓는 상급입니다. 바른 생각(하나님과 같은 생각)을 할 때만 승리할 수 있습니다. 주님 안에서 늘 승리하는 자세를 갖추어야 할 것입니다.

상담할 때 사용하는 스타디탁자

하나님의 기가 막힌 타이밍

교회에서 예배를 드리고 걸어오는 길에 바닥에 떨어진 지갑을 주웠습니다. 지갑 안에 있는 내용물을 보니 대학생이 떨어트린 지갑이었습니다. 어떻게 찾아주지? 그런 생각을 하며 집으로 발걸음을 향했습니다.

마트에서 물건을 사고 나오니 남편이 다른 날 시간이 안 될 것 같으니 오늘 경찰서에 맡기는 것이 좋겠다고 하며 경찰서로 가자고 했습니다. 학생증은 있었지만 딱히 연락처를 알 수 있는 방법이 없었습니다. 그래서 오던 길을 돌아 경찰서를 향해 가던 중 새마을 금고 앞에서 어떤 남학생이 주위를 두리번거리며 서성이고 있는 모습을 발견하게 되었습니다. 혹시 저 학생이 지갑을 잃어버린 것은 아닐까? 하고 다가가서 물었습니다. 그 학생이 현금을 찾아 나오면서 지갑을 겉옷에 넣다가 빠져 길에 떨어진 것이었습니다. 연신 감사하다고 인사하는 학생을 뒤로 하며 남편과 함께 하나님의 기가 막힌 타이밍에 대해 대화를 하였습니다. 이런 타이밍은 절대 우연일 수가 없습니다. 마트에 들리지 않고 집으로 돌아갔다면, 바로 경찰서로 갔다면, 마트에 들러 물건을 사고 갑자기 생각이 바뀌어 경찰서로 향한 시간, 이 모든 기가 막힌 타이밍은 하나님의 연출이었습니다. 그 학생이 하나님을 믿는 학생인지 잘 모르겠지만, 믿는 우리에게 주신 깨달음은 하나님은 한 치의 오차가 없으신 분이라는 것입니다.

우리에게 일어나는 모든 일이 하나님의 섭리 안에 있다고 믿는다면 이렇게 한 치의 오차도 없으신 하나님께서 얼마나 기가 막히게 정확한 때에 하나님의 일을 이루어가실까? 하는 것입니다. 우리가 일상의 삶에서 염려하지 않고 지낼 수 있는 길이 있다면 그것은 바로 하나님의 섭리를 인정하는 것입니다. 하나님은 하나님의 때에 기가 막힌 타이밍으로 필요한 사람들을 만나게 하신다는 것입니다. 하나님은 이렇게 우리의 일상에서 늘 기적으로 역사하십니다.

지금 저에게도 마음에 짐이 되는 문제가 있습니다. 그런데 그 문제는 나의 주인 되신 주님의 문제이지 내 문제가 아니라는 생각이 들었습니다. 그래서 내가 해결 할 수 없는 문제이니 주님께서 해결해 주셔야 한다고 맡겨드렸습니다. 기도하던 중 그 문제는 하나님의 기가 막힌 타이밍으로 여호와 이레의 축복으로 다가올 것이라는 믿음이 생겼습니다.

하나님은 우리 인생의 연출자이십니다. 우리의 인생은 그분의 계획대로 움직입니다. 그분의 생각에 내 생각을 맞추는 것이 내게 주어진 십자가를 지는 것입니다. 하나님은 자신을 신뢰하는 사람을 결코 외면하는 분이 아니심을 알기에 감사하며 조용히 하나님의 때를 기다립니다.

그분은 우주의 왕이십니다. 악한 자가 우리를 해하려 하지만 하나님은 악을 선용하여 우리에게 축복으로 변화시켜 주십니다. 그런 하나님이 나의 주님이라는 것만으로도 너무나 감사한 시간입니다.

하나님의 테스트

하나님은 때로는 상식적인 일이 아닌 이해할 수 없는 일들 속으로 밀어 넣으십니다. 제가 결혼했을 때 시어머님이 저에게 하신 말씀 중 하나가 절대로 다른 사람의 보증을 서지 말고, 돈을 빌려주지 말라는 말씀이었습니다. 물론 작은 돈이야 필요하다는 사람이 있을 경우 제가 여유가 있으면 빌려주기도 했고, 받지 못한 적도 있습니다. 그런데 그것은 액수가 작은 돈이라 없었던 일로 생각하면 되는 문제였습니다.

그런데 2017년 8월 15일 아이들 할아버지에게 전화가 왔습니다. 평소에 직접 통화할 정도로 친밀한 관계는 아니라 조금 의아해 했습니다. 전화를 받으니 다급한 소리로 돈이 급한데 2,000만원을 빌려 달라는 것이었습니다. "아버님, 저에게 그런 돈이 어디 있어요?" 처음에는 말도 안 되는 소리 한다고 거절했습니다. 그런데 얼마나 다급하셨는지 혹 친정아버지에게 얘기해서라도 빌려달라는 것입니다. 상식적으로 이해가 안 되었습니다. 그런데 기도하던 중 하나님께서 제게 감동을 주셨습니다.

아이들 조부모님은 아이들에게는 부모님과 같은 분이십니다. 아이들 아빠가 갑자기 사고로 세상을 떠나게 된 그때부터 대학을 졸업하고 직장에 들어갈 때까지 학비는 물론 아이들에게 필요한 모든 물질을 해결해 주신 분이었습니다. 그래서 혹시 잘못된다 하여도 빌려드리는 것이 당연하다는 마음을 주셨습니다. 이렇게 시작하였지만 그 한번으로 끝난 것이 아니었습니다. 아들이 결혼 자금으로 모아둔 돈, 제가 연금을 들어둔 적금까지 대출을 받아 상상할 수 없는 돈을 빌려주게 된 것입니다. 물론 곧 나온다고 시작한 것이 삼년이 되어 갑니다. 그런데 돈을 쓰신 분은 할아버지가 아니라 다른 분이었습니다. 할아버지는 손자의 대출금을 갚아주기 위해 다른 곳에 투자를 한 것입니다.

그 돈을 받지 못해 저희는 융자를 받아 이사하게 되었고, 한 달에 100만 원이 넘는 돈을 은행에 원금과 이자로 납부하고 있습니다. 그런데 참으로 신기한 것은 원망하는 마음이 생기지 않는다는 것입니다. 그 과정을 자세히는 알지 못하지만 하나님의 섭리 안에 있다는 것을 믿고, 하나님의 약속을 믿기 때문에 마음을 지킬 수 있는 것입니다.

"사람이 감당할 시험 밖에는 너희가 당한 것이 없나니 오직 하나님은 미쁘사 너희가 감당하지 못할 시험 당할 즈음에 또한 피할 길을 내사 너희로 능히 감당하게 하시느니라"(고전 10:13)

"여러분은 사람이 흔히 겪는 시련 밖에 다른 시련을 당한 적이 없습니다. 하나님은 신실하십니다. 여러분이 감당할 수 있는 능력 이상으로 시련을 겪는 것을 하나님은 허락하지 않으십니다. 하나님께서는 시련과 함께 그것을 벗어날 길도 마련해 주셔서 여러분이 그 시련을 견디어 낼 수 있게 해주십니다."(고전 10:13) 새 번역 성경

저를 시련에서 견디게 해 준 것은 하나님의 약속의 말씀이었습니다. 하나님은 친절하게도 약속된 날짜에 돈이 나오지 않을 것을 아시고, 먼저 은혜를 부어주셨습니다. 세상을 초월할 은혜를 주시고, 그 고비를 넘기게

해 주십니다. 그리고 저를 견디게 해 준 것은 '오늘의 말씀'이었습니다. 다른 분들에게 은혜를 나누고 싶어 시작한 일이었지만 주님은 먼저 말씀을 정리할 때 제게 은혜를 주셨습니다. 그래서 한 치도 마음을 빼앗기지 않고 2년 7개월의 시간을 버텨온 것입니다.

그래서 제가 지나가는 말로 '주님, 이제 책을 써야지요? 이런 드라마틱한 일을 책으로 출판해서 사람들이 알게 되면 어려움 속에 있는 사람들이 힘을 얻지 않을까요? 주님이 제게 역사한 것들이 많은데' 그 돈 받게 해 주시면 책 쓸게요. 이렇게 기도했습니다. 어쩌면 주님을 협박하는 기도였을 것입니다. 그런데 제 기도에 응답하지 않으시고 책을 출판할 돈은 다른 사람을 통해 주시고, 아직까지 침묵하십니다. 그러니 책은 쓰되 아직 하나님의 테스트는 진행 중이라는 것입니다.

모든 것을 다 막아놓고 밀어붙이시면 저도 많이 힘들었을 것입니다. 그런데 하나님의 임재가 제 가까이에서 느껴지니 도저히 제가 하나님을 원망한다거나 불신할 수 없도록 세밀하게 역사하고 계십니다. 매 순간 기적과 같은 일들이 일어나고 있습니다. 조금 전에 돈을 빌리신 분에게 연락이 왔습니다. 돈을 돌려주겠다는 자세한 이야기는 없었지만 제가 채근하지 않아서 너무나 고맙다고 합니다. 그래서 제가 한마디 했습니다. "제가 하나님을 안 믿었다면 아마 법적인 절차를 밟았겠지만 기도하니까 하나님을 믿고 기다릴 수 있는 것이라고" 어쩌면 하나님께서 제 안에 계시다는 것을 그분들에게 알게 하고 싶으셨는지도 모르겠습니다.

그래서 이제는 사람의 말을 믿지 않고, 하나님께서 제게 약속하신 말씀만 믿고 있습니다. 언젠가 제가 기도하던 중, 물질로 인해 염려하고 있으니 주님이 말씀하셨습니다. "내가 너를 사랑하는데, 남의 것을 빼앗아서라도 네게 주고 싶은데, 왜 너의 것을 다른 사람에게 주겠니?" 저와 하나님만의 비밀의 약속입니다. 그 약속을 기억하게 하시니 지금 이 물질로 인한 문제도 주님의 테스트라는 생각이 듭니다.

'네가 사람을 믿니? 아니면 나를 믿니? 네가 나를 얼마나 신뢰하니?' 결국 대상에 대한 신뢰는 믿음으로 표현이 됩니다. 하나님을 믿었기 때문에 돈을 빨리 갚아달라고 연락하지 않고 잠잠히 기다릴 수 있었던 것입니다. 하나님이 내게 원하시는 것은 믿음이고, 기다림이고, 그분의 약속을 믿고 안식하는 것입니다. 그런데 신기하게도 늘 평안을 주십니다. 그것은 주님이 그 문제의 키를 가지고 있다는 것입니다. 돈이 많아야 베풀 수 있는 것은 아닙니다. 마음이 없어서 베풀지 못하는 것입니다. 돈이 많아야 행복한 것도 아닙니다. 자족의 비결이 행복입니다. 주님이 내 인생의 주인이시기 때문에 더는 염려하지 않습니다. 오늘 나는 일을 할 수 있고, 오늘 하루 쓸 돈이 있고, 하나님은 나의 필요를 구할 때마다 채워주십니다. 그런 하나님 존재가 있기에 더는 염려, 근심하지 않습니다.

우주를 품으신 하나님이 내 안에 계십니다. 그분은 나의 주인이십니다. 나는 그분의 그릇이기 때문에 내게 필요한 모든 것은 그분이 책임지십니다. 그분들이 더는 물질의 노예가 되지 않고 주님을 믿었으면 좋겠습니다. 내가 느낄 수 있는 것은 3년 전보다는 그분들이 많이 낮아지셨다는 것입니다. 구원의 은혜가 있기를 기도할 뿐입니다. 주님의 테스트에 당당하게 합격하고 싶습니다.

그런데 하나님께서 그 징조를 주셨습니다. 2019년 10월, 정부에서 서민들에게 저리 이자의 대출을 소개한 적이 있습니다. 당연히 신청을 했고 탈락되면서 이제 머지않아 돈을 받게 되나보다고 생각했습니다. 좋으신 하나님께서 만일 더 시간을 끄실 계획이라면 어떻게든 적은 이자로 버틸 수 있도록 해 주셨을 것입니다. 저는 그 일을 하나님의 응답이 오는 조각구름이라고 해석합니다. 언제 주셔도 괜찮지만 개인적인 생각으로는 이자를 줄여 더 효율적인데 사용하고 싶다는 생각입니다. 그러나 그 생각도 내려놓습니다.

photo by mansook paik

열린 사이버대학 특임교수

어느 날 멘토이신 남궁 선 교수님께서 열린 사이버대학 특임교수로 추천을 하셨다고 연락이 왔습니다. '네, 감사합니다.' 그리고 잊고 있었습니다. 어느 날 학교에서 연락이 왔고 몇 가지 서류를 제출하라고 하더니 임명장을 받으러 오라고 했습니다. 도봉구에 있는 학교에 가서 임명장을 받아오면서 하나님께서 왜 이 일을 허락하셨을까? 생각해 보았습니다. 특임교수란 그 학교를 홍보하는 일을 맡아서 하는 사람입니다. 대부분 사람들은 교수라고 불리는 것을 좋아합니다. 멘토 교수님이 저를 추천하신 이유는 앞으로 강의를 맡게 될 경우 이력서에 경력으로 인정이 되기 때문에 추천해 주셨다고 합니다. 그런데 저는 다른 방법으로 하나님께서 이 일을 왜 허락하셨을까? 생각하게 되었습니다.

제 주변에는 공부할 시기를 놓쳐 공부를 하지 못한 사람, 경제적 여유가 없어 공부를 못한 사람들이 많이 있었습니다. 하나님께서 이 일을 허락하신 것은 저를 통해 그분들에게 도움을 주기 위해서였다는 것을 알게 되었습니다.

특임교수가 추천하는 학생은 수업료를 30% 할인 받을 수 있습니다. 그리고 자격만 된다면 국가 장학금을 받을 수 있는 길도 있습니다. 그래서 거의 수업료를 내지 않고 학사 학위를 받게 됩니다. 그래서 신학원을 졸업하는 학생들을 대상으로 공부하고 싶어 하는 사람들을 찾았습니다. 그래서 여러 명을 소개하여 현재 열심히 공부하고 있습니다. 저 역시 상담을 하다 보니 생활이 어려운 분들이 있는데 복지에 대해 알아야 구체적인 도움을 줄 수 있을 것이라는 생각에 3학년 학사 편입을 하게 되었습니다. 벌써 1년이 지났고, 이제 현장실습만 마치면 복지사 2급 자격증을 취득하게 됩니다. 하나님께서 어떤 일을 허락하실 때 내 중심으로 생각하면 나에게만 도움이 될 수 있겠지만 , 하나님 중심으로 생각하면 다른 사람을 돕기 위해 그 일을 허락하셨다는 것을 알게 됩니다.

지금 공부를 시작한 학생들은 벌써 미래에 대한 꿈을 가지고 있습니다. 고졸 학력으로 어린이집 보조교사를 하는 분은 4년제 대학 전공자의 자격으로 지금보다는 더 나은 미래를 꿈꾸고 있습니다. 더 나아가 장애아동에 대한 공부를 함으로 다른 사람이 공부하지 않는 특수 분야까지 준비하게 되니 더 많은 사람들을 도와줄 수 있을 것입니다. 한 학생은 사회복지를 공부하며 쉼터를 운영하겠다는 더 큰 포부를 갖고 있습니다.

하나님이 하시는 일들은 놀랍습니다. 4학년 1학기 수강신청을 하면서 현장실습과목이 있습니다. 올해부터 규정이 많이 까다롭게 되어 실습기관을 선정하는 것이 쉽지 않습니다. 그리고 이미 시기적으로 늦어져 있었습니다. 그래서 다음 학기로 넘기고 수강철회를 하든, 아님 공부 자체를 포기해야 할지 생각이 많아졌습니다. 그러다 아는 전도사님에게 실습기관에 대해 물었습니다. 전도사님을 통해 실습기관에서 개인 신청을 허락받게 되었습니다. 저는 딱히 실습기관을 위해 기도하지 않았습니다. 단, 제가 하는 공부가 주님이 필요하다면 현장실습 기관을 준비해 두었을 것이라고 믿는 믿음이 있었습니다. 그래서 문을 두드린 것입니다. 아마 주님께서 제가 가는 길에 앞서 다 준비해 두시고, 저는 문을 두드리며 열려진 길을 가면 되는 것입니다. 이번 출판을 하면서 준비하신 복을 누리는 많은 일들 중 하나인 것 같습니다.

공부해서 남 주는 인생, 그것이 하나님이 우리에게 원하는 일인 것 같습니다. 하나님께서 제 지경을 넓혀줄수록 더 많은 사람들에게 선한 영향력을 끼치는 사람이 되고 싶습니다.

특임교수 임명장

하나님의 응답 방법

성경의 말씀은 참으로 오묘합니다. '나중 된 자가 먼저 된다' 이 말이 이해가 좀 안 됩니다. 그런데 오늘 하나님께서 깨닫게 해 주신 사건이 있습니다.

오래 전 아이들 아빠가 갑자기 세상을 떠났을 때 저희 교구를 담당하셨던 젊은 목사님이 계셨습니다. 참 스마트하고 쿨 해서 성도들이 잘 따랐습니다. 그 당시 저는 교회에 주일만 참석해서 담당교역자가 누군지도 몰랐고, 별 관심이 없었는데 어려운 일을 겪게 되면서 목사님의 위로가 큰 힘이 되었습니다. 목사님과 친해지다 보니 가족들과도 가까운 지인처럼 잘 지내게 되었습니다. 주로 저희 집에 와서 쉬시며 식사도 함께 했습니다.

자녀들의 나이도 비슷하고, 또 목사님 부부와는 같은 연령대라 대화도 잘 통했습니다. 지금 생각해보니 그 목사님은 좀 특이한 분이셔서 저처럼 신앙이 어린 사람에게(세상 반, 하나님 반) 딱 맞는 목사님이셨습니다. 아마 너무 영적으로 거룩한 모습이었다면 친분을 갖기에 어려움이 있었을 것입니다.

좋은 관계 속에서 신앙이 조금씩 자랄 무렵 30대 중반이신 목사님이 갑자기 쓰러져 병원에 입원하게 되었습니다. 하나님을 잘 모르는 상태에서 그분은 내게 하나님과 같은 존재였는데 저에게 큰 충격이었습니다. 의식이 없어 그때 처음으로 간절한 기도를 했습니다. 목사님에겐 여동생이 있었는데 저랑 친하게 지내 함께 목사님을 위해 성전에서 눈물로 기도하였습니다.

그러던 어느 날 제 입에서 이런 기도가 나왔습니다. "하나님, 목사님은 해야 할 일이 많으신데 저렇게 누워계시면 안 되잖아요. 차라리 저를 데려가 주시고 목사님을 살려주세요." 얼마나 간절하게 기도를 했는지 제 목소리가 잠겨서 말이 나오지 않을 정도였습니다.

하나님은 저를 데려가지 않으시고, 근무력증으로 목사님은 오랜 기간 동안 고생하시다 회복되셔서 목회를 하고 계셨습니다. 목사님 여동생을 통해 소식을 듣고 목사님을 만나 뵐 수 있었습니다. 시간은 25년 정도 흘러 목사님을 뵈었을 때 완전 초로의 목사님이 되어 있었습니다. 아마 병을 많이 앓아서 그런지 나이보다 더 들어 보이셨습니다. 그땐 저도 신대원에 재학 중이었고, 연단을 통해 어느 정도 신앙이 자라있었습니다. 그런데 목사님과 대화중에 복음이 아닌 사회운동에 너무 몰두하고 있다는 것을 알게 되었습니다. 목사님의 동생과 통화 하던 중 "오빠가 복음이 아닌 다른 곳에 비중을 두고 있어 기도중인데 안타깝다"는 것이었습니다.

그때부터 '오늘의 말씀'을 보내드리고 있습니다. 읽으시든 안 읽으시든 복음이 들어가기를 기도했습니다. 간간이 목사님께서 '복음으로 돌아가니 참 평안하다'는 메시지를 보내주시는데 일 년 전에 사모님이 항암을 하던 중 소천하게 되었습니다. 그 후 사모님에 대한 그리움이 너무 커 일상의 삶을 잘 살아내지 못하는 것을 보며 오히려 제가 천국에 대한 소망을 주며 목사님을 위로해 드렸습니다.

인간의 생각과 하나님의 생각은 다른 것 같습니다. 다른 사람의 위로를 받고 마냥 어리기만 하던 저를 하나님은 풀무불에 넣어 연단을 시키시고 제 자아가 십자가에 죽고 없어지니 오히려 저를 통해 다른 사람을 위로하고 계십니다. 지금 생각해 보니 나의 기도가 응답되지 않은 것이 얼마나 감사한 일인지, 철없이 제가 저를 데려가고 목사님을 살려 달라고 했던 그 기도를 외면하지 않으시고, 저를 남겨두신 채 제자와 같았던 제가 보내는 말씀을 받아보시며 아멘, 하고 응답해 주시는 목사님, 그 말씀이 바른 복음이어서 친구 목사님들에게도 전달하고 있다고 힘을 주시는 목사님의 중보로 오늘도 제가 존재하는 것 같습니다. 속히 사모님을 떠나보낸 슬픔을 기쁨으로 승화시키기를 기도합니다.

이 사건을 통해 신앙은 지속성이라는 것을 깨닫습니다. 은혜를 받았다고 유지되는 것이 아니라 생명이기에 날마다 자라야 한다는 것입니다. 자라지 않으면 병들거나 복음이 아닌 다른 변질된 것이 들어오기 때문에 죽은 것이나 다름이 없습니다. 우리가 이 세상 끝 날까지 싸워야 할 전쟁이 바로 이것인 것 같습니다. 변질되지 않는 오직 예수의 신앙으로 하나님 앞에 갈 수 있도록 늘 말씀과 기도로 무장해야 할 것입니다.

아들에게 역사하시는 하나님

어느 날 아들에게 '직장에 문제 생김, 기도바람'이런 문자가 왔습니다. 그 당시 운전 중이었는데 갑자기 문자를 보고 기도가 되었습니다. 그런데 신기하게도 심각한 문자임에도 불구하고 제 입술에서는 감사의 기도가 나왔습니다. 하나님께 그 문제를 올려드리는 기도를 하자 무슨 일인지는 모르지만 하나님께서 허락하신 일이라면 그것이 어떤 일이든 감사할 일이라는 생각이 들었습니다.

매 주일마다 자녀들을 위해 '하나님께서 허락하신 모든 일에 감사드립니다. 자녀들이 귀한 그릇으로 쓰임받기 원합니다.' 이런 기도제목으로 감사헌금을 올리고 있었습니다. 그러니 기도제목대로 허락하신 일이 무슨 일인지 모르지만 감사할 일일 것이라는 믿음이 왔습니다.

아들에게 자초지종을 들어보니 회사에서 권고사직을 권면 받았다는 것입니다. 그 당시 아들이 만든 '버블코크'라는 게임이 회사에 톡톡한 효자노릇을 하고 있었습니다. 그런데 회사에서 권고사직이라니? 이해가 가지 않았습니다. 바로 얼마 전, 아들이 함께 일하고 있는 팀장과 의견이 맞지 않아 다른 팀으로 이동하는 일이 있었습니다. 상황을 들어보면 참으로 상식 밖의 일들이었습니다. 그리고 권고사직의 이유가 아들이 같은 팀원들에게 스토킹을 했다는 것입니다. 웃음이 나왔습니다. 세미나에서 강의 하는 여직원의 사진을 찍어 단톡방에 올려준 것을 사생활 침해로 인정한다는 것이었습니다.

무언가 좀 이상하다는 생각과 함께 갑자기 요셉 이야기가 생각났습니다.

억울한 누명을 쓴 요셉을 허용하신 하나님, 무언가 이유가 있을 것이라 생각하고 '너를 인정하지 않는 직장에 더는 미련을 갖지 말라' 고 했습니다.그리고 하나님께서 주시는 안식의 시간을 즐기라고 말해주었습니다.

아들의 문제를 기도할 때 내 안에 계신 성령께서 감사의 고백을 하게 했던 것들을 기억했습니다. 하나님의 관점으로 생각하자 참 열심히 일한 아들에게 상을 주고 싶으신 하나님의 마음을 알 수 있었습니다.

'감사하자.' 그리고 하나님께 기도를 올렸습니다. '모든 것을 하나님의 섭리로 받아들이겠습니다. 게임 업계는 참 소문이 빠릅니다. 주님, 지금 회사보다 더 크고 좋은곳 으로 보내주셔서 아들을 내 보낸 그들이 후회하게 해주세요.' 아들에게 모함한 사람들을 미워하지 말고 그들을 위해 기도하자고 했습니다. 하나님 관점에서 보면 그 사람들을 도구로 사용하신 것입니다. 요셉을 훈련하기 위해 보디발 아내를 사용하셨듯, 하나님의 계획을 이루기 위해 그들을 악의 도구로 사용하신 것입니다.

직장을 그만 둔 아들은 그 후, 4개월 동안 백수의 생활을 즐겼고, 그 때 느리게 사는 법을 배웠습니다. 나라에서 실업급여를 받아 최소한의 생활을 하였고, 남은 시간들을 여행을 하거나 탁구, 요가 등 평소에 시간이 없어 하지 못했던 것들을 하나씩 할 수 있었습니다. 물론 하나님의 말씀을 읽고 기도하며 그 시간을 즐겼습니다. 그리고 하나님은 아들이 충분한 안식을 누리게 하신 후 '스마일게이트'라는 회사로 불러주셨습니다. 제가 드린 기도대로 예전 직장보다 10배나 더 큰 곳이었고, 연봉도 올려주셨습니다. 좋으신 하나님.

하나님의 방법은 참 신기합니다. 아들은 절대로 더 좋은 직장이 있다고 다니던 직장을 그만두지 않습니다. 하나님께서는 그런 아들의 성격을 아시고, 더 좋은 곳으로 보내 하나님이 계획하신 일들을 이루십니다. 그 과정에 조금은 불미스런 일들을 허락하시지만, 그 사건을 통해 우리의 믿음을 점검하십니다. 끝까지 그분을 인정하고 신뢰하는지, 아니면 환경을 바라보며 그분을 원망하는지, 그런 하나님이심을 알기에 원망하지 않습니다. 어떤 상황이든 감사를 선포하면 하나님은 지금의 환경보다 훨씬 더 좋은 환경으로 인도하십니다. 그런 배짱을 하나님은 믿음으로 봐 주십니다.

만일 우리가 하나님이 내 삶의 주인이신 것을 믿고 있다면 하나님은 믿음으로 모든 것을 밀고 나가기 원하십니다. 믿음의 테스트를 하실 때는 반드시 축복이란 보상을 준비하고 계십니다. 하나님은 테스트를 통해 하나님이 얼마나 크신 분인지 우리에게 알려주십니다. 그래서 삶에서 하나님을 체험하는 사람의 믿음을 감당할 수 없습니다.

믿어야지 해서 믿어지는 것이 아니라 그냥 말씀이 내 삶을 이끌어가는 것이 믿어지는 것입니다. 그래서 믿음은 하나님의 선물입니다. 우리가 노력해서 얻는 것이 아니기 때문에 믿음이 크다고 교만할 수 없는 것입니다. 거저 주시는 은혜입니다.

하나님이 예비하신 배필을 기다리는 아들

아들의 반려 묘 꼬미

사역: 한신교회

아들은 독립하기 전 저와 함께 교회에서 예배를 드리고 있었는데, 하나님의 강권적인 역사하심으로 (사막에 핀 꽃은 형통하다 p105.) 직장이 있는 분당 한신교회에 등록하여 열심히 청년부를 섬기고 있었습니다.

2018년 5월 27일 아들이 출석하고 있는 분당 한신교회에서 가정의 날 행사로 부모님들과 함께 드리는 예배를 계획하고 있었습니다. 부모님들이 참여자가 되어 드리는 예배였는데, 저는 목사인 관계로 예배의 설교를 맡게 되었습니다.

'가정의 날' 행사였기에 "행복한 가정, 내가 변하면 됩니다(갈 2:20 /고후 5:17)"라는 제목으로 설교를 준비하였습니다. 대략 설교의 내용은 "인간은 그릇으로 지음 받았는데 그릇으로 사용되지 않고 자신이 주인 되어 살려고 한다. 이것은 주재권에서 벗어난 행동으로 회개해야 할 가장 큰 죄이다. 방향을 바꾸어야 한다. '나'라는 그릇을 통해 하나님만 나타나야 한다. 그러기 위해서 날마다 내가 죽고 주님이 나를 통해 사시도록 해야 한다. 내가 변할 때 가정이 행복해 질 수 있다"라는 내용이었습니다.

저는 주로 문서선교를 하기에 사람들 앞에서 하는 설교, 특히 짧은 시간에 함축해서 전하는 설교는 쉽지 않습니다. 그러나 부족한 만큼 주님의 도우심으로 예배의 설교자로 주님의 통로가 되어 드렸습니다.

하나님께서 그 일을 허락하신 이유가 있었습니다. 예배를 마치고 집으로 돌아왔는데 며칠 뒤에 한신교회 권사님 한분의 전화를 받게 되었습니다. "조금은 어눌해 보였지만 그런 모습이 오히려 신선하여 은혜가 되었다"며 상담을 요청해 오셨습니다. 그분에게 상담을 해드리고 '오늘의 말씀'을 보내드리게 되었습니다. 지금도 가끔 힘이 들 때 상담요청을 해 오십니다. 그리고 그때 청년회장을 맡았던 자매와 통화를 하게 되었고, 그 자매에게도 지금까지 '오늘의 말씀'을 보내고 있습니다. 얼마 전, 자매에게 힘든 일이 있었는데 말씀을 통해 잘 극복한 것으로 알고 있습니다.

하나님을 믿는 우리에게 이 세상에서 우연은 없습니다. 반드시 하나님의 계획안에 있는 필연적 섭리라고 생각합니다. 제가 깨달은 십자가 복음은 흐르고 흘러 사람들의 가슴을 촉촉이 적시게 될 것입니다.

성서신학원 졸업여행

2019년 11월 중순 경, 원장님께서 갑자기 수업시간에 졸업여행에 대해 언급하셨습니다. 학생들의 정원이 16명이었는데 여행에 갈 수 있는 사람 손을 들어보라고 하니 13명이 손을 들었습니다. 이렇게 해서 계획에 없던 졸업여행이 진행되었습니다. 물론 가지 못하는 학생들은 저마다 사정이 있었지만 그래도 많은 학생들이 참석하게 되었습니다.

12월 16일로 날짜가 잡혔습니다. 그런데 갑자기 결정된 일이라 중간관리자인 저는 여러 가지 조율하는 일 때문에 불평하게 되었습니다. 그런데 주님이 하시는 일에 초점을 맞추고 왜 이렇게 무리한 일정을 허락하셨을까? 생각하게 되었습니다. 재학생 중 80%가 참석하고, 그 중 생애 첫 해외여행자가 6명이나 되었습니다. 이분들에게는 참 아름답고 귀한 추억이 될 것입니다.

학생 중, 몸이 조금 불편한 원우가 있는데 다른 사람에게 피해가 될까하여 갈등을 하고 있었습니다. 그것을 알게 된 원우들의 마음이 조금씩 그분의 걸음에 맞추어 느리게 가자고 하였습니다. 학생들의 이런 선한 마음은 주님의 마음입니다. 그것을 보게 하신 것입니다. 나를 버리고 주님이 주인 된 마음입니다. '더불어 함께' 삶으로 실천하는 신앙, 가장 귀한 모습입니다. 그래서 여행을 허락하신 주님께 감사하고 또 감사했습니다.

준비하는 과정에 주님의 일하심이 곳곳에서 나타나고 있습니다. 원망을 감사로 바꾸어 주신 주님께 감사드립니다. "하나님, 학생들이 입학해서 2년 동안 주님의 마음을 닮아가기를 기도합니다. 그리고 십자가 복음을 완전히 이해하여 삶에서 자유하기를 기도합니다. 세상이 감당치 못하는 사람이 되었으면 좋겠습니다. 제 기도가 끊어지지 않는 한 주님이 그렇게 하시리라 믿습니다. 한 사람도 낙오되지 않고 끝까지 승리하길 기도합니다. 아마 이번 여행은 이제껏 경험하지 못했던 주님이 함께 하시는 아름다운 여행이 될 것이라고 믿습니다.

12월 16일 드디어 타이페이로 성서신학원 졸업여행을 떠나게 되었습니다. 3박 4일 동안 학생들은 수학여행에 온 여고생들처럼 즐겁게 시간을 보내게 되었습니다. 정작 졸업예정자는 3명 뿐 이었고, 재학생들은 서로를 알아가는 과정에 즐겁고 보람 있는 졸업여행이 될 수 있었습니다. 어쩌면 졸업여행이라기 보다는 M.T에 온 것 같았습니다. 몸이 불편해서 여행을 꺼렸던 학생은 원우들의 사랑을 듬뿍 체험하는 시간이었고, 너무 많은 사랑을 받아 행복하다는 고백을 하였습니다. 그리고 원우들이 번갈아 휠체어를 밀어줄 생각을 하였는데 원우 한 명이 모든 책임을 기쁘게 맡아주어 너무 감사했습니다. 여행기간 내내 행복이 얼굴에 가득한 여행이었습니다. 마지막 날 밤에 학생들 전부 제 방에 모여 소감을 나누고 주님께 감사 기도를 드리며 아름다운 여행을 마무리하게 되었습니다.

대부분 여행을 하게 되면 친한 사람들 끼리끼리 돌아다니게 됩니다. 그런데 하나님께서 지혜를 주셔서 3일 동안 각각 다른 사람들과 한 방을 쓰도록 하셨고, 버스를 탈 때도 늘 같은 사람과 같이 앉지 않고, 골고루 여러 사람들과 어울리도록 하셨습니다. 그래서 더 하나 되고 즐

거운 여행이 될 수 있었습니다. 평소에는 가족들을 섬기느라 늘 수고
했던 우리 학생들이었는데 3박 4일 동안 자신만 생각하며 즐겁게 지
낼 수 있는 시간이어서 학생들 모두 감사한 마음이었습니다. 이런 기
회를 주신 주님과 원장님께 감사를 드립니다.

성서신학원 졸업여행 타이페이

소람병원 사역

소람병원과의 인연은 너무도 우연이었습니다. 그러나 하나님께서 이미 계획하신 일입니다. 7년 전 우리교회 장혜정 집사님에게 '오늘의 말씀'을 보내고 있었습니다. 그 집사님이 항암치료를 하던 소람병원의 환우들의 단톡방에 보내게 된 것이 시작이었습니다. 장혜정 집사님의 상태가 심각해 질 무렵, 윤진옥 집사님이 오늘의 말씀을 받아 올리게 되었습니다.

그분의 부탁으로 소람병원에 찾아가 환우들에게 말씀을 전하게 되었습니다. 그때 열 명 정도 모임에 나왔는데 그분들이 생각납니다. 가족구원을 위해 끝까지 애 쓰신 윤진옥 집사님, 어린 아이들에게 복음을 전하기 위해 영어 공부를 가르치던 박윤향 집사님, 입원할 때마다 병실을 돌며

환우들에게 복음을 전하던 노혜숙 권사님, 김승애 집사님, 지금은 모두 천국에서 영원한 안식을 누리고 계십니다. 저는 그분들의 마지막 삶을 똑똑히 기억하고 있습니다. 한 명이라도 더 구원의 기쁨을 누리게 하려고 애쓰던 모습, 암의 고통 속에서도 마지막까지 기도의 끈을 놓지 않았던 그분들은 하루하루 천국의 삶을 살다 하나님나라로 옮겨졌습니다.

이분들에 대한 간증은 '사막에 핀 꽃은 형통하다' P364-373에 자세히 기록되어 있습니다.

그분들을 생각하면 마음이 아픕니다. 회복되어 남은 생애 하나님을 위해 살고 싶어 했는데 아마 하나님께서 그분들을 사랑하셔서 더는 고통 없는 곳으로 일찍 부르신 것 같습니다.

김영숙 부교님(사막에 핀 꽃은 형통하다 P366)은 폐암으로 목소리까지 잃어버릴 정도로 심각한 상태까지 갔다가 하나님께서 회복 시켜 주셔서 지금은 소람병원에서 암 환우들을 위해 봉사활동을 하고 계십니다. 제가 한 달에 한 번 그곳에서 설교할 수 있도록 길을 열어주신 분입니다.

첫날 예배에는 환우들에게 전달이 되지 않아 김영숙 부교님과 둘이 예배를 드렸습니다. 그리고 두 번째 예배는 송 권사님, 김영숙 부교님, 그리고 김영란 집사님 이렇게 세 명이 예배를 드렸습니다. 김영란 집사님은 너무 심각한 상태여서 수술을 할 수 없을 정도로 암이 퍼져 있었습니다. 그러나 저는 그 밝은 얼굴을 기억합니다. 제가 해 드릴 수 있는 말은 '사나 죽으나 우리는 주님의 것'이라는 말 외에는 없었습니다. 그리고 세 번째 예배를 드리러 갔을 때는 암 환우 네 분과 함께 예배를 드렸습니다. 젊은 남자 분, 그리고 처음 보는 여자 분이 왔는데 약할 때 강함이라고 그분들 역시 암이란 질병에 걸리지 않았다면 하나님을 찾지 않았을 것입니다. 그래도 하나님의 말씀을 선포해야 했기에 오늘을 잘 살아내도록 부탁을 드렸습니다.

우리 모두에게는 오늘이라는 날 밖에 약속된 날이 없습니다. 그분들은 시한부 인생이기에 그 오늘이라는 날이 마음에 새겨질 것입니다. 모든 것을 정리하고, 욕심도 버리고, 주님만 바라볼 수 있음이 축복이라고 했습니다. 아무리 우리가 건강할지라도 시한부 인생이라는 마음으로 사는 것이 축복인 것 같습니다. 내일은 우리의 날이 아니기 때문입니다. 오늘만 우리의 날입니다. 그런 면에서 암 환우 분들은 축복이라 생각합니다. 이것은 인간의 관점이 아닌 하나님의 관점에서 보아야 이해할 수 있는 일입니다.

암 환우들을 보며 제가 배우는 것이 있습니다. 우리는 아무리 오늘 하루를 끊어 살려고 해도 쉽지 않습니다. 그런데 고통 속에서 언제 부르실지 모르는 그분들에게 오늘 하루는 아주 절실한 하루입니다. 이 세상 잠시 있다 가는데, 그분들은 아마 영원세계에서 상급이 클 것입니다. 그래서 그분들을 만나러 가는 날은 내게 종말론적인 삶을 살아야 한다는 큰 교훈을 깨닫는 날이기도 합니다.

요즘, 잠을 자기 전에 하루를 돌아보며 잘못 살아온 일이 있다면 그 부분에 대해 회개를 합니다. 하나님께서 허락하신 오늘이란 기회를 헛되이 보낼 수 없기 때문입니다. 주님 안에서 하루하루를 감사하며 살고 있습니다.

우리는 시한부 인생은 아니지만 시한부 인생인 것처럼 사는 것이 가장 잘 사는 삶인 것 같습니다. 이런 삶을 살면 욕심을 내려놓고, 함께 더불어 살아갈 수 있을 것입니다. 오늘 하루 내게 주어진 이웃을 위해 기도하고, 힘들어 하는 그분들의 손을 잡아 준다면 하나님께서 흐뭇한 미소를 보내주실 것입니다.

나는 오늘을 살리

빛이 없는 바다에 홀로 남겨진 채로
나는 주를 바라네 예수 내 손 잡아주시네
빛으로 오신 그가 내 삶 밝혀주시네
나는 주를 따르리 내 평생 주 사랑하리라

세상은 날 버리고 소망 하나 없어도
나의 사랑 주 날 안아 주시네
그가 함께하시니 나는 오늘을 살리
나의 모든 소망 오직 주 예수

빛으로 오신 그가 내 삶 밝혀주시네
나는 주를 따르리 내 평생 주 사랑하리라
세상은 날 버리고 소망 하나 없어도
나의 사랑 주 날 안아 주시네

그가 함께 하시니 나는 오늘을 살리
나의 모든 소망 오직 주 예수
세상은 날 버리고 소망 하나 없어도
나의 사랑 주 날 안아 주시네

주님은 내 안에 사십니다

복음이 혁명인 것은 창조주 하나님이 우리 안에 오셔서 내 삶을 사신다는 것입니다. 그런데 사람들이 이 말씀을 지식으로 받아들이고 실재 내 삶에 살고 계신다고 믿지 않기 때문에 혁명이 일어나지 않는 것입니다.

저는 가끔 세미나에 강의를 하러 갑니다. 기도하며 주제를 정하고 나름 강의할 것들을 메모합니다. 그런데 주님은 번번이 제가 준비한 것이 아닌 다른 것들을 말하게 하십니다. 그래서 이제는 기도한 후 본문만 정하고 갑니다. 그러면 적재적소에 필요한 말씀을 주님이 제 입술을 통해 전달하십니다. '오늘의 말씀'의 And 부분을 적을 때도 그렇습니다. '주님, 이 일은 제 일이 아닌 주님의 일이니 제가 무엇을 적어야 할지 저를 통해 주님이 하십시오.'라고 맡깁니다. 그리고 키보드에 손을 얹으면 자동적으로 글이 써집니다. 놀라운 것은 언제 읽어보아도 고칠 것이 없다는 것입니다. 그 이유는 내가 쓴 글이 아니기 때문입니다. 주님의 도구로써, 주님이 하시기 때문입니다.

간증집 세 권을 쓰는 동안에도 그랬습니다. 주님께서 제목을 주셨고, 그 제목에 맞는 주제, 그리고 책을 쓰는 동안, 특별히 많은 은혜를 주셔서 그 일들을 기록하게 하십니다. 그리고 언제 읽어보아도 은혜가 됩니다. 정말 특별히 부어주시는 은혜입니다.

주님이 우리에게 어떤 일을 맡기신다면, 그 일을 나더러 하라는 것이 아닙니다. 나는 능력이 없는 사람입니다. '네. 순종하겠습니다.' 이 말 한 마디면 됩니다. 그러면 주님이 나를 통해 일하십니다. 그것을 체험하면 일을 하는 것이 겁나지 않습니다. 내가 해야 한다고 생각하기 때문에 망설이고, 즉시 순종하지 못하는 것입니다. 우리가 버려야 할 것은 바로 이런 생각들입니다. 이런 생각들이 하나님의 기적을 제한하기 때문입니다.

'내가 해야 한다는 생각' 이것은 말씀을 실제로 믿지 못하기 때문입니다. 주님이 내 안에서 나대신 사신다고 했으면 정말 대신 사신다는 것을 믿어야 합니다. 이것을 믿고 안 믿고는 큰 차이가 있습니다. 믿으면 능력이 나타나고 믿지 않으면 관념적 신앙으로 남게 됩니다.

신대원 동기 목사님들이 개척을 한 후 많이 힘들어 합니다. 그런데 교회는 주님의 교회입니다. 부흥이 되어야 한다면 주님이 주체가 되어 부흥을 일으키실 것입니다. 그런데 대부분 내 교회이니까, 내가 기도를 많이 해서 하나님의 마음을 움직여야 한다고 생각하고 있습니다. 내 교회라면 주님은 관심이 없습니다. 그 교회를 주님의 교회로 넘겨야 합니다. 부흥은 하나님의 뜻입니다. 하나님 손에 맡겨질 때 하나님께서 부흥을 일으키십니다. 주님의 교회를 위해 내가 어떻게 해야 할지를 물으면 됩니다. 어떤 문제가 있어 기도하던 중 "주님, 대답 좀 해주세요."라고 물었습니다. 그때 주님께서 '만일 어떤 사람이 너에게 이런 질문을 하면 너는 뭐라고 대답하겠느냐?'라고 물으셨습니다. "네, 주님 말씀에 나온대로 말해 줘야지요." "내가 네게 주는 응답도 그렇다."라고 말씀하셨습니다.

우리는 대부분 다른 사람의 문제에는 해답을 잘 알려줍니다. 그런데 정작 내 문제에서는 답을 찾지 못할 때가 있습니다. 내가 말하고 묻는 중에 주님의 음성이 있습니다. 주님의 응답을 기다리는 분들은 참고하십시오. 왜? 라고 묻지 말고 어떻게? 라고 물으시기 바랍니다.

주님이 주인이시고 우리는 종입니다. 내가 어떻게 해야 할지를 물으시면 자연스럽게 환경을 열어 인도해 주십니다. 우리는 그 길을 따라가기만 하면 됩니다. 언약의 혁명, 그것은 주님이 내 안에서 내 삶을 대신사시겠다는 것입니다.

과정에만 충실하기

성서신학원 졸업여행과 교회 전도시상여행이 겹쳐 백두산(장백산)으로 졸업여행을 가게 되었습니다. 해외여행을 하면서 가장 염두에 두는 것은 '오늘의 말씀'을 보내는 일입니다. 그곳 사정에 맞추어 와이파이 도시락을 대여하든 현지 유심을 사서 말씀 보내는 일에 최우선을 두고 있습니다. 여행을 떠나기 전 인터넷으로 현지 와이파이 사정을 검색해 보니 호텔 객실에 와이파이가 잘 터진다는 소리에 당연히 주님께서 말씀 보내는 시간에 인도해 주실 것을 믿고 출발했습니다. 여행 둘째 날 새벽, 다른 사람보다 1시간 일찍 일어나 말씀을 보내려고 하니 카톡이 전혀 안 되는 것입니다. 받은 것은 볼 수 있는데 보내는 것은 차단이 되었습니다. 여행 가이드에게 물어보니 공산국이라 카톡을 제한한다는 것입니다. 말씀을 기다릴 사람들 생각을 하니 애가 타서 주님께 순간 톡이 터지기를 기도했습니다. 그러나 기적은 일어나지 않았고, 주님은 그 일은 주님의 일인데 내가 왜 조급해 하는지 물었습니다.

지금까지 해외에 나갈 때 한 번도 거른 적이 없었던 말씀 보내는 일이 주님이 하신 일이었고, 나 자신은 그릇일 뿐임을 새삼 깨닫게 하셨습니다. 그래서 그 수고조차 내려놓을 수밖에 없었습니다. 아무리 선한 일일지라도 내가 하려는 노력을 주님은 원하지 않으셨습니다. 그래서 마음은 안타까웠지만 모든 것을 내려놓고 그곳에서의 일에만 집중하였습니다. 왜 말씀이 안 오는지 묻는 분들에게 일일이 답해 드리지 못해 죄송했습니다.

여행 출발 전 몇 명의 학생들이 사정이 있어 갈등하고 있을 때 믿음으로 결단하라고 권면했는데 순종했던 학생들이 너무 즐거워하며 주님의 은혜를 찬양하는 것을 보며 또 다시 주님의 일하심을 체험하게 되었습니다. 장백산(백두산)을 오르며 주님이 함께 해 주실 것을 기도했습니다. 순간 활짝 열려있는 천지를 볼 수 있었습니다. 천지를 보는 것이 쉬운 일이 아니라고 합니다. 더 놀라운 것은 우리가 천지를 보고 내려오니 출입을 통제하고 있었습니다. 그날, 우리 일행이 마지막으로 천지를 보게 된 것입니다. 가는 곳마다 하나님의 일하심을 보게 됩니다.

발걸음 닿는 곳마다 주님을 찬양하였습니다. 그곳에서 우리 일행은 북한 땅을 바라보며 중국과 북한의 복음화를 위해 기도했습니다. 마지막 날, 저녁에 학생들 전체가 모여 주님의 은혜를 간증하는 시간을 갖게 되었는데 모두가 하나님의 은혜를 체험한 여행이었습니다. 귀한 경험을 하게 하신 주님께 감사와 찬양을 드립니다.

여행에서 돌아오는 날 공항버스 안에서 3일 동안 밀린 말씀들을 보냈습니다. 음식은 한 번에 많이 먹을 경우 탈이 나지만 하나님의 말씀은 아무리 많이 먹어도 탈이 나지 않습니다. 이번 일을 통해 아무리 선한 일이라도 주님이 허락하지 않은 일에서 내가 할 수 있는 일은 그것을 인정하고, 안타까운 마음까지 주님께 맡기는 것입니다. 이 일로 인해 많은 사람들이 말씀이 전달되는 것이 그리 쉬운 일이 아니라는 것을 깨달았을 것입니다.

장백산(백두산) 여행

'하나님의 특별한 은혜, 일상의 감사'

요즘 하나님께서 저에게 주시는 특별한 은혜가 있습니다. 모든 좋은 것, 심지어 좋지 않아 보이는 것까지도 주님께서 내게 허락하신 일이라고 믿어지는 것입니다.

출근 길, 눈에 보이는 단풍은 하나님이 아름답게 지으시고 나를 위해 이곳에 준비하셨다고 믿어지는 것입니다. 물론 아름다운 자연은 늘 그 자리에 있었지만 이제 그 아름다움이 나를 위해 지으셨다는 것에 눈이 떠진 것입니다. 그래서 늘 '주님, 감사해요.'의 고백을 하게 됩니다.

지난 25년의 시간 동안 교회와 집이 전부였습니다. 다른 곳에 눈을 돌릴 여유가 없었습니다. 꽃이 피는 봄, 녹음이 우거진 여름, 단풍으로 물들인 가을, 백설의 겨울, 계절의 감각을 전혀 느끼지 못하고, 감각이 무딘 그런 삶을 살았습니다. 그런데 요즘 하나님이 지으신 자연의 아름다움을 만끽하며 그곳에서 마음의 안식을 얻습니다. 이런 여유는 주님이 주신 선물인 것 같습니다.

다른 사람의 마음을 돌아볼 수 있는 마음의 여유가 생긴 것 같습니다. 그래서인지 설혹 내게 좋지 않은 일이 올지라도 긍정의 생각을 하게 되고 주님께 더 깊은 자리로 나갈 때 그 환경을 넘어설 수 있는 은혜를 체험하게 됩니다. 요즘은 하나님께서 도저히 만날 수 없는 사람들을 만나게 하십니다.

물론 '오늘의 말씀'이 가교 역할을 하고 있습니다. 그런데 만나는 사람들의 공통점은 모두 하나님을 사랑하고 사람들을 사랑한다는 것입니다. 그들과 함께 식사를 하고, 차를 마시며 대화를 나누다 보면 힘이 생기고, 내게 부족한 것들을 그들에게 배우고 깨닫습니다. 참으로 소중한 시간들을 허락하시는 주님이십니다.

주님은 좋으신 분입니다. 그리고 그분은 선하신 분입니다. 그분이 허락한 모든 삶은 우리에게 유익하기 때문에 주시는 것입니다. 살아온 시간들을 돌아보니 하나님께서 허락하지 않으신 것에는 반드시 이유가 있었습니다. 그래서 이제는 내 뜻대로 안 주신 것에 대해 더 감사하고 있습니다. 하나님이 제동을 거실 때는 그것이 내게 유익하기 때문입니다. 그래서 '범사에 감사하라'는 그 말씀의 의미를 깊이 깨닫게 되었습니다.

우리가 일상에서 감사할 수 있다면 우리의 삶은 늘 풍성해질 것입니다. 세상이 성공의 기준으로 유혹한다고 해도 넘어가지 말아야 합니다. 세상의 영광은 잠간이요, 추락하는 것도 순간입니다. 그러므로 우리는 영원한 복을 구해야 합니다.

'Rejoice in GOD'

'행복의 조건'

행복은 소유에 있는 것이 아니라 관계에 있습니다. 수직적으로는 하나님과 관계가 바를 때 마음의 평안이 있어 행복하고, 수평적으로 인간과의 관계가 바를 때 행복합니다. 그런데 우리는 영적인 사람들이기 때문에 하나님과의 관계가 바를 때만 인간과의 관계도 바르게 된다는 것입니다. 그래서 인간과의 관계가 어그러질 때는 먼저 하나님과의 관계가 바른지 살펴보아야 합니다.

우리는 가정이 행복하려면 좋은 배우자를 만나야 행복하다고 생각합니다. 그런데 이런 원리는 세상적인 가치관에서 나온 것이고, 성경적인 가치관은 내가 어떤 마음의 상태에 있는가? 그것이 행복을 결정한다고 합니다.

제 경험으로 보면 아이들 아빠와 함께 살 때 저의 불만은 남편이 가정적이지 못하여 가족들과 함께 시간을 보내지 않는 것 때문에 불행하다고 생각했습니다. 그런데 지금 함께 살고 있는 남편은 너무나 자상해서 간혹 부담스러울 때가 있습니다. 이것을 보며 행복은 외부에서 오는 것이 아니라 내 마음에 달려 있다는 것을 깨닫습니다. 주어진 환경에 감사하고, 상대의 부족함을 인정하고 수용할 때 행복할 수 있는 것입니다.

요즘 들어 '행복하다'는 말을 자주합니다. 저희는 이사를 하게 되면서 딸 부부와 2세대가 함께 살고 있습니다. 다들 결혼한 자녀들과 함께 살면 불편할 것이라고 말렸습니다. 함께 살아야겠다고 생각하게 된 동기가 아이들을 섬겨야겠다는 마음이었습니다. 그런데 결정을 잘 한 것 같습니다. 오히려 딸과 친구처럼 지내게 되어 좋습니다. 저희 가족 구성원은 4명입니다. 저마다 조금씩 자신들의 생각을 내려놓고 살다보니 아직까지 큰 갈등은 없습니다. 물론 생활에 조금은 불편할 수 있을 것입니다. 그러나 나를 내려놓으면 함께 할 수 있음이 감사하고, 챙겨줄 자녀가 있다는 것이 더 감사합니다. 혼자 밥을 먹지 않는 것도 감사하고, 동무 삼아 함께 운동할 수 있음도 감사합니다. 이렇게 긍정의 생각을 가지고 살다보니 참 행복하다는 생각이 듭니다. 이제 우리 부부는 낡아져 갈 것이고, 또 다른 누군가의 도움이 필요할 때가 올 것입니다. 지금은 힘이 있으니 자녀들을 섬기고, 훗날 힘이 떨어지면 자녀들의 섬김을 받게 될 날이 올 것입니다. 먼저 섬기는 것이 답인 것 같습니다.

우리 가정의 행복, 주님이 주인이기 때문입니다. 주님께서 각 구성원의 주인이시니 서로의 결점을 보완해주고 기도하며 기다리게 됩니다. 행복하기 원한다면 주님을 가정의 주인으로 모시면 됩니다. 그분에게 키를 맡기고 그분이 움직이시는 대로 따라가면 됩니다. 주님께 모든 것을 맡기고 기다릴 수 있다면 행복은 아주 가까이에 있습니다. 바로 내가 죽고 예수가 살 때 행복합니다. 주님의 다스림을 받을 때, 가장 행복합니다.

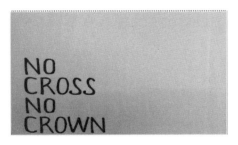

하나님이 허락하신 쉼, 아들과의 여행

아들은 연차를 이용해 해외에 자주 나가 쉬다가 옵니다. 2019년 5월경 동생과 함께 푸꾸옥에 다녀왔습니다. 그때 지나는 말로 '엄마는 안 데리고 가?' 이렇게 물었는데 아들이 적극적으로 언제 시간이 되느냐고 물었습니다. 그때가 6개월 전의 일이었습니다. 대략 구정 기간이면 교회에 별다른 행사가 없을 것 같아 구정 주간에 여행 날짜를 잡고, 드디어 그 날이 되었습니다.

아들, 딸과 함께 셋이서 여행은 자주 했지만 아들과 단 둘이 여행을 한 것은 처음이었습니다. 아들은 딸과 다르게 말이 없습니다. 그래서 조금 어려운 점이 있는데 나름 엄마와 가는 여행이라고 많이 신경을 쓴 것 같습니다. 둘 다 여행 취향은 비슷합니다. 돌아다니는 것보다 리조트에서 휴식을 취하는 것을 더 좋아하다보니 하루 정도 스케줄을 잡고 대부분 리조트에서 쉬는 쪽으로 선택했습니다.

여행 기간이 출판 준비 중이라 2부에 들어갈 내용들을 프린터 해서 짬짬이 여행 기간 동안 정리할 계획을 가지고 있었습니다. 그런데 5시간 동안 비행기 안에서 움직일 수 없다보니 집중해서 글을 정리할 수 있었습니다. 주님께서 여행지에서 편히 쉬라고 집중하게 하시고, 친히 글을 정리하신 것입니다. 하나님의 일은 하나님이 하신다는 것을 새삼 실감하게 되었습니다. 5시간의 비행시간이 지루하지 않게 지나갔습니다. 그래서 여행지에서는 편한 마음으로 쉴 수 있었습니다.

　카톡 '오늘의 말씀'에 아들과 여행 다녀옵니다. 라는 문구를 넣었는데 30년 전 아이들의 미술학원 학부모였던 한은주 권사님이 '즐거운 여행되세요. 다낭은 황금색 물결로 너무 아름다워요,'라며 딸과 함께 그곳에서 찍은 사진을 보내왔습니다. 저희보다 하루 먼저 도착한 것입니다. 서로 연락을 해서 저녁에 만나 즐거운 시간을 보내게 되었습니다. 하나님이 하시는 일은 참으로 놀랍습니다. 같은 서울에 있어도 서로 바빠 만나기 힘든데 다낭에서 만나게 하시다니, 모든 것이 주의 은혜입니다. 권사님의 딸 지윤이는 2월에 교회에서 인도 선교사로 파송된다고 합니다. 좋은 시간을 주신 주님이십니다. 다낭에서의 첫 날은 그렇게 지나갔습니다.

　둘째 날은 느긋한 쉼을 가지며 수영을 한 후 마사지를 받고, 쌀국수를 먹고 맛집을 찾아다니며 적당한 쉼이 있는 하루를 보냈습니다. 셋째 날은 이른 아침에 요가수업을 받고, 수영을 한 후 해변가에서 모델놀이하며 사진을 찍었습니다. 그리고 호이안으로 넘어가 랜턴 클라스에서 등을 만들었습니다. 저녁 식사를 하고, 야시장 구경을 한 후 배를 탔습니다. 그리고 소원등을 강가에 띄웠습니다.

　여행 마지막 날, 시장 체험을 했고, 쿠킹 클래스에서 넴루이, 파파야 샐러드, 반세오, 삼치 조림을 만들었습니다. 그리고 자전거를 타고 섬을 도는 시간을 가졌습니다. 베트남의 문화를 잠간 체험할 수 있었습니다.

　4박 5일의 일정을 마치고 집으로 돌아오면서 여행 첫날부터 주님이 일하셨고 쉼과 누림을 가질 수 있었습니다. 집을 떠나면 가장 고통스러운 것이 잠자는 것, 먹는 것, 배설의 생리적 욕구의 문제인데 그 문제를 해결해 주시고, 좋은 날씨를 주셔서 여행하는 내내 감사했습니다. 너무도 알뜰한 아들 덕분에 순간 짜증날 일이 있었지만 그 또한 반응하지 않고 주님께 반응한 덕분에 갈등 없이 여행을 마무리 할 수 있어 더 감사했습니다. 둘 다 이구동성으로 한 말이 '다음에 오게 되면 꼭 민정이랑 함께 오자.'였습니다. 딸의 역할이 절실하게 필요했던 것입니다.

원 데이 투어를 하며 깨달은 것이 있습니다. 그곳에서 가이드 역할을 한 분이 영어로 잘 설명해 주는 것을 보며 그 오랜 시간을 학교에 다니며 공부를 했는데 나는 왜 한 마디도 말을 하지 못했을까? 나 자신을 보며 참 한심하다는 생각이 들었습니다. '절박함' 그것이 저들을 저렇게 열심을 낼 수 있게 만들었구나. 과연 나는 무엇에 '절박함'을 가지고 있는가? 나 자신에게 질문을 던져 보았습니다.

몇 해 전 영어회화를 공부할 기회가 있었습니다. '당신이 영어 회화 공부해서 외국 여행 다니자'고 남편이 저를 믿고 거금을 투자했습니다. 그러나 저는 그 때 그 기회를 놓치고 말았습니다. 영어회화를 공부해도 당장에 써 먹을 데가 없다는 핑계였습니다. 지난 시간이지만 후회가 남습니다. 그 기회를 잘 활용했으면 좋았을 것을 하는 아쉬움이 남습니다. 특히 다낭에서 가이드의 자신감에 찬 모습을 보며 더 아쉽다는 생각을 했습니다.

그렇게 된 이유가 생각해 보니 그 계획을 내가 세웠기 때문인 것 같습니다. 주님이 앞서고 제가 순종했던 일은 다 끝을 맺을 수 있었는데, 내가 계획을 세운 것은 대부분 끝을 못 맺었던 기억이 있습니다. 어떤

일도 기도로 시작해서 주님이 인도하실 때만 아름다운 결실을 맺게
된다는 진리를 다시 한 번 깨닫습니다.

다낭 / 호이안

하나님이 회복하시는 방법

주유와 톨게이트 비용을 아낀다고 남편의 경차를 이용해서 교회에 다니다가 방학을 하니 차를 운행할 일이 없게 되어 주 1회 제 차를 이용해서 교회로 가던 중이었습니다. 갑자기 남편의 입에서 "썩어도 준치라고 그래도 큰 차를 타니 운전하는 것이 편하네?" 예사로 한 이야기였을 것인데 그 말이 귀에 거슬리게 들렸습니다. 그래서 "말 좀 예쁘게 하지" 무심코 제 입에서 나온 말이었습니다. 다른 날 같음 "여보, 미안해, 듣기 싫었어?" 하고 넘어갈 남편이었는데 그날따라 유난히 말에 꼬투리를 잡기 시작했습니다. 다른 날과 너무 다른 반응에 당황스러웠습니다. 그리고 집요하게 그 말의 뜻이 무엇인지 아냐, 그렇게 무식하냐, 등등 듣기 거북한 말이 이어졌습니다. 예배드리러 가는 길이었고, 집에 오는 시간까지 함께 해야 할 상황이라 더는 감정의 낭비를 할 수 없었습니다.

그 날은 권사님 두 분과 점심 약속이 있는 날이었습니다. 예배를 잘 드리고 이젠 어느 정도 화가 풀렸겠지, 했는데 계속 기분이 안 좋으니까 혼자 가라고 했습니다. 순간 감정은 상했지만 마음을 누르고 아까 일은 내가 미안하다. 내가 잘못 했으니까 화를 풀고, 함께 왔으니 함께 점심 먹고 가자고 설득했습니다. 갑자기 남편이 "정말 미안 하느냐? 미안하면 돈으로 사과를 하라"는 것입니다. "당장 얼마를 줄 수 있느냐?" "만원 줄게" 했더니 장난하느냐고 더 심하게 화를 내는 것입니다. 이 상황은 상식 이하의 상황입니다.

여차여차해서 권사님들과 약속한 식당에 도착했습니다. 물론 가기 전에 나랑 함께 가면 당신이 불편하게 될 것이다. 그래도 같이 가기 원한다면 가겠다고 그러나 분위기가 좋지 않을 것이라고 했지만, 설마 무슨 일이 있겠나 싶어 무시하고 식당으로 갔습니다. 남편은 반가운 사람들과 식사 자리에서 앉자마자 "우린 전쟁 중입니다. 부부싸움해서 지금 상태가 안 좋으니 그런 줄 알고 이해하라고" 당황스런 반응이었지만 분위기를 깨고 싶지 않아 서둘러 점심을 먹고 집으로 돌아오는 길에 될 수 있으면 말을 아꼈습니다. 아무런 반응을 하지 말자. 억지를 쓰는 사람에게 반응하면 큰 싸움으로 번질 수 있습니다. 참으로 기가 막힌 일이었지만 제가 할 수 있는 일은 왜 이렇게 되었나? 하는 상식을 버리는 일과 그 말에 대한 반응을 주님께 넘기는 일 뿐이었습니다. 만일 이 상황에서 제가 합리화 하거나 자존심을 살리기 위해 자기 방어를 했다면 큰 싸움으로 갔을 것입니다.

집으로 돌아와 답답한 마음에 힐링동산에 올라갔습니다. 올라가면서 기도할 때 주님께서 제 마음 상태를 알게 하셨습니다. 평상시 저의 말투가 남편을 무시하는 말투였다는 것입니다. 그런데 그것은 남편을 무시한 것이 아니라 남편 안에 계신 주님을 무시한 것이라고 알려주셨습니다. 내가 주님을 무시했다는 말에 충격을 받았습니다. 너무나 죄송해 눈물 흘리며 회개했습니다. 그리고 집에 돌아와 남편에게 침묵을 지켰습니다. 내가 하나님께 회개할 부분은 회개하고 주님께 맡겼으니 잠잠히 주님이 하실 일을 바라보면 되는 것입니다.

다음 날이었습니다. 몸이 불편하여 누워있었는데 어지럼증이 왔습니다. 달달한 통조림 생각이 나서 찾아보니 없었습니다. 저녁 식사를 마친 남편이 잠시 외출했다가 비를 흠뻑 맞고 돌아왔는데 통조림 2개를 사 왔습니다. 다툰 이후 처음 보는 얼굴이었는데 '와, 나를 위해 비를 맞고 통조림을 사오다니' 캔을 따주며 먹으라고 하는데 감동이 밀려왔습니다. 아직 구체적으로 다툼 이후 마무리된 상태가 아니었기 때문에 의외의 반응이었습니다. 그날 남편이 먼저 저에게 함부로 말한 것에 대해 사과를 했습니다. 하나님께 반응을 넘긴 결과였습니다. 그리고 남편은 '서로 존대하며 존중하자'고 제안하였습니다. 나도 주님이 깨닫게 해 주신 것들을 전달하며 그 제안에 동의를 했고, 서로 존대를 하는 것이 어색하겠지만 존중하는 마음을 갖도록 기도했습니다.

주님만 바라보면 주님 안에 모든 해답이 있습니다. 우리에게 오는 어떤 나쁜 일도 주님께 그 문제를 가지고 나가면 주님은 상대의 마음을 움직여서 합력하여 선을 이루십니다. 그런데 내가 문제를 해결하려고 하면 문제는 점점 더 꼬이게 됩니다. 문제를 주님이 해결해 주시면 서로에게 유익하게 해결됩니다. 서로의 마음을 만져 주시기 때문입니다. 주님은 우리의 주인 되십니다. 주님이 주인 됨을 인정하면 주님은 늘 새날을 주십니다. 주님 안에서 새로움을 경험하니 오늘 하루도 새날이 되었습니다.

옳고 그름을 따지지 않고 십자가 복음으로 주인 되신 주님께 반응을 맡기니 오랜 숙제가 해결된 것 같습니다. 서로 존중하다 보면 다툴 일도 없을 것입니다. 무시당한다는 생각에 자기 방어를 하게 되니 자기주장만 하여 다투게 되는 것입니다.

우리 부부의 오랜 숙제가 해결되었습니다. 처음 시작은 서로를 사랑하고 존중하는 마음이었지만 오랜 시간 하나님 없이 지내던 삶 속에서 신뢰가 깨어져 버린 것입니다. 그래서 남편을 이해하려는 노력을 하지 않고,

당신은 그런 사람이라고 낙인을 찍어버린 것입니다. 그리고 아무리 좋은 말을 해주어도 귀담아 듣지 않았습니다. 모든 것은 저에게 문제가 있었습니다. 하나님께서 제 마음을 정확하게 알려주셨습니다. 그것을 인정하고 난 후 남편에 대한 과거의 좋지 않던 기억들이 다 사라져버린 것입니다.

서로 존중하기로 약속 한 후 남편이 가장 먼저 한 일이 있습니다. 바로 일주일 전 식사를 함께 했던 권사님 두 분을 초청해서 식사를 대접하며 그날의 일에 대해 사과를 하였습니다. 그리고 당시 제 엄지손가락을 칼에 베어 3바늘을 꿰매게 되었는데 식사 후의 뒷정리를 다 맡아서 해주었습니다. 함께 살고 있는 딸과 사위가 남편의 변화에 가장 기뻐해주었고, 변화되고 있는 남편에게 엄지 척을 해주었습니다.

십자가 복음, 내가 죽고 예수가 주인 되어 사는 삶은 하나님이 다스리는 삶입니다. 이제 우리 가정에 하나님 나라가 온전하게 온 것입니다. 하나님이 통치하는 나라, 하나님께서 저희 가정에 주인으로 오신 것입니다. 육신의 혈통이 아닌 그리스도의 혈통으로 맺어진 아름다운 가정, 위기를 십자가 복음으로 잘 극복하니 주님이 주신 가장 큰 축복입니다.

남편의 간증입니다. 평소 같으면 아내의 대꾸에 그냥 웃으며 넘어갈 수 있었을 텐데 그날은 괜히 짜증이 났습니다. 마치 사단이 내 귀에 속삭이듯이 좀 더 강하게강하게 라고 속삭였습니다. 심지어 아내에게 '네가 미안한 마음이 있다면 나한테 얼마를 줄 건데?' 돈으로 미안한 마음을 환산해 보라고 다그쳤습니다. 참으로 인격이 없는 행동이었습니다. 아내의 지인들을 만나 식사하는 자리에서도 사단은 속삭였습니다. 그들의 기분도, 아내의 기분도 상하게 할 말만 골라서 했습니다. 그런 행동을 하면서 아, 이거 사단이 하는 짓인데, 라는 생각은 했지만 멈출 수가 없었습니다. 마치 아내에게서 한 마디만 더 나오면 폭탄이라도 쏟아 부을 것처럼 공격적으로 변했습니다. 그런데 아내는 더 이상 침묵으로 답했습니다.

시간이 조금 지났습니다. 아마 아내가 힐링 동산에서 기도하고 온 후였을 것입니다. 하나님께서 제 마음을 만지기 시작했습니다. 제가 한 행동을 회개하도록 하셨습니다. 그리고 많은 사람들의 생명을 살리고 있는 아내를 힘들게 하고 있는 내 자신을 보게 되었습니다. 주님께 회개하고 아내를 존중하려면 먼저 존대를 해야겠다는 생각을 하게 되었습니다. 만일 존대를 할 경우 불필요한 말을 하지 않게 될 것이기 때문입니다. 아내에게 먼저 사과를 하고 존대어를 사용할 것을 제안하였습니다. 아내 역시 사과하면서 하나님께서 자신의 모습을 보게 하셨다고 했습니다. 그리고 시간이 지나면서 제가 변하기 시작했습니다. 아내를 돕는 사람이 되어야겠다고 마음을 먹게 되었습니다. 그리고 아내가 원하는 일을 자원해서 하게 되었는데 그 일이 힐링하우스에 방문하는 사람들에게 은혜가 되었는지 사람들이 많이 편하게 생각하고, 즐거워하였습니다.

하나님께서 아내가 하고 있는 사역을 돕는 자로서 사용하신다는 생각이 듭니다. 저희 가정은 저의 어리석음 때문에 가족들이 저를 불신하게 되었고, 저는 때로는 외톨이처럼 지내야 했습니다. 그러나 이제는 제가 먼저 가족들에게 다가가고 그들을 사랑하려고 합니다. 제가 먼저 사랑하고 섬기다 보면 언젠가 가족들의 마음도 열릴 것입니다. 자칫하면 큰 싸움으로 번질 뻔 했던 일이 아내의 십자가 복음으로 인해 오히려 더 굳건한 가정으로 변화되는 계기가 되었으니 주님께 너무도 감사한 마음입니다. 주님이 주인 된 저희 가정, 특히 그리스도의 혈통으로 다시 세워진 가정, 아내의 사역에 동역자로서 힘을 다해 수고를 아끼지 않으려 합니다.

귀로만 듣던 주님을 이제야 눈으로 뵙는 것 같습니다. 주님께 영광을 돌립니다.

남편의 간증을 읽으며 주님께서 30년 전에 드린 제 기도를 생각나게 하셨습니다. 그때 저는 믿음이 좋은 장로 될 사람을 배필로 달라고 40일 작정 새벽기도를 드렸습니다. 태어나서 처음으로 한 새벽기도였습니다. 그리고 지금의 남편을 만나 20년을 신앙의 문제로 핍박과 연단을 받았습니다. 그런데 지금 남편의 변화된 모습을 보니 제가 기도했던 그런 동역자로 변해 있었습니다. 주님께서 "난 네가 한 기도에 분명히 응답했다."라고 대답하시는 것 같습니다.

주님의 시제는 늘 현재입니다. 이미 기도를 드리는 순간 내 기도는 응답이 된 것입니다. 단, 그 기도가 내게 오기까지의 시간이 30년이 걸린 것입니다. 그 시간동안 저는 출애굽과 광야, 가나안의 삶을 다 경험하고 이제는 이 땅에 임한 하나님 나라를 누리게 되면서 가정이 회복 된 것입니다. 이 모든 해답은 오직 예수입니다. 그리고 내가 할 일은 날마다 내 자신을 부인하고 십자가에 나를 넘기는 것이었습니다.

딸의 간증 : 내 삶을 이끄시는 하나님

7년 동안 열심히 일했던 교회를 그만두게 되면서 새벽예배를 작정하고 배우자를 위한 기도를 드렸습니다. 어릴 적부터 결혼하고 안정적인 가정을 꾸리고 싶었고, 일찍 결혼하고 싶었습니다. 그래서 행복한 가정에 대한 환상을 가졌고, 잘 살고 싶어서 결혼에 관련된 서적들을 열심히 읽고, 배우자를 위한 기도와 배우자를 만나기 위한 자세 등 책으로 결혼생활을 공부했습니다.

작정하고 새벽예배를 드리는 동안 나의 편견과 생각들이 깨어지기 시작했습니다. 하나님께서 준비해주신 배우자는 완벽할 줄 알았습니다. 그런데 결혼이란 완벽하게 시작하는 것이 아니라 자신의 깨어짐을 통해 상대의 부족함을 채워나가는 것임을 알게 되었습니다. 내 기준으로 결혼을 생각할 것이 아니라 하나님 기준으로 생각했어야 했습니다.

지금의 신랑을 보면서 하나님께서 나에게 맞는 배필을 주신 이유에 대해 생각해 보았습니다. 우리 부부는 세상의 기준으로 보면 성공한 부부도 아니고, 미래가 밝은 부부도 아닙니다. 결혼 후 신랑은 자신의 진로에 대해 고민하기 시작했습니다. 지금 다니는 직장은 40세가 넘으면 더는 다닐 수 없을 것이라는 생각으로 불안해했고, 마침 다니던 직장에서 지방으로 옮겨갈 것을 제안하였는데 거절하자 권고사직을 당하게 되었습니다. 다른 직장을 구할 때까지 생활비가 필요했기에 실업급여를 신청하라고 했는데, 신랑이 직장에서 한 번도 해 준적이 없으니 안 해줄 것이라며 다른 직장을 구하겠다고 하였습니다. 미리 결과를 예측하지 말고 기도한 후 얘기해 보라고 했습니다. 직장에서는 사직한 직원 중 처음으로 실업급여 신청을 해주었습니다. 전적인 하나님의 은혜였습니다.

6개월 정도 실업급여를 받을 수 있었습니다. 그 기간 동안 미래가 불확실한 일을 멈추고 새로운 길에 도전하였습니다.

사회복지 공부를 하기로 결정한 후 노인복지에 대해 관심을 갖게 되었습니다. 결혼을 한 후 일 년도 안 되어 백수가 되었으니 처음에는 암담하였습니다. 그러나 미래를 위한 투자라고 생각했고, 기도로 준비한 후 실업급여를 받으며 마음 평안하게 사회복지사 자격증을 준비하게 되었습니다. 감사하게도 여유가 없던 우리에게 하나님은 오빠를 통해 수업료를 공급해 주셨습니다.

'하늘이 무너져도 솟아날 구멍이 있다'고 합니다. 암담했지만 그 속에 하나님이 계획하신 일은 누군가를 통해 반드시 이루신다는 체험을 하였습니다. 6개월 동안 열심히 사회복지사 자격증을 준비하여 사회복지사로 첫 발걸음을 내딛게 되었습니다. 그 후 노인복지를 위해 신랑은 요양보호사, 치매관리사, 노인여가 상담 등 여러 가지 자격증을 취득하였습니다.

하나님은 저에게 큰돈을 주시거나 엄청난 능력을 주셔서 어깨에 힘을 주고 살게 하지는 않으셨습니다. 그러나 어릴 적부터 내가 가지고 싶은 것, 하고 싶은 것을 할 수 있도록 환경을 열어주셨습니다. 우리 부부는 돈을 많이 벌지는 않지만 하나님은 늘 부족하지 않게 채워주십니다. 직장을 쉬고 있는 상태에서도 궁핍하지 않게 해 주셨습니다. 간호사로 일 할 때는 조금 풍족한 삶이었지만, 실업급여를 받으며 긴축재정에 들어갔으니 사회복지사로서의 적은 급여로도 우리는 만족한 삶을 살 수 있었습니다. 이 모든 것이 하나님의 계획안에서 이루어지는 일임을 알기에 더 많이 감사할 수 있습니다.

물론 동화의 이야기처럼 짠~하고 사회복지사로 성공했다고 말을 할 수는 없습니다. 지금 신랑은 하나님의 계획 안에서 쓰기 편한 그릇으로 만들어지는 과정 속에 있습니다. 아직은 부족한 것이 많고, 욱 하는 성격도 있어 직장에서 사직 당하는 일, 너무도 어이없는 대우를 받게 되면서 점점 하나님이 원하는 그릇으로 빚어지고 있으니 감사하게 됩니다.

몇 달 전, 신랑이 다니던 주간보호센터에서 사직을 당했습니다. 신랑은 엄마에게 먼저 고백을 하고 나에겐 비밀로 하고 있었습니다. 그런데 눈치가 빠른 나는 대충 상황을 알게 되면서 그 욱하는 성질을 못 버려서 이렇게 되었다고 생각하니 나도 모르게 감당할 수 없는 화가 치밀어 올랐습니다. 그런데 기도하게 되면서 그런 감정들이 사라지고 마음에 평안이 왔습니다. 실직을 했는데 왜 내 마음이 더 평안해지는 것일까? '하나님께서 신랑에게 이번 기회를 통해 자신을 더 많이 내려놓게 하시려는 계획이 있으시구나.'라는 깨달음이 왔습니다. 그래서 신랑의 믿음이 성장할 수 있는 계기를 주셔서 감사하다는 기도를 드렸습니다. 하나님의 신실하심을 믿으니 모든 일에 하나님의 섭리가 있다는 것을 깨닫게 됩니다. 그래서 어떤 환경을 주시든 감사할 수 있습니다.

7년 동안 다니던 직장을 그만두고 강남중앙침례교회로 옮기면서 1부 예배가 7시에 시작해서 주일에는 광명에서 지하철 첫 차를 타고 출근해야 했습니다. 아주 먼 거리는 아니지만 주일 새벽에 나와 지하철을 타기 위해 걷는 거리에는 술에 취한 사람들의 비틀거림과 깜깜한 거리는 살짝 무섭기도 하고 불안했습니다. 특별새벽기도회 기간에는 전날 교회에서 잠을 자야 했으니 집에서 가까운 교회에 다닐 때는 몰랐던 불편함이 있었습니다. 그래도 주 4회 출근이었으니 견딜 만 했습니다. 결혼 후 주일에는 신랑이 일찍 일어나 교회에 태워다 주었습니다. 지금 결혼 5년차인데 매 주일 새벽마다 함께 눈을 떠서 출근길에 태워다 주고 집에 돌아와 눈을 붙인 후 다시 예배를 드리고 저를 태우고 집으로 돌아옵니다. 능력이 많거나 핫한 신랑은 아니지만 늘 변함없이 배려해 주고, 늘 새벽을 깨어 함께 해주니 감사한 마음입니다. 이런 돈으로 살 수 없는 일들이 하나님의 축복이 아닌가 생각하게 됩니다.

저는 어릴 적부터 돈은 있다가도 없고, 없다가도 있으며, 돈이 많아야 행복하다는 생각은 하지 않았습니다. 신랑은 비록 돈은 많이 벌지 못하지만 늘 내 편이 되어 나를 배려해 줍니다. 처음에 만났을 때 신랑에게 교회에 다니는 사람을 원한다고 하니 신랑은 교회에 혼자 와서 예배를 드렸고, 직원으로 있는 나와 함께 예배를 드리지 못해 혼자 불편함이 많았을 텐데 매 주일 출석했습니다. 결혼 후에도 약속을 잊지 않고 출퇴근 시켜주며 예배를 드려 집사 직분도 받았습니다. 아직은 신앙이 어리지만 하나님은 신랑의 속도에 맞추어 조금씩 하나님이 필요한 그릇으로 빚고 계십니다.

하나님은 결혼 준비하는 중에 먼저 나를 깨트리셨고, 현실은 결혼 서적에 나오는 것처럼 아름다운 습관들로 행복해지는 것이 아니라는 것을 깨닫게 했습니다. 깨어지는 훈련들을 통해 순간순간 다가오는 환경과 고난을 통해 나에게 내려놓음과 하나님이 함께 하는 고난에는 축복의 길이 있음을 알게 하십니다. 그리고 신랑과 하나하나 맞추어 가며 서로를 배려하는 과정에서 퍼즐 조각을 맞추듯 하나님이 쓰시기에 편한 그릇으로 만들어 가는 과정에 있습니다.

이사를 하게 된 후 부모님과 함께 공동체 생활에 들어갔습니다. 물론 둘이 살 때와는 다른 불편함도 있습니다. 그리고 함께여서 좋은 점도 더 많이 있습니다. 내가 깨어지기 전에는 그런 불편함이 무척 크게 다가왔지만 결국 내가 깨어지고 부서지니 불편함보다 감사함이 더 크게 오는 것 같습니다. 처갓집에서 사는 것이 불편할 텐데 불편하다고 표현하지 않고, 엄마 아빠에게 다가가는 신랑이 고맙게 느껴집니다. 하나님의 계획 속에서 우리가 쓰임 받기를 기도합니다. 부족한 것이 너무도 많지만 주님은 그런 나를 외면하지 않으시고, 그 나라에 갈 때까지 저와 함께 하실 것을 믿기에 어떤 상황에서도 감사할 수밖에 없음을 고백합니다.

자녀들을 위한 기도를 참 오랜 시간 했습니다. 물론 십자가 복음을 깨닫기 전에는 성공을 위해 기도했습니다. 그런데 십자가 복음을 깨달은 후, 하나님께 쓰임 받는 그릇으로 살아내기를 기도하고 있습니다. 그런데 함께 살게 되면서 참 지혜롭게 살아내는 딸을 보며 감사기도를 올립니다.

오빠에 비해 조금은 험난한 삶을 살았던 딸, 하나님은 그 기질에 맞게 사용하고 있음을 보게 됩니다. 개인적인 바람이 있다면 딸이 제가 하고 있는 일들을 맡아서 해주길 바랄 뿐입니다. 그런데 그 또한 하나님께서 이루시도록 맡길 뿐입니다.

사랑하는 나의 부모님

90이 넘으신 부모님을 뵐 때마다 건강하게 장수하심에 주님께 감사드립니다. 10년이 넘는 시간들을 위 아래층에서 함께 살다가 뉴타운 지역 재개발로 인해 부모님은 큰 오빠네로 들어가셔서 함께 살고 계십니다. 이사하기 몇 달 전부터 딸과 헤어짐이 서운해 생각날 때마다 눈물 흘리시던 엄마가 생각이 납니다. 지금도 가끔 전화하셔서 '너를 자랑스럽게 생각한다. 아무쪼록 건강 잘 챙기라'고 당부하고 계십니다.

아버지는 제가 미용실을 하고 있을 때, 저를 볼 때마다 "이 일이 오래 할 일은 아니다. 지금부터 보람 있게 할 수 있는 일을 찾아라. 나이 들수록 할 일이 없다는 것은 참 무료한 삶이 될 수 있다"며 새로운 일을 도전할 수 있도록 용기를 주셨습니다. 아버지는 어릴 적 너무 가난하여 고학으로 어렵게 공부해서 전화국의 최고의 자리까지 올라 명예로운 퇴직을 하시며 30년이 넘는 시간동안 자기관리가 아주 철저하신 분이십니다. 가장 재정이 어려울 때 하나님께서 공부하라고 하셨는데 정식대학이 아닌 사설 기관에서 공부하려고 하였을 때, 반드시 정도를 걸어야 나중에 후회하지 않는다고 말씀하셔서 곁길로 가지 않고 정도를 걷게 되었습니다.

목사안수를 받을 때 "너 때문에 실족되는 사람이 없게 할 자신이 있으면 목사 안수를 받고, 그럴 자신이 없다면 절대로 목사안수를 받지 말라."고 하셨던 아버지의 말씀 때문에 나로 인해 누구라도 상처를 받았다면 바로 사과해서 그 마음을 풀어주게 되었습니다. 물질과 기도로, 또 오랜 시간 살아온 경험이 있는 선배로서 조언을 아끼지 않으신 아버지. 지금은 연로하셔서 바깥출입이 불편하지만 끝까지 자식에게 피해를 주지 않기 위해 최선을 다해 노력하고 계십니다.

사랑하는 우리 엄마는 여자는 교육을 시키지 않는 가장 어려운 시대에 태어났습니다. 그래서 초등학교만 나오셨지만 참 지혜로운 분이십니다. 어릴 적 얼굴이 아주 예뻐서 '꽃예'라는 별명으로 불리었다고 합니다. 그런 엄마가 처녀 적에 공산군에게 붙잡혀 총살을 당할 위기에 '하나님, 저를 살려주신다면 전도 열심히 하겠습니다.'라고 기도했는데 하나님께서 구사일생으로 살려주셨음에도, 실제로 전도하지 못해 하나님께 가면 죄송해서 할 말이 없었는데 그래도 딸이 전도하는 목사가 되었다고 그것이 늘 감사하다고 말씀하십니다.

엄마의 외조부께서 교회를 세우실 정도로 초창기에 복음을 받아들여 너무도 자연스럽게 교회에서 자랐다고 합니다. 엄마는 정식으로 피아노를 배운 적은 없지만 절대음감으로 찬송가 반주를 하십니다. 자신이 피아노를 배우지 못한 한을 저와 여동생에게 풀었는데, 저는 도중하차했고, 여동생은 끝까지 승리하여서 대학에서 교수로 활동하고 있습니다. 자연스럽게 기독교 문화 속에서 자라게 되어 교회의 문턱을 넘을 수 있었습니다.

이런 부모님께서 제 곁에 계셨기 때문에 오늘의 제가 있을 수 있었던 것 같습니다. 이런 부모님을 만나게 해주신 주님께 감사드립니다. 그리고 오랜 시간동안 함께 곁에 계셔 주심도 감사드립니다. 이제 오래지 않은 시간에 이별해야 할 때가 올 것입니다. 그래도 다시 만날 수 있음에 감사한 마음입니다. 조석(朝夕)으로 제가 써드린 매일 기도문을 읽으시며 날마다 주님께 신앙고백을 하고 계십니다.

엄마, 아버지 사랑합니다.

자기 소개서

신앙의 성장 배경

증조 외할아버지가 기독교를 받아들이시게 되면서 자연스럽게 기독교인이 되었습니다. 4대째 모태신앙인이었지만 전혀 그리스도인이 아니었습니다. 결혼 후 갑자기 남편이 소천하게 되면서 영혼 구원에 관심을 갖게 되었습니다. 내 인생이 주님의 손에 맡겨져 사방에 우겨 싸임을 당하게 되면서 내 인생의 주권자는 하나님이시라는 고백을 하기까지 많은 고난을 겪게 되었습니다.

학창시절

고등학교 시절에 문학소녀로 글 쓰는 것을 좋아했습니다. 대학에 가야할 필요성을 느끼지 못해 공부는 열심히 하지 않았습니다. 그런데 주변의 권유로 신구대학에 입학한 후 등록금이 아까워서 열심히 공부했습니다. 신구대학교 2년 동안 장학금을 받았습니다. 그리고 이제 공부는 끝났구나! 했는데 2005년 하나님의 달콤한 유혹에 넘어가 한영대학교 기독교 상담학과에 편입하게 되었습니다. 그런데 인본주의적 상담이 결코 인생을 바꿀 수 없다는 것을 깨닫고 신학대학원으로 방향을 바꾸어 대학원에 진학하였습니다. 학교에서 배운 지식은 그리 많이 도움이 되지 않았고, 민경설 목사님을 통해 배운 신학의 진리들을 기도하며 삶에 적용한 결과 성경에 나오는 기적들을 체험하게 되었습니다.

학부시절, 목회상담학 시간에 교수님의 교수법이 너무 마음에 들지 않아 기도하던 중 하나님께서 "네가 그 일을 해라" 그 음성 한마디에 박사과정까지 공부하게 되어 실천신학 박사학위(Ph .D)를 받았습니다.

신앙의 성장과정

1. 신앙의 첫 단계

1995년 인생의 절대절망을 겪으며 민경설 목사님을 통해 신앙의 기초를 쌓게 되었습니다. 절망의 삶 속에서 기도하며 하나님이 주시는 진리들을 삶에 적용하게 되면서 삶에서 나타난 결과들을 보게 되었습니다. 자연스럽게 신학의 길을 가게 하셨고, 주님이 깨닫게 하신 진리들을 많은 사람들에게 알려주고 싶다는 소망을 갖게 되었습니다.

2. 하나님이 나를 통해 이루시는 사역들

million0691 무심코 만들게 된 ID입니다. 이름이 마음에 들지 않아 가명을 쓰고 다니기도 했는데, 하나님께서 내 이름에 대한 해석을 주셨습니다. 백만 명에게 복음을 전하는 자로 사용하겠다는 약속을 하셨습니다. 10년 전에 주신 말씀인데 10년이 지난 지금 이 말씀이 이루어지고 있음에 놀라울 뿐입니다. 7년 전부터 시작한 SNS 말씀 사역을 통해 하루에도 수 십 만 명에게 말씀이 전달되고 있습니다.

문서 사역을 통해 하나님은 복음의 날개를 달아 주셨습니다. 많은 사람들이 십자가 복음에 관심을 갖게 되었고, 날마다 병아리가 모이를 기다리 듯 말씀을 기다리고 있습니다. 이 일은 주님이 나를 통해 시작하셨고, 주님이 계속 이루어 가실 것입니다.

그리고 간증집의 출간입니다. 이 땅에 많은 가정들이 깨어지고 있습니다. 하나님은 내게 사별을 경험하게 하셨고, 다시 재혼을 하게 하셨습니다. 그리고 이 가정이 믿음의 반석 위에 세워지지 못해 다시 깨어짐을 허락하셨습니다. 이혼 가정이 된 것입니다. 그때가 1995년도의 일입니다.

하나님은 다시 반석 위에 이 가정을 세워주셨고, 견고하게 이끌어 가십니다. 이 땅에 깨어진 가정들의 회복을 위해 저희 가정이 쓰임 받고 있습니다. 출간된 간증집을 통해 저에게 역사하신 하나님의 놀라운 비밀들을 독자들이 책을 통해 간접 체험하며 은혜를 누리고 있습니다. 출판 사역은 계속 진행 중이며 이 세상을 떠나는 날까지 지속될 것입니다.

3. 현재의 사역

하나님께서 글 쓰는 은사를 주셔서 2011년부터 민경설 목사님의 설교를 듣고 문서로 남겨 출판하는 일을 하고 있습니다. 박사학위를 받은 후 하나님께 기도한 것이 있습니다. 내가 직장을 찾지 않겠습니다. 하나님께서 열어놓으신 길로만 가겠습니다. 그리고 열려진 길이 있습니다.

장로교 통합측 노회기관인 서남성서신학원에 교무과장으로서 행정적인 일과 체플시간의 설교, 교수 섭외, 학생 모집 등 모든 일을 맡아하고 있습니다. 특별히 제가 하는 일이 있습니다. 그것은 학생들의 밥을 챙겨주는 일입니다. 처음에는 그 일을 하게 되면서 좀 당황스럽기도 했지만 그 일이 실천신학을 전공한 저에게 삶에 적용하는 가장 확실한 교육이라 생각하게 된 후 기쁨으로 봉사하고 있습니다. 행동으로 나타나는 삶, 십자가 복음이 삶을 통해 철저하게 적용되도록 돕는 역할이 하나님께서 제게 맡기신 사명입니다.

4. 하나님이 주신 비전

하나님께서 제게 주신 비전은 힐링하우스입니다. 그곳에서 신앙생활을 하다 시험 들어 도중에 중단하신 분, 혹은 신앙생활에 지쳐있는 사람들을 만나 그들을 섬기는 일입니다. 하나님의 사랑을 대신 전달해주고, 그 삶을 위로하며 격려해주는 일입니다. 그런데 이사를 하게 되면서 하나님께서 자연스럽게 이 일을 시작하고 계십니다. SNS 문서선교를 우선적으로 하면서 남은 시간들을 신앙의 성장을 돕는 Helper로서 역할을 감당하고 있습니다. 주님께서 문서선교를 통해 사람들을 만나게 하시고, 그들의 신앙에 불쏘시개의 역할을 하게 하십니다. 하나님께서 실천신학을 공부하게 하셨고, 말씀을 삶에 적용할 수 있는 은혜를 주셨으니 신앙의 후배들에게 그 은혜를 나누려고 합니다.

이제 여기에서 저는 또 다른 꿈을 꾸고 있습니다. 요양원에 대한 꿈입니다. 연로하신 부모님 때문에, 그리고 항암투병을 하다 먼저 세상을 떠난 작은 오빠를 보며 마지막을 준비하는 공동체의 필요성을 느꼈기 때문입니다. 이제 나이가 들어가니 형제들도 배우자를 먼저 보내는 이들도 있을 것입니다. 홀로 남은 자들이 마지막 까지 살아갈 수 있는 공동체에 대한 꿈을 꾸고 있습니다. 병이 들었지만, 생명을 연장하고 싶지 않은 사람들이 마지막을 좋은 공기를 마시며 쉴 수 있는 공간도 필요할 것입니다. 이런 마음을 주신 분이 하나님이시니 그 기쁘신 뜻을 위해 주님이 친히 움직이실 것입니다. 그 일을 위해 사회복지 공부를 하고 있습니다.

아마 주님이 이루신 일들이 눈으로 나타날 때, 간증집 5권의 책이 세상에 나오게 될 것입니다. 그 일을 이루실 주님을 찬양합니다. 한 번도 실망시키지 않으신 하나님께서 늘 함께 하시니 감사합니다.

"너희 안에서 행하시는 이는 하나님이시니 자기의 기쁘신 뜻을 위하여 너희에게 소원을 두고 행하게 하시나니"(빌 2:13)

2부
주님은 내 안에
계십니다

주님이 내 안에 계신다는 것은 말씀이 내 안에 있다는 것입니다. 대부분 사람들이 문제를 놓고 기도해 달라고 합니다. 그런데 이런 기도는 응답이 쉽지 않습니다.

하나님께서 우리에게 문제를 허락하신 이유는 문제를 통해 내가 변해야 할 태도가 있기 때문입니다. 그래서 저는 가끔 문제해결을 위한 기도 부탁을 받을 때, '이런 자세로 기도하시면 됩니다.'라고 말씀드립니다.

2부에서는 주로 그런 내용을 다루어보았습니다. 어떤 문제가 있을 때 하나님이 내게 원하는 것이 무엇일까? 그 원하는 것에 순종할 때 문제는 이미 문제가 아님을 고백합니다. 문제를 주신 이유를 알고, 조금은 성숙한 기도를 드리기 원합니다.

이번 장을 통해 하나님을 아는 지혜를 얻기 원합니다. 그리고 조금은 더 성숙함으로 나가기 원합니다. 원리를 알아가는 신앙이 좋을 것 같습니다. 원리를 알면 그 다음은 순종하면 되기 때문입니다.

말씀을 통해, 기도를 통해 주님이 깨닫게 하신 것들을 적어보았습니다. 주로 '오늘의 말씀'에서 And...에 들어간 내용들입니다. 말씀에 대한 삶의 간증도 있고, 이해하기 쉽게 풀어놓았습니다.

신앙의 길에 좋은 지침서가 되기를 바랄 뿐입니다.

'JESUS ALL'

튤리안 차비진 목사는 'JESUS ALL'이라는 책에서 '인간의 마음은 다 우상의 공장'이라고 합니다. 인간은 자신을 신격화 하려는 경향이 있다는 것입니다. 즉 '자기 스스로의 힘으로 모든 것을 이룰 수 있다고 생각하고 또 스스로 이루려고 하는 경향이 다 우상의 소치에서 나오는 것'이라고 합니다. 인간은 하나님의 힘을 입지 않으면 자기를 이길 수 없고, 자신을 우상화합니다. 그러면 인생이 실패하게 됩니다. 사람들이 헤롯왕을 세우니 그는 하나님께 영광 돌리지 않고 마치 자신의 영광인 것처럼 행동하다 벌레에 물려 그 자리에서 죽게 됩니다. 자신을 이긴다는 것이 쉽지 않은 것 같습니다.

고난이 없는 사람은 주님의 힘을 구하지 않습니다. 자신에게 주어진 힘으로 삽니다. 이런 사람은 일상에서 기적을 체험하는 것이 쉽지 않습니다. 그러나 부족함이 많은 사람은 부족함 속에서 주님의 은혜를 구하기 때문에 매 순간 주님을 힘입어 살아갑니다. 주님의 은혜를 구하는 사람은 높은 위치에 올라도, 많은 재물을 얻어도 교만할 수 없습니다. 모든 것이 하나님의 은혜로 얻어진 것이기 때문입니다. 그래서 하나님은 우리에게 고난을 허락하십니다. 고난 속에서만 내가 아무것도 아님을 깨닫고 주님이 전부임을 고백하게 되기 때문입니다. 주님은 전부이십니다. 주님이 우리의 전부가 될 때 일상의 삶이 기적이 됩니다. 자신의 약함을 알고 하나님 없이 살 수 없다는 것을 아는 사람만 주님의 힘을 구하게 됩니다.

당신은 무슨 힘으로 살고 있습니까? 세상의 힘? 자신의 힘? 그것은 대단한 것 같지만 다 속은 것입니다. 진정한 승리는 주님을 힘입는 것입니다. 우리가 예수 믿는 것은 주님을 힘입고 예수 생명으로 살기 위함입니다. 그러면 아무리 현실이 어려워도 일상에서 매일 기적을 체험하게 됩니다. '오직 예수'여야 합니다. 예수+무엇이 되면 신앙이 변질됩니다. JESUS ALL이 되어야 합니다.

'세상의 전부를 가졌으나 하나님이 없으면 아무것도 안 가진 것이요. 세상의 것 아무것도 없으나 하나님을 가졌다면 전부를 가진 것입니다.'

'가장 강력한 무기'

가끔 불쑥 불쑥 미래에 대한 두려움이 다가올 때가 있습니다. 그럴 때마다 제가 극복하는 방법은 과거의 은혜를 기억해 내는 것입니다. 과거에 어려운 시간들이 참 많이 있었습니다. 그 어려운 시간을 하나님의 은혜로 잘 극복해 왔습니다. 그래서 순간 미래가 불안할 때는 지금보다 더 어려운 시간을 극복해 왔는데, 주님만 함께 하시면 그 어떤 어려움도 극복할 수 있을 거라고 생각할 때 어둠은 순간 사라집니다. 그러므로 생각에서 승리하는 것이 중요합니다.

예수를 잘 믿어도 순간순간 어려움이 찾아옵니다. 그때마다 할 수 있는 것은 이 어려움이 왜 찾아왔는지 모르지만 하나님을 신뢰하기 때문에 감사하는 것입니다. 우리 인간에게는 신적 능력이 있기 때문에 생각하는 대로 이루어집니다. 같은 사건을 놓고 긍정의 생각을 할 때 긍정의 환경을, 부정의 생각을 하면 부정의 환경을 열게 됩니다. 우리의 환경은 우리의 생각의 결과로 나타나게 됩니다.

어떤 권사님이 남편의 신앙 문제로 꾸준히 기도해 왔습니다. 그런데 하루는 남편의 과음으로 인해 응급실에 실려 가게 되었습니다. 기도하는 분이기에 이 상황이 왜 왔는지는 모르지만 하나님께서 합력하여 선을 이루어 주실 것을 믿고 감사하게 되었습니다. 그런데 놀라운 의사의 처방이 '금주'였습니다. 금주에 대한 처방은 하나님께서 그분을 만나기 위한 출입문을 열어놓은 일입니다. 때로는 우리가 알 수 없는 고난의 터널을 지날 때가 있습니다. 그 이유는 알 수 없지만 분명한 것은 우리가 믿는 하나님의 사랑과 그분의 신실하심을 믿는다면 그 고난은 내게 엄청난 유익을 준다는 것입니다. 그래서 이유는 모르지만 먼저 감사를 선포하는 것입니다. 우리가 감사할 때 사단은 슬그머니 도망갑니다. 그런 의미에서 어찌 보면 감사는 사단과 싸움에서 승리하는 가장 강력한 무기라 할 수 있습니다.

'가장 위대한 복음은 사랑입니다'

인격이 있는 사람은 동정의 대상이 될 때 상처를 받게 됩니다. 동정이란 사랑을 보답할 기회를 주지 않고 도움만 받고 살라는 것입니다. 인간은 '인격'이 있기 때문에 사랑을 받고 싶은 만큼 사랑할 때 행복을 느낄 수 있습니다. 하나님을 사랑하라는 주님의 말씀은 우리에게 무한한 자유를 줍니다.

인간을 신뢰하는 하나님은 때로는 인간의 이기심 때문에 배신을 당할 때가 많지만 그래도 하나님은 우리를 믿고 기다려 주십니다. 인간은 자신이 사랑을 받은 만큼만 사랑할 수 있습니다. 그래서 하나님은 우리에게 이렇게 말씀하십니다. "내가 너를 사랑하듯 너도 나를 사랑하라"

하와이 군도 중 '몰로카이'라는 섬이 있는데, 이곳은 문둥병자들이 모여 사는 섬입니다. '하늘의 벌을 받은 섬'이라 불렸는데 다미앵선교사는 그 소식을 듣고 복음을 전하러 갔습니다. 매일 환자들을 찾아 복음을 전했지만 30대 젊은 나이에 멋진 외모를 지닌 다미앵의 말을 오히려 사람들은 비웃었습니다. "당신은 건강하기 때문에 여기에도 올 수 있었던 거야" "당신이 우리와 같은 병에 걸렸어도 하나님을 믿었을까?" 자신의 건강과 외모로 인해 복음을 전할 수 없게 되자 다미앵은 하나님께 그들과 같은 고통을 겪게 해 달라고 기도드렸습니다. 그로부터 며칠 뒤 뜨거운 물을 실수로 쏟았지만 전혀 고통을 느낄 수 없다는 것을 안 다미앵은 그 자리에서 감사 기도를 드립니다. "주님, 제 기도를 들어주셔서 감사합니다." 머지않아 다미앵의 눈썹이 빠지기 시작했고, 손마디가 떨어져 나가기 시작했습니다. 더 이상 예전의 잘생긴 외모는 찾아볼 수 없었지만 다미앵은 거울을 보며 날마다 기뻐하였습니다. 그리고 섬 전체의 환자들을 모두 예배당으로 부른 뒤 자신 있게 외쳤습니다. "사랑하는 여러분, 주님께서는 우리 문둥병자들을 사랑하십니다." 다미앵의 사랑에 감동을 받은 섬사람들은 모두 하나님을 영접하게 되었고 놀라운 사랑에 감명받은 사람들은 그를 '파더 다미앵'이라고 불렀습니다.

우리가 살아가면서 행할 수 있는 가장 고귀한 일은 바로 사랑입니다. 예수님은 자신의 삶으로 사랑의 완성을 보여주셨습니다. 지금 어려우십니까? 하나님은 사랑이십니다. 그 고통의 터널 속에 주님이 함께 하십니다. 반드시 터널은 끝이 있습니다. 그리고 그 끝에는 반드시 밝은 빛이 있습니다. 지금 그 시간을 고통과 함께 보내지 말고 즐기시기 바랍니다. 주 안에 있으면 우리의 환경과 무관하게 기뻐할 수 있습니다. 환경이 좋아서가 아니라 주님 때문에 기뻐하시기 바랍니다.

하나님의 사랑은 우리가 행복하기 원하십니다. 그러나 그 행복의 주인이 하나님이심을 깨닫게 하기 위해 우리에게 고통을 허락하시는 것입니다. 진정한 하나님의 사랑을 믿고 지금 이 순간 주님께 사랑과 감사의 고백을 드리면 좋겠습니다.

'고난 후에 깨달은 것'

어떤 신앙인이 사업 때문에 신앙생활을 열심히 할 수 없었습니다. 날마다 사업에 매달려 직분에 제대로 충실하지 못했습니다. 그러던 어느 날 사업이 기울기 시작했습니다. 결국 사업은 부도나고 문을 닫게 되었습니다. 그 후 사람들도 떨어져 나갔고, 거래도 끊어지고, 친구들도 멀어졌습니다. 순간 배신감과 좌절감이 몰려왔습니다. 그는 빈손으로 기도원에 들어가 금식하며 기도하게 되었습니다. 그리고 기도하던 중 은혜로운 깨달음을 얻게 된 후 고백한 것이 "고난을 받고 나서야 깨달은 것이 하나 있습니다. 세상과 사람들이 멀어지니 비로소 하나님과 가까워진다는 사실을 깨닫게 되었습니다." 비록 실패를 했더라도 하나님과 가까워질 수 있다면 그것이 은혜입니다.

28년 전 나의 삶은 넘어짐의 삶이었습니다. 가정, 물질, 인간과의 관계, 모두 막혀 살 소망이 없었습니다. 모든 고난은 내게만 있다고 생각했고, 왜 하필이면 내게? 하나님을 원망하기도 했습니다. 그러나 고난을 통해 기도를 배우게 되었고, 기도는 내 생각, 내 뜻, 나 자신까지 내려놓게 하였습니다.

어려운 삶 가운데 주님 말씀에 순종하는 법을 배웠습니다. 나의 가장 연약함을 통해 주님 앞에 나가는 길을 열어주셨고, 주님 앞에 나갔을 때 하나님의 길을 열어주셨습니다. 이제는 아주 조금은 하나님이 원하시는 삶이 무엇인지 깨닫고 있습니다.

나의 넘어짐, 실패가 내겐 하나님의 은혜였음을 고백합니다. 고난이 없었다면 잠의 달콤한 유혹을 결코 이기지 못했을 것입니다. 그러나 잠의 유혹보다 더 큰 고난을 이겨낼 방법이 기도 밖에 없다는 것을 알게 하셨고, 기도로 나아갔을 때 다른 사람보다 더 많은 그리스도의 비밀을 깨닫게 하셨습니다.

하나님은 넘어짐을 통해 내 손을 붙잡아 주셨습니다. 그리고 하나님을 더 많이 알 수 있도록 신학의 길을 열어놓고 사모하는 마음으로 그 길을 걷게 하셨습니다. 이제 뒤를 돌아보니 더욱 감사한 것은 내게 넘어짐은 바로 하나님의 크신 사랑이었음을 고백합니다. 넘어진 그곳에서 주님의 손을 잡게 하셨고, 지금까지 그 손을 붙들고 계시는 주님을 바라봅니다.

사랑하는 여러분! 지금 넘어졌습니까? 미리 감사하시기 바랍니다. 그리고 주님의 손을 잡고 일어서십시오. 그 넘어짐의 현장이 바로 당신을 향한 하나님의 놀라운 계획이 시작되는 자리입니다. 주님의 손을 놓치지 않도록 기도의 자리로 나가십시오. 기도를 통해 믿음으로 나가는 길을 알게 될 것입니다.

주님은 "네 믿음이 너를 구원하였다"고 하십니다. 그렇습니다. 우리의 믿음은 하나님의 기적을 열게 됩니다. 당신이 그토록 힘들어하는 그 자리가 하나님의 길을 여는 자리입니다. 그런 축복이 임하기를 주님의 이름으로 축원합니다. 넘어짐의 그 자리가 바로 소망의 주님을 만나는 장소입니다.

'관점'

어떤 사람이 약속 시간에 늦어 과속하며 차를 몰았습니다. 한참을 달리고 있는데 단속카메라가 눈에 들어와 속도를 재빠르게 줄였는데 자신의 차가 지나가자 '찰칵'하며 촬영음을 내는 것입니다. 속도를 기준 이하로 낮췄는데 왜 카메라에 찍혔는지 이해할 수 없어 다시 돌아가 속도를 낮춘 다음 그 앞을 지나갔습니다. 그런데 단속 카메라에 자신의 차가 또 '찰칵'하고 찍히는 것입니다. 도무지 이해할 수 없어 이번에도 속도를 최대한 낮춘 후 그 앞을 다시 지나갔습니다. 그랬더니 또 다시 '찰칵'소리가 들렸습니다. 며칠 후 이 사람에게 고지서 석장이 날아왔는데 거기에는 '안전벨트 미착용'이라고 쓰여 있었습니다.

우리에게는 저마다 자신의 기준이 있습니다. 그리고 그 기준에 맞춰 살면서 자신은 잘 살고 있다고 생각합니다. 그리고 다른 사람을 비판하고 정죄합니다. 그러나 하나님이 보시는 기준, 하나님의 관점은 우리의 관점과 다릅니다. 속도가 아닌 안전벨트 착용의 여부인 것입니다. 이처럼 우리는 하나님 앞에 신앙생활을 할 때 수많은 오해를 하고 있습니다.

우리는 살아가면서 많은 상처를 받기도 하고, 때로는 상처를 주기도 합니다. 상처를 치유하는 방법은 모든 것이 하나님의 섭리였다고 믿는 것입니다. 사단은 그 상처를 통해 낙심하게 하지만, 주님은 상처를 통해 주님을 만나기 원하십니다. 그래서 모든 상처는 하나님께 나갈 때 치유가 되는 것입니다. 주님은 우리에게 죄는 미워하되 사람은 사랑하라고 말씀하십니다. 상대의 잘못을 이해할 수 있는 법은 그 사람이 그 일을 행했다는 것이 아니라 그 사람을 통해 하나님께서 허락하셨다고 믿는 것입니다. 그럴 때 사람을 미워하지 않고 용서하게 됩니다. 사람을 용서할 때 하나님은 악을 선용하십니다. 긍휼히 여기시기 바랍니다.

도저히 용서할 수 없을 것 같은 사람이 있습니다. 선의 도구로 쓰임 받아야 할 인간이 악의 도구로 쓰임 받은 것입니다. 때로는 하나님이 하시는 일에 가룟 유다와 같은 사람도 쓰임을 받습니다. 그가 없었다면 주님의 십자가 구속 사건은 일어나지 않았을 것입니다. 우리도 악의 도구로 쓰임 받지 않기 위해 잘 분별해야 합니다. 하나님의 사랑을 받는 사람들은 선한 영향력을 끼쳐야 합니다. 그리고 선의 도구로 사용되어야 합니다. 우리에게 일어나는 모든 일은 하나님이 다 알고 계십니다. 과거의 좋지 못한 기억들은 다 지워버려야 합니다. 우리의 신앙은 내 관점이 아닌 하나님 관점의 신앙이어야 합니다.

J. I 패커는 이렇게 말하고 있습니다. "내가 하나님을 안다는 사실이 아니라 하나님께서 나를 아신다는 사실입니다. 나는 하나님의 손바닥에 새겨졌으며 하나님께서는 내 생각을 한 순간도 잊지 않으십니다. 내가 하나님을 아는 모든 지식은 하나님이 먼저 나를 아심에서 출발합니다. 내가 하나님을 아는 것은 하나님께서 먼저 나를 아셨고 계속해서 나를 아시기 때문입니다. 나에 대한 하나님의 사랑은 철저히 현실에 기반을 두고 있으며 하나님께서 나의 모든 면의 최악을 미리 다 알고 계시므로 나에 대해 어떤 새로운 나쁜 면을 발견하셔서 환멸에 빠지시는 일이 없다는 것입니다."

주님을 가까이 하는 법은 주님을 내 마음의 주인으로 모시는 것입니다. 그리고 주님과 교제합니다. 주님께서 내게 명령하시는 것을 순종하면 됩니다.

'광야를 허락하신 이유'

하나님은 왜 광야의 길을 걷게 하셨을까?

하나님은 이스라엘 백성들을 출애굽한 후 광야로 인도하셨습니다. 그리고 그곳에서 혹독한 훈련을 시켰습니다. 하나님께서 사랑하는 백성에게 고난을 허락하여 광야로 인도하신 것은 결코 저주가 아닙니다. 하나님의 사랑은 광야에서 더욱 세심하게 드러났습니다. 광야에서 쓴 물을 단물로 변화시키고, 하늘에서 만나를 비같이 내려주셨으며, 반석에서 샘물을 나게 하셨습니다. 그분은 지치고 상한 심령을 치유하시며 길을 잃어버린 인생의 불기둥과 구름기둥이 되어 주셨습니다. 그분과 함께 하는 광야의 삶은 축복이고, 아름다웠습니다.

신앙생활에서 가장 비극은 고통스런 환경이 아니라 내주하시는 주님을 보지 못하는데 있습니다. 인생의 광야를 잘 통과하는 방법은 광야 길에는 반드시 끝이 있다는 것을 아는 것입니다. 그 종착지는 하나님이 예비하신 약속의 땅이라는 희망을 품고 믿음으로 한 걸음씩 내딛는 것입니다. 우리가 할 일은 고난 뒤의 영광을 주시는 하나님을 신뢰하는 것입니다.

우리 인생길에는 누구에게나 광야가 있습니다. 그 방법은 다양하지만 광야를 만나는 우리의 신앙 자세가 중요합니다. 하나님은 결코 신뢰하는 자를 실망시키지 않으신 분입니다. 우리 인생길에는 반드시 광야가 있습니다. 영안이 열린 사람은 사건 너머의 해답을 볼 수 있기에 어떤 상황에서도 감사할 수 있습니다. 그 상황도 하나님 섭리 안에 있다고 믿기 때문입니다. 감사란 믿음의 표현이요, 하나님을 신뢰하는 자만 할 수 있는 고백입니다. 그래서 하나님을 주인으로 믿는 우리는 어떤 상황도 감사로 받아들여야 합니다. 광야를 배운 사람에게는 반드시 가나안의 축복이 있습니다.

하나님이 우리를 광야로 인도하시는 이유는 첫째, 광야를 통해 자신의 무능함을 깨달아 겸손한 자로 만드시기 위함입니다. 둘째, 하나님의 크심을 발견하기 위함입니다. 광야의 시련이 없다면 하나님의 위대하심을 결코 체험할 수 없습니다. 광야를 통해 바른 하나님을 알게 됩니다.

어떤 사람이 번데기에서 큰 몸집의 나방이 기어 나오려고 몸부림을 치는 것을 보고 가위로 구멍을 넓혀 주었습니다. 그랬더니 나방이 쉽게 번데기에서 나올 수 있었습니다. 그런데 시간이 조금 지난 후 자신이 그 나방에게 엄청난 해를 가했다는 것을 알게 되었습니다. 큰 구멍으로 쉽게 빠져나온 나방은 날개를 질질 끌며 방바닥을 기어 다니며 날지 못하는 것이었습니다. 작은 구멍을 빠져나오는 긴 몸부림이 꽃을 찾아다니며 행복한 나비로 만드는 과정에 꼭 필요했던 것입니다.

기독교는 행복을 찾는 종교가 아닙니다. 그런데 많은 사람들이 예수 믿는 것이 고난을 피하는 샛길로 알고 있습니다. 예수를 믿으면 마음이 편하고 기쁠 것이라고 생각합니다. 초신자 때에는 그럴 수도 있지만 신앙의 연륜이 있음에도 이런 신앙관을 가지고 있다면 심각한 문제가 될 수 있습니다. 하나님은 자신의 유익을 위해 예수 믿는 사람을 부서 트리고 다시 빚으십니다. 그런 후에 그리스도 안에서 축복하십니다. 내가 죽고 예수가 살아나게 함으로 광야의 졸업장을 받게 됩니다.

'균형 잡힌 영성'

제 삶에서 가장 행복한 시간은 믿음의 선진들의 글을 읽으며 진리를 하나씩 깨달아 갈 때입니다. 간접경험을 통해 하나님을 조금씩 더 알아간다는 기쁨이 가장 큰 기쁨입니다. 요즘 토미테니의 '균형의 영성'에 관한 책을 읽고 있습니다.

우리는 신앙생활을 하며 어떤 때는 영적으로, 어떤 때는 육적으로 치우칠 때가 있습니다. 그러므로 균형 잡힌 영성이 참 중요한 것 같습니다. 토미 테니는 '하나님의 관점'이란 책을 통해 제 사고를 긍정적으로 바꾸어 주신 분입니다.

요즈음 이사한 후 얼굴이 좋아졌다는 이야기를 많이 들었습니다. 어쩌면 당연한 이야기인 것 같습니다. 25년 동안 새벽예배를 나가며 거의 불규칙한 생활을 하였습니다. 더구나 야간에 공부를 하게 되면서 수면시간은 거의 불규칙했습니다. 어느 날은 꼬박 밤을 새운 후 새벽예배에 참석했고, 어느 날은 잠이 오지 않아 수면제를 복용한 후 새벽에 일어나기도 했습니다. 그런 날은 갑자기 눈앞이 핑 돌기도 했습니다. 그 당시 새벽 성가대 지휘자로 12년 동안 사명을 감당하고 있었기에 거의 새벽에 일어나야 한다는 강박관념이 있었습니다.

어느 날 새벽, 거의 잠을 자지 못한 채 알람소리에 눈이 떠졌습니다. '하나님, 저 죽을 것 같아요.' 제 입에서 나오는 소리였습니다. '제발 누우면 바로 잠들게 해주세요.' 그것이 제 기도제목이었습니다. 그런데 하나님은 제 기도를 외면하셨습니다. 그리고 영과 육의 조화에 대해 말씀해 주셨습니다.

저는 2005년부터 야간에 공부를 하게 되면서 체질이 야행성이 되었습니다. 밤에 늦게 자기 때문에 아무리 오래 잠을 잔다고 해도 새벽예배에 가려면 2~3시간 밖에 잠을 잘 수 없었습니다. 수면부족에서 오는 질병이 참 많습니다. 그만큼 수면은 건강에 중요합니다. '새벽에 기도하니까 하나님께서 건강을 지켜 주실거야' 처음에는 이렇게 생각했습니다. 그러나 하나님께서는 질서를 거스르면서 제 건강을 지켜주지 않는 다는 것을 깨달았습니다. 일찍 잠을 잘 수 없다면 저녁에 기도하면 되는 것을 꼭 새벽에 기도해야 한다는 제 고정관념, 아니 교회의 제도 때문이었습니다. 그러나 하나님께서는 율법에서 자유하기 원하셨습니다. 그리고 교회에서 멀리 떨어진 곳으로 이사하게 하시고, 지금은 기도한 후에 충분한 수면을 취하고 있습니다. 그래서 보는 사람마다 얼굴이 좋아졌다고 인사를 합니다.

수면부족일 때는 늘 신경이 예민해져 있었습니다. 짜증이 많아 늘 회개하고 난 왜 그럴까? 변화되지 않는 나 자신의 모습에 불만이 많았는데 수면을 충분히 취하게 되면서 짜증이 줄고, 마음이 느긋해지는 것입니다. 오히려 시간에 쫓기지 않고 기도하니 여유롭고 더 많은 중보기도를 하게 됩니다.

균형 잡힌 신앙생활은 중요합니다. 기도한다고 건강을 지켜주는 것이 아니라 상식선에서 건강을 유지해야 한다는 것입니다. 물론 늦게 자도 잠을 푹 자게 될 경우 새벽에 기도하면 됩니다. 새벽기도는 하루를 여는 기도이기에 중요합니다. 그러나 율법으로 하는 모든 일에는 무리가 있습니다. 하나님께서 제게 잠을 자지 못하는 환경에서 율법에서 자유하기를 원하셨던 것입니다.

기도는 내가 하는 것이 아니라 그 주체가 하나님이십니다. 하나님께서 기도하는 마음을 주셔야 기도할 수 있습니다. 모든 것이 그분의 은혜이기에 나의 공로를 내세울 수가 없습니다. 주님 앞에서 우리가 할 일은 주님은 주인이고, 나는 종이라는 것을 인식하는 것입니다. 즉 우리는 어떤 상황에서도 주님을 원망할 수 없다는 것입니다. 오랜 기간의 봉사, 새벽예배, 많은 헌금, 모두 주님이 나를 통해 하셨다고 믿어야 율법에 걸려 넘어지지 않습니다. 율법은 종으로 사는 것입니다. 우리는 하나님의 자녀이므로 주님의 은혜에 힘입어 사는 자들입니다. 외식하는 신앙은 율법신앙입니다. 영과 육의 조화가 균형 있는 영성입니다.

'그럼에도 불구하고의 신앙'

우리는 때로 어떤 일로 인해 낙망할 때가 있습니다. 다시 일어설 용기를 잃어버리고, 사방에 둘린 높은 담에 숨 막히는 절망감에 휩싸일 때가 있습니다. 그러나 그럼에도 불구하고 하늘 문은 열려 있습니다. 이 세상의 모든 승리자들은 '그럼에도 불구하고'의 터널을 통과한 사람들입니다. 이 말은 복음 진리를 함축하고 어떤 의미에서는 성경 전체의 메시지를 요약한 말이라 할 수 있습니다.

우리가 섬기는 '만군의 하나님 여호와는 우리와 함께 계시니 하나님은 우리의 피난처시요. 힘이시며 환란 중에 만날 큰 도움'이십니다. 이 말씀을 믿기 때문에 우리는 어떤 환경에서도 두려워하지 않습니다. 그 환경 속에서도 반드시 길이 있기 때문입니다.

멕시코시티에 '그럼에도 불구하고'라는 특이한 제목의 유명한 조각상이 있다고 합니다. 이 조각상을 만들고 있던 지저스 가르샤라는 작가는 불행하게도 이 조각상을 만드는 도중에 사고로 오른손을 잃게 되었습니다. 따라서 어느 누구도 이 작품이 완성되리라고는 생각하지 못했습니다. 그러나 이 조각가는 이런 모든 사람들의 예상을 뒤엎고 왼손으로 조각하는 법을 배워 더욱 훌륭한 조각상으로 작품을 완성시켰습니다. 그때부터 이를 보고 놀란 멕시코 사람들은 오른손을 잃었음에도 낙심하지 않고 불굴의 정신을 가지고 뛰어난 작품을 만들어낸 이 작가의 정신을 높이 평가하는 뜻에서 이 조각 작품을 '그럼에도 불구하고'라는 애칭으로 부르게 되었다고 합니다.

이런 이야기가 있습니다. 두 나그네가 불덩이 같은 태양이 작열하는 사막을 여행하고 있었습니다. 한 나그네는 너무 고통스러워 여행을 포기하고 싶었습니다. 그러나 다른 나그네는 지친 친구를 위로하며 여행을 계속했습니다. 그런데 그들의 눈앞에 펼쳐진 것은 무덤뿐이었습니다. 이때 부정적인 친구가 말합니다. "이제야 올 것이 왔군, 우리도 저 사람들처럼 지쳐서 쓰러져 죽고 말거야." 반면에 긍정적인 친구는 이렇게 말하며 희망을 심어주었습니다. "무덤이 여기에 있다는 것은 멀지 않은 곳에 마을이 있다는 희망의 징표가 아닐까?" 과연 조금 더 걸어가다 보니 드디어 쉬어갈 마을이 나타났습니다. 두 사람이 똑같이 눈앞에 공동묘지를 바라보았는데 어떤 사람은 죽음을 말하고 어떤 사람은 삶을 말합니다.

믿음이란 '없는 것(nothing)'보다 '있는 것(something)'을 바라보는 것입니다. 먹지 못하는 오천 명이 있다고 해도 물고기 두 마리와 보리떡 다

섯 개면 하나님은 우리를 넉넉히 먹일 수 있다고 믿는 것입니다. 그러면 그곳에서 하나님의 역사가 일어납니다. 하나님은 절대 긍정이시기 때문입니다. 하나님을 믿는 믿음은 이 세상을 긍정의 눈으로 보게 합니다.

'그리스도인의 삶의 우선순위'

20세기 유명한 신학자 폴 틸리히는 "과거도 우리의 시간이 아니고 미래도 우리의 시간이 아니다. 오직 우리의 시간은 오늘 지금 현재이다."라고 했습니다. 그는 저서 '영원한 지금(the eternal now)'에서 '지금이 영원으로 들어가는 문'이라고 했습니다.

하나님을 믿는 사람은 영원을 위해 사는 것이 중요합니다. 우리가 오지 않는 미래에 치우치거나 지나버린 과거에 붙들리고 오늘을 놓치면 실패하게 됩니다. 오늘은 영원과 연결되어 있기 때문에 항상 오늘을 이겨야 합니다. 하나님은 과거의 하나님도 아니고, 미래의 하나님도 아닌 항상 오늘 역사하시는 현재의 하나님이십니다.

우리는 매일 삶의 현장에서 큰일과 작은 일, 중요한 일과 중요하지 않은 일을 판단할 줄 알아야 합니다. 우리는 때로 정말 중요한 일은 하찮게 여기고 중요하지 않은 일 때문에 많은 시간을 버릴 때가 있습니다. 자신의 삶을 점검해 보아야 할 것입니다.

미국에 구두로 많은 돈을 번 브라운이라는 사람이 있었습니다. 어느 날 목사님이 성공 비결을 물었습니다. "제 성공의 비결은 우선순위가 분명합니다. 저는 매사에 첫째는 하나님, 둘째는 가정, 그리고 셋째는 구두로 생각하였습니다. 그랬더니 하나님께서 모든 것을 형통하게 해 주셨습니다."라고 말했다고 합니다.

그리스도인의 삶은 우선순위가 있어야 합니다. 어렵고 복잡한 이 세상에서 우리가 살아가는 궁극적인 목적은 하나님 나라와 그의 의에 우선을 두는 것입니다. 그 우선순위가 소멸될 때 신앙도 날개가 없는 새처럼 높은 하늘에서 밑으로 한없이 추락하게 됩니다. 예수님은 그래서 '먼저 하나님의 나라와 의를 구하라'고 말씀하신 것입니다. 이렇게 살아갈 때 복잡한 세상의 문제는 주님이 해결해 주십니다. 이것은 우선순위에서 승리한 자에게 주시는 복입니다.

우리 삶의 결과는 하나님 몫입니다. 우리는 우리에게 주어진 오늘의 삶에 최선을 다하는 것입니다. 그리스도인의 삶은 하나님 나라와 의를 우선순위에 두어야 합니다.

'그리스도인의 인생 목적'

그리스도인의 인생 목적은 '무엇을 이루는 것'보다는 '무엇이 되는 것'에 있습니다. 소유가 아닌 존재의 목적입니다. 하나님의 뜻을 묻고 그 뜻에 합당한 자가 '되는 것'이 우리 인생의 목적이 되어야 합니다. 예수님은 인생 성공 법칙이나 기준을 제시한 것이 아니라 세상에 대해 완벽히 승리한 존재로서, 그 승리를 믿는 자는 누구나 승리자가 될 수 있다는 놀라운 비밀을 가르쳐 주셨습니다. 이 비밀은 세상의 논리로는 도저히 이해할 수 없고 예수님의 승리를 믿고, 고백하는 자들만 깨달을 수 있습니다.

"범사에 감사하라 이것이 그리스도 예수 안에서 너희를 향하신 하나님의 뜻이니라"(살전 5:18)

만일 우리가 하나님에 대한 믿음을 버리지 않는다면 하나님의 전능하신 손으로 인해 인간의 죄 조차도 감사의 제목이 될 수 있다는 것입니다. 요셉의 삶이 늘 감사가 넘쳤던 것은 자신이 애굽에서 누릴 최후의 영광을 미리 보았기 때문입니다. 우리도 마찬가지입니다. 지금 걷고 있는 이 길이 비록 참기 힘든 가시밭길일지라도 이 길을 통해 보여주실 위대한 결과를 소망하며 하나님께 감사한다면 슬픔과 절망 따위로 많은 시간을 허비하지 않게 될 것입니다.

우리의 주인은 누구입니까? 내가 주인입니까? 아니면 하나님이 주인입니까? 주재권이 확실하다면 우리의 삶은 늘 승리할 수 있습니다. 원래 종이 하는 일은 주인의 말씀에 순종하는 것 외에는 없습니다. 그 결과는 주인이 알아서 할 일이기 때문입니다. 자신이 주인 되어 늘 실패로 얼룩진 삶을 살기 원하는 사람은 없을 것입니다.

지금 삶이 힘이 든다면 다시 한 번 나의 주인이 누구인지 확인해 보시기 바랍니다. 종에게는 결과에 대한 아무런 책임이 없습니다. 과정에 충실할 뿐입니다. 모든 책임은 주인에게 있습니다. 우리가 할 일은 주인의 자리를 주님께 넘기는 것 뿐 입니다.

'기도로 사는 자'

기도로 산다는 것은 기도를 많이 하는 것이 아니라 기도가 끊어지지 않고 지속된다는 것입니다. 기도가 지속되는 것이 축복이고 능력입니다. 어떤 사람은 큰 문제가 생기면 끈질기게 기도하는데 그 문제가 해결되면 기도하지 않습니다. 기도는 교제이지 문제해결을 위한 수단이 아닙니다. 교제가 이루어지면서 문제가 해결됩니다. 이것이 바른 기도, 바른 응답입니다. 인격의 교제는 쌍방의 교제입니다. 하나님은 기도하는 자에게 음성을 들려주시고, 길을 열어주십니다.

늘 일상의 삶에서 주님과 교제를 나누는 것은 기적입니다. 얼마 전 출근 후 주차문제로 민원이 들어온 이후 주차 문제에 신경을 쓰게 됩니다. 어제 출근길에 주차 문제를 기도했을 때 하나님께서 내가 주차할 곳을 보게 하셨습니다. 필요한 것이 있어 문구점에 갔을 때 문구점 사장님이 무료로 그 물건을 주셨습니다. 일상에서 작은 일을 체험하면서 하나님의 터치하심을 체험하며 함께 하시는 하나님을 바라보게 됩니다.

오늘은 일상에서 밥솥을 옮기던 중 손이 미끄러져 바닥에 떨어트렸습니다. 불행 중 다행인 것은 바닥에 있는 타일에 아무런 손상이 없었고, 저 또한 다친 곳이 없었습니다. 영성일기를 쓰던 중 주님께서 깨달음을 주셨습니다. 나이가 들수록 손에 힘이 없어지는 것은 누구나 알 수 있는 사실입니다. 사무실에 있는 생수통의 물을 옮길 때는 주님의 도움을 구하는 기도를 합니다. 무거운 것이지만 정말 너무 손쉽게 올려놓을 수 있습니다. 주님의 은혜라고 고백하면서 가벼워 보이는 밥솥을 들 때는 제 힘으로 한 것입니다. 그냥 지나칠 수 있는 작은 일을 통해 주님이 말씀하십니다.

이스라엘은 하나님의 도움으로 큰 성 여리고는 무너트렸지만 자신의 힘으로 싸운 작은 아이 성에서 실패했다는 것입니다. 문제가 크고 작은 것이 문제가 아니라 우리가 주님을 바라보지 않는 것이 가장 큰 문제라는 것입니다. 내가 스스로 살아보려 했던 것에 대해 회개하였습니다. 그리고 아주 작은 일도 또 주님께 묻습니다. 주님, 오늘 어디에 주차할까요? 어김없이 내가 주차할 자리를 보게 하셨습니다.

하나님 앞에서 큰일을 이루는 것은 중요하지 않습니다. 하나님은 성과를 보시는 분이 아니라 우리의 과정을 보십니다. 어떤 길에도 주님과 함께하는 것이 가장 안전한 길입니다. 큰 교회로 부흥시킨 것, 대단한 성공을 한 것, 그런 것은 중요한 것이 아닙니다. 그 교회를 주님이 주인이 되시도록 종의 자세로 일하고 있느냐? 그것이 중요합니다. 자신이 하고 있는 일의 성과에 대해 다른 사람의 판단을 받을 필요가 없습니다. 오직 주님이 잘했다고 하시면 됩니다. 우리의 싸움은 날마다 인정받고자 하는 거짓 자아에서 주님 자신을 필요로 하는 참 자아로 나올 때 하나님께도 사람에게도 인정받게 될 것입니다.

'길'을 만들지 않기

우리가 믿음으로 살고 있지만 하나님이 침묵하실 때가 있습니다. 이때 우리의 어둠이 깊어지고, 길이 보이지 않는 것 같은 느낌에 빠지기도 합니다. 또 어떤 때는 신앙에 대한 의심으로 '하나님이 진정 살아 계신가?' 하는 의심에 빠지기도 합니다. 이것이 '영육의 위기'의 순간입니다.

기도의 성자 '죠지 뮬러'는 기도응답에 대해 "하나님의 응답이 올 때까지 어떤 어둠이 오더라도 물러서지 않고 믿음으로 지키는 자가 승리한다."라고 했습니다. 우리가 기도하고 열려진 길로 갈지라도 어려움이 올수 있습니다. 그러나 어떤 어려움이 올지라도 끝까지 믿음을 지키면 승리하게 됩니다.

사방이 막혀 길이 보이지 않을 때는 길을 만들지 말고, 그 자리에서 하나님이 길을 여실 때까지 기다려야 합니다. 우리가 하는 모든 일이 하나님의 일이라고 믿는다면 길이 열리지 않는 것에 초조해 하지 말아야 합니다. 모든 것은 하나님의 기가 막힌 타이밍으로 이루어집니다. 그러므로 지금 머물고 있는 그 자리에서 하나님을 바라보아야 합니다. 하나님과의 관계가 회복되면 길을 여십니다. 하나님과의 관계가 불편함에도 길이 열리고 있다면 오히려 그 길은 안전하지 않은 길입니다.

하나님은 우리에게 길을 열어주시지만 그렇다고 길이 활짝 열려 있는 것은 아닙니다. 한 걸음씩 인도함을 받을 때, 아~ 이 길이 하나님이 인도하시는 길이구나! 하고 깨닫게 됩니다. 모든 것의 연출자는 하나님이십니다. 내가 급하거나 초조할 이유가 없습니다. 늘 하나님이 급한 상태로 몰아가시도록 담대함을 가져야 합니다. 내가 주인 되어 내 일을 하려고 하기 때문에 조급함과 초조함이 있는 것입니다.

내 일을 내가 하려고 하면 힘이 듭니다. 길이 열리지 않으면 초조합니다. 입술이 바짝 마르기도 합니다. 그러나 우리는 하나님을 주인으로 섬기는 그리스도인들입니다. 하나님이 우리 인생의 주인이십니다. 입술로만 고백할 것이 아니라 실제로 그렇게 믿어야 합니다. 하나님이 우리의 주인이심을 믿고 고백할 때 우리의 인생을 책임져 주십니다. 길이 보이지 않을 때는 내 생각, 내 뜻을 다 내려놓고 주님을 바라보아야 합니다. 선하신 하나님의 인도함을 받으면 길이 열리게 됩니다.

우리가 실패하는 눈물의 장소는 하나님의 영광이 가득하고 길이 열리는 자리입니다. 그래서 우리는 실존의 기도를 드릴 수 있습니다. 길이 보이지 않을 때 그 때가 실존의 하나님을 만나는 시간입니다. 기다림은 신뢰가 없이는 이루어질 수 없습니다. 대상을 신뢰할 때만 인내할 수 있습니다. 주님을 신뢰한다면 복잡한 지금의 상황, 얼마든지 기다릴 수 있습니다. 중요한 것은 침묵하실 때도 하나님은 나를 위해 일하고 계신다는 것입니다. 사단은 최극단의 일을 생각하게 합니다. 그러나 하나님은 자신을 믿고 끝까지 기다려주기 바라고 계십니다. 하나님의 생각에 내 생각을 맞출 때 열려진 길로 가게 됩니다.

'날마다 싸워야 할 영적 전쟁'

대부분의 사람들은 '죽는 것이 가장 힘들다'라고 말합니다. 물론 세상에서 키워놓은 자아를 죽이는 것이 쉽지는 않습니다. 그러나 원리를 알면 죽는 것이 쉽습니다. 세상은 자아를 키워 자존감을 높게 합니다. 그러나 자존감을 높이는 것은 결국 사단을 주인으로 섬기는 일입니다.

우리의 존재는 주님 안에 있을 때 주님 때문에 귀한 것입니다. 주님을 떠난 존재는 하나님 관점으로 볼 때 사단의 종이기 때문에 아무런 쓸모가 없습니다. 자아를 키우는 것은 아담의 근본적인 죄를 짓는 것으로 하나님을 대적하는 죄입니다. 우리가 예수를 주인으로 모시면 자아는 버려져야 할 쓸모없는 것이라는 것을 깨닫게 됩니다. 주님과의 관계를 가로막는 것이 자아이기 때문입니다. 이것을 깨닫는 것이 가장 중요합니다. 깨닫기는 했는데 오랜 옛 습관으로 죽는 것이 쉽지 않습니다. 그러나 우리의 옛사람을 내가 죽이는 것이 아닙니다.

날마다 싸워야 할 전쟁에서 승리하는 비결은 십자가에서 죽는 것입니다. 내가 죽을 때 주님이 살아나기 때문입니다. 빛이 있으면 어둠은 틈타지 못합니다. 아무리 큰 어둠이 있어도 주님의 빛만 있으면 모두 사라집니다. 어둠을 쫓아내는 수고를 하지 말고 빛이신 주님 안에 머물러 있기를 힘쓰시기 바랍니다.

'낮은 기도는 거울이고, 깊은 기도는 창이다'

담당의사도 치료를 포기하고 부모조차 손을 뗀 병원 한구석에 버려진 어린 생명이 있었습니다. 인공호흡기로 생명을 이어가던 이 어린 환자의 자원봉사자였던 한 은퇴 간호사는 울 기력조차 없어 보이는 그 아이를 보는 순간 너무도 가슴이 아파 그 아이를 꼭 살리고 싶었습니다. 그래서 따뜻한 사랑으로 정성껏 보살폈습니다. 의식이 없어 아무런 반응을 보이지 않는 아이의 손과 발을 만져주며 시간이 될 때마다 찬송을 불러주고, 성경도 읽어주며 손을 잡고 기도했습니다.

그렇게 6개월의 시간이 지난 어느 날 아이를 품에 안은 채 깜빡 잠이 들었는데 잠결에 찬송 소리가 들렸습니다. 깨어보니 품에 안고 있던 아기가 오랜 시간의 침묵을 깨고 자신이 늘 불러 주던 바로 그 찬송을 흥얼거리고 있었습니다. 다시 살아난 것입니다. 한 간호사의 뜨거운 열심이 마침내 기적을 만들어 낸 것입니다. 그러나 하나님은 그 간호사의 열심과는 비교도 할 수 없을 만큼 엄청난 열심으로 그분의 백성들을 구원하십니다.

기독교는 나의 열심이 아니라 하나님의 열심 위에 세워졌습니다. 기독교는 나의 선행과 노력이 아닌 하나님의 구원의 거룩한 의지 위에 세워진 것입니다. 그래서 우리는 모자라고, 부족하고, 형편없음에도 불구하고 하나님의 열심, 즉 우리를 향하신 은혜와 사랑이 너무나도 확실하기에 감히 그분 앞에 두 손 들고 나가 은혜의 품속에 안기게 되는 것입니다.

오래 전에 나이아가라 폭포 상류에서 배 한 척이 뒤집혔습니다. 그 배에는 두 사람이 타고 있었는데 이 사람들을 구하려고 강가에서 밧줄을 던졌습니다. 그런데 한 사람은 그것을 붙잡고 살아 나왔지만 다른 한 사람은 밧줄을 붙잡지 않고 때마침 떠내려 오던 큰 통나무를 붙잡았습니다. 순간 그 나무는 사람을 실은 채 폭포 아래로 떨어져 흔적도 없이 사라지고 말았습니다. 그 나무토막은 강가에 있는 사람과 연결되지 않았기 때문입니다. 그 나무는 크고 붙잡기에 좋았지만 구출 받는데 아무 소용이 없었습니다. 이처럼 인간의 공로나 희생, 수양, 지식은 다 좋아 보이기는 하지만 구원을 받게 하지는 못합니다. 그리스도를 믿는 믿음만 하나님의 위대한 손과 연결되는 것입니다.

어느 영성학자가 "낮은 기도는 거울이고, 깊은 기도는 창이다."고 했습니다. 거울은 나 밖에 안보이고, 창은 타인이 보이고 역사하시는 하나님이 보입니다. 우리 삶의 현장은 하나님이 가라고 해서 왔으니 하나님이 모든 것을 이루실 것입니다.

'내 안에 주님이 계십니다'

"주님은 내 안에 계십니다. 주님이 내 안에 계시고, 그분이 내 안에서 살고 계십니다." 이것이 확신이 될 때 예수 믿는 것입니다. 예수님이 내 안에 계신다는 것이 교리적으로 믿어지는 것이 아니라 실재의 삶에서 체험이 될 때 우리 인생은 바뀌게 됩니다. "주님이 내 안에 계십니다." 이렇게 고백할 수 있는 것은 대단한 믿음의 고백입니다. 내 안에 살아계신 주님을 믿을 때 내가 변화시킬 수 없었던 나를 예수님이 변화시킵니다. 예수 믿으면 삶의 주체가 주님으로 바뀝니다. 나 스스로는 살아갈 수 없는 존재이기에 그것을 빨리 깨닫는 것이 축복입니다.

하나님은 죽은 자를 살리시는 전지전능하신 분입니다. 이것은 누구나 다 아는 사실입니다. 그런데 아브라함이 그의 믿음을 인정받은 것은 죽은 자를 살리시는 하나님이 나의 하나님이라고 믿은 것입니다. 그 능력의 하나님은 자신에게 선하신 하나님이심을 믿었습니다. 그렇기 때문에 이삭을 바치라는 말씀에 순종할 수 있었던 것입니다. 그런데 우리는 예수님을 믿지만 나 자신의 문제 앞에서 염려와 두려움을 극복하지 못하고 있습니다. 너무도 분명한 것은 아브라함의 하나님이 나의 하나님이라는 믿음이 없기 때문입니다.

내 안에 주님이 계시다는 것은 놀라운 일입니다. 예수님은 성령으로 내 안에 오셨고, 내 안에서 살고 계십니다. 나는 질그릇 속에 보배를 담은 존재입니다. 그 사실을 알고 깨닫게 되면 더는 나의 연약함 때문에 슬퍼하거나 좌절하지 않게 됩니다. 우리가 슬퍼하고 좌절하고 낙심하고 절망하는 이유는 질그릇 같은 나만 보고 있기 때문입니다. 내 안에 계신 예수를 보면 내 연약함은 더 이상 아무런 문제가 되지 않습니다.

우리가 나이를 먹는 것을 두려워하는 것은 점점 약해지기 때문입니다. 그러나 약해지는 것을 두려워하지 말고 주님을 더 의존하는 것을 택하면 됩니다. 그럴 때 나에게 주님이 더 분명하게 드러날 것입니다. 질그릇 같은 우리 안에 보배이신 주님이 오시면 우리의 약함은 오히려 주님 때문에 더 빛이 날 것입니다. 십자가 복음은 우리 인생을 변화시켜 줍니다.

'내가 먼저 변할 때 상대가 변합니다'

대부분의 사람들은 상대가 변하지 않아서 내가 힘이 든다고 생각합니다. 내 배우자만 변하면 더는 바랄 것 없이 행복할 것이라고, 그러나 성경은 내가 변할 때 상대가 어떤 사람이든 관계없이 행복할 수 있다고 합니다. 그런 것 같습니다. 내 자아가 살아있을 때는 모든 것이 내 기준에서 평가하게 됩니다. 그러나 내 자아가 죽으면 상대에게 나를 맞추기 때문에 대상과 관계없이 행복을 누릴 수 있습니다.

그래서 아는 것은 중요합니다. 하나님에 대해 아는 만큼 나 자신을 내려놓을 수 있기 때문입니다. 오래전에 예수 믿은 분들은 대부분 기복신앙이었습니다. 그때는 교회에서 무조건 예수 믿고, 기도하면 복을 받는다고 가르쳤기 때문입니다. 모든 것의 중심은 자신입니다. 내가 기도하니까, 하나님이 나를 사랑하시니까, 내가 헌금을 많이 해서 물질의 복을 주셨다고 믿습니다. 잘못된 신앙입니다. 모든 것의 주체는 주님이십니다. 내가 무엇을 잘해서 복을 받는 것이 아니라 주님의 한없는 은혜가 있기에 오늘 이만큼 살 수 있는 것입니다. 그러므로 모든 것을 주님의 관점에서 바라보고 생각하는 것이 중요합니다.

　우리는 절대로 의로워질 수 없는 존재입니다. 이것만 깨달아도 의인이 될 수 있습니다. 우리가 그리스도로 옷 입을 때만 주님께서 의롭게 봐주시는 것입니다. 그리스도로 옷 입는 다는 것은 내가 죽고 주님이 사시는 것입니다. 십자가 복음을 실천하면 우리는 하나님 나라의 시민으로 합당한 삶을 살게 됩니다. 그리고 의인이 될 수 있습니다. 이 모든 것은 훈련으로 가능합니다. 어떤 상황에서도 내가 반응하지 않고 주님이 반응하시도록 하면 됩니다. 처음에는 실패할 수 있습니다. 그래도 실망하지 말고 다시 도전하면 됩니다. 하려는 의지를 가질 때 주님께서 십자가에 넘겨주십니다.

　환경이 어려워지는 것은 내게 회개할 것이 있기 때문입니다. 대부분 하나님과의 관계가 바로 설 때 환경이 변하는 것을 체험하게 됩니다. 내가 죽지 않고 내가 주체가 되어 나가는 것은 인본주의입니다. 인본주의가 아닌 신본주의 신앙으로 돌아가야 합니다. 하나님이 나를 통해 일하시도록 해야 합니다. 모든 우주의 섭리는 하나님께 있습니다. 하나님이 돕지 않으시면 우리가 하는 일은 아무것도 결실을 맺을 수 없습니다. 하나님과의 관계가 우선입니다. 지혜롭게 위기를 기회로 극복할 수 있기를 기도합니다.

　인간은 절대로 의로워질 수 없습니다. 주님이 주인이 되실 때만 의로워질 수 있습니다.

'능력의 그 이름 예수 그리스도'

예수 그 이름에는 능력이 있습니다. 예수 이름을 믿는 사람에게 주님이 하신 약속이 있습니다. '주님이 하신 일도 하겠고 그보다 더 큰일도 한다' 라는 것입니다. 이것은 내게 능력이 있어서가 아니라 예수 이름을 사용할 때 내 안에 계신 주님이 그 일을 직접 행하시겠다는 것입니다.

아는 것과 믿는 것은 다릅니다. 많은 사람들이 알고 있지만 믿지는 않습니다. 그래서 기적을 체험하지 못하는 것입니다. 내가 깨달은 것을 삶에 적용할 때 기적을 체험할 수 있습니다. 우리의 일상은 모두 기적입니다. 내가 숨을 쉴 수 있다는 것, 맛있는 음식을 먹을 수 있다는 것, 할 일이 있다는 것, 잠을 잘 수 있다는 것, 너무도 평범한 일들이 바로 기적입니다. 내가 평범하게 할 수 있는 일을 어떤 사람은 숨을 쉴 수 없어 산소호흡기를 사용하고, 어떤 사람은 미각을 잃어 맛을 모르는 사람도 있고, 불면증으로 잠을 자지 못해 고통당하는 사람도 있습니다. 너무도 평범한 일들을 우리는 쉽게 하고 있습니다.

이런 일상의 소소한 삶에 감사할 때 우리의 삶은 감사가 넘치게 될 것입니다. 모든 감사 중 가장 큰 감사는 온 우주의 주인이신 주님이 나의 주인으로 오신 것입니다. 그리고 자신의 이름을 사용할 수 있는 특권을 우리에게 주셨습니다. 예수 이름이면 안 되는 일이 없습니다. 내 뜻, 내 생각, 내 고집을 버리고 주님의 뜻에 맞는 삶을 살아갈 때 우리의 삶은 늘 기적을 체험하게 될 것입니다.

기적이란 내 능력으로 할 수 없는 일을 행하는 것입니다. 그런 면에서 우리는 늘 기적을 체험하며 살아갑니다. 안타까운 것은 우리가 그것을 기적이라고 생각하지 않는다는 것입니다.

예수 이름은 능력이 있습니다. 어느 날 갑자기 감당할 수 없는 문제가 내게 다가왔습니다. 마음에 불안과 염려가 왔습니다. 그 순간 '주님, 현상과 사실은 그림자입니다. 현상과 사실에 붙들리지 않고 말씀의 실재이신 주님께 붙들리겠습니다. 주님께서 이 문제를 주시기 전, 먼저 내게 은혜를 주신 것에 감사합니다. 나의 주인 되신 주님이 이 문제를 맡아주실 것을 믿습니다. 주님께서 내게 이 문제를 주신 것은 내가 감당할 수 있기에 주신 줄 믿습니다. 나는 주님을 신뢰합니다. 내가 주님의 일을 행할 때 주님께서 내 문제를 해결해 주실 것을 믿습니다.'라고 그 문제를 주님께 올려드렸습니다. 주님은 나의 주인이십니다. 비록 악한 상황이지만 이렇게 인도하신 것은 하나님의 섭리라고 믿습니다.

요셉의 삶을 묵상하였습니다. 의도하지 않게 감옥에 갔지만 그는 억울해 하지 않고 그 일 또한 하나님의 섭리라고 믿고, 주님의 도구로서의 삶에 최선을 다했습니다. 주님은 그의 가장 열악한 환경 속에서 총리의 길을 준비하고 계셨습니다. 그 말씀이 묵상되면서 나의 지금 이 환경은 하나님께서 일하시는 과정이라는 믿음이 왔습니다. 그 순간부터 지금까지 한 번의 흔들림이 없이 평안을 유지하고 있습니다. 평안하다는 것은 주님이 이미 기도를 응답하셨다는 것입니다. 그분의 타이밍에 현상으로 나타나게 될 것입니다.

위기가 기회가 될 것을 믿고 믿음의 말을 선포합니다. 주님을 주인으로 섬기는 우리는 환경에 의해 영향을 받지 않습니다. 오히려 열악한 환경은 주님이 오시는 길입니다. 환경의 종이 되지 말고 믿음의 말을 선포할 때 예비하신 길을 여는 기회가 됩니다.

예수 이름에 능력이 있습니다. 예수 이름은 내가 주인 된 자리를 포기할 때 쓸 수 있는 유일한 이름입니다.

'말씀을 그대로 믿는 능력 있는 삶'

우리는 능력이 있는 삶을 살 수 있음에도 그 능력을 경험하지 못합니다. 그 이유는 하나님의 말씀을 믿지 못하기 때문입니다. 그것은 내가 누구 인지 모르기 때문입니다. 성경은 '믿는 자에게는 능히 하지 못할 일이 없느니라'라고 말씀합니다. 이 말씀을 그대로 믿으면 놀라운 변화가 이루어집니다. 그렇다면 내가 누구인가? 주의 능력으로 하지 못할 일이 없는 사람입니다. 내가 누구인지를 알 때 우리에게는 불가능이 없습니다. 우리는 하나님의 눈으로 나를 보는 훈련을 해야 합니다. 내가 존귀한 사람이라는 것을 아무도 몰라주고 주님만 아신다면 충분합니다. 하나님의 눈으로 나를 바라보고 하나님이 찾으시는 그 한 사람이 되어야 합니다.

말씀을 그대로 믿으면 복음의 능력이 나타나 하나님께 영광 돌리는 삶을 살 수 있습니다. 이것은 우리의 기쁨과 만족이 되지만 주님께도 기쁨과 만족이 됩니다. 약속의 말씀을 붙들고 기다리는 자에게 그 진리가 임하게 됩니다. '십자가에서 주님이 채찍에 맞음으로 우리가 나음을 입었습니다.' 약속의 말씀을 믿으면 보이지 않는 영적 세계가 현실로 나타나게 됩니다. '다 이루었다' 이 말씀은 우리의 삶은 모든 구체적인 문제까지 다 해결되었다는 것입니다. '다 이루었다,' 영혼은 이미 구원 받았고, 세상에 사는 동안 '삶에서 구원을 이루어가라'는 것입니다. 내가 죽고 예수로 사는 삶이 가장 복음적인 삶입니다.

'말씀을 실재로 믿는 믿음'

오래전에 미국 캘리포니아 주에 지진이 일어났을 때였습니다. 그곳 사람들은 모두 겁에 질려 이리 뛰고 저리 피하고 야단법석이었는데 나이 많은 한 부인성도는 자기 집에 조용히 남아 있었습니다. 지진이 끝난 후 사람들이 그런 소동 속에서도 기쁜 얼굴로 있을 수 있었는지 노부인에게 물었습니다. "나는 내 하나님께서 온 세상을 그토록 흔드시는 능력의 하나님이라는 생각과 그러는 가운데서도 나를 그의 손 안에 안전하게 붙들어 주신다는 생각으로 기쁨에 잠겨 무서워할 겨를이 없었습니다."라고 말하였다고 합니다.

주님만 우리의 힘 되십니다.

"나의 힘이 되신 여호와여 내가 주를 사랑하나이다. 여호와는 나의 반석이시요 나의 요새시요 나를 건지시는 자시요 나의 하나님이시요 나의 피할 바위시요 나의 방패시요 나의 구원의 뿔이시요 나의 산성이시로다"(시 18:1-2)

하나님이 원하는 길을 가는데 하나님은 응답하지 않고 침묵하실 때가 있습니다. 참으로 답답한 시간들입니다. 이때 우리가 승리하는 길은 마음을 지키는 것입니다. 내 시간과 내 방법으로 응답되지 않을지라도 하나님은 그 현장에 계시고 나를 지켜보고 계십니다. 나의 반응을 보는 것입니다. 힘들어 죽을 것 같은 그 고통의 현장에 하나님이 함께 계신다는 것을 믿어야 합니다. 하나님을 기쁘시게 하는 것은 그런 환경 속에서 환경에 대한 우리의 긍정의 반응입니다. 그것을 믿음이라고 합니다.

믿음은 하나님을 신뢰하는 것입니다. 하나님이 함께 하심을 믿는 것입니다. 그리고 그 환경에 감사하는 것입니다. 이유는 모르지만 선하신 하나님의 계획과 섭리를 믿고 감사하는 것입니다. 하나님이 우리에게 요구하는 것은 믿음입니다. 하나님을 믿는 믿음으로 마음을 지키며 승리할 때 하나님은 평안이란 선물을 주십니다. 평안은 하나님이 주시는 가장 큰 힘입니다. 그 힘을 받아야 사단에게 지지 않습니다. 나 스스로는 아무것도 할 수 없지만 주님이 함께 하시면 모든 것을 할 수 있습니다.

'무엇을 바라보는가?'

감리교 창설자인 요한 웨슬리에게 한 교우가 찾아와 "목사님, 내 앞에 있는 고통의 문제와 여러 가지 쌓여 있는 걱정에서 어떻게 헤어 나올 수 있는지 앞이 캄캄합니다."라고 말했습니다. 그러자 웨슬리 목사는 창가에 소 한 마리가 고개를 들고 돌담 너머를 바라보고 있는 것을 보며 교우에게 물었습니다. "형제님, 저 소는 왜 저렇게 고개를 들고 돌담 너머를 바라보고 있는지 아십니까?" "글쎄요." 그러자 웨슬리 목사는 "저 소는 돌담을 뚫고 볼 수 없기 때문에 고개를 쳐들고 담 위로 보는 것입니다. 저 소처럼 형제님도 막힌 걱정과 문제의 담 그 너머를 바라보십시오. 그리고 담의 앞 뿐 아니라 너머, 우리를 바라보면서 우리의 힘 되시고 우리를 도우시는 하나님을 바라보십시오,"라고 말했습니다.

우리 인간은 무엇을 바라보고 사느냐에 따라 그 인생이 결정됩니다. 땅을 바라보고 사는 사람은 땅의 것으로 살 것이요, 하늘을 바라보고 사는 자는 미래에 올 꿈과 소망으로 기쁨을 누릴 것이요, 땅의 것만 바라보고 사는 인간은 저속해지고 비열해지나 하늘의 것을 바라보고 사는 인간은 거룩해집니다. 소망은 약속의 하나님을 바라보는 것입니다. 그러나 소망은 믿음이 전제가 되는 바람입니다. 믿음이 있는 사람은 어떤 결과가 와도 소망이 있기 때문에 실망하지 않습니다. 언약을 믿는 사람은 환경에 흔들리지 않습니다. 나를 온전하게 하시는 분이 내 안에 계시기 때문입니다. 환경이 아니라 영광의 소망이신 주님을 바라보아야 합니다.

'미워하는 그 사람 속에도 주님이 사십니다.'

예수 믿는 사람이 사는 목적은 내 안에 주님이 사시기 때문입니다. 우리는 주님의 그릇으로 사는 것입니다. 주님을 온전히 나타내기 위해 날마다 내 자아가 죽어야 합니다.

며칠 전의 일이었습니다. 이해할 수 없는 일이 생겨 그 일에 대해 불평을 하며 주차를 하던 중 갑자기 우지끈 하는 소리가 들렸습니다. 옆에 있는 차에 부딪친 것입니다. 내려서 전화를 하니 평소에 조금 불편한 관계에 있는 분의 차였습니다. 순간 내 입술이 사단의 도구로 사용된 것에 대해 회개하였습니다. 그리고 왜 하필 그분의 차였을까? 하고 난감해 하는 순간 하나님의 마음을 이해하게 되었습니다. 그분과의 불편함을 해소해 주시려는 하나님의 섭리를 깨닫게 되었습니다.

오늘 새벽, 기도하던 중 하나님의 관점으로 바라보면 모든 것이 감사할 것뿐이라는 깨달음을 얻었습니다. 살아가면서 가장 불편한 것은 만나지 않았으면 하는 사람과 정면에서 마주칠 때입니다. 그런데 하나님은 그런 불편한 관계를 해소해 주기 위해 그 일을 허락하신 것입니다.

'저 사람만 없으면 좋겠어'라고 생각하는 그 사람을 위해 주님은 십자가에서 죽으셨습니다. 그 사람이 불편하다고 피할 것이 아니라 그 사람을 위해 기도해야 한다는 것입니다. 그리고 하나님 관점에서 바라보면 그 사람의 모습이 바로 나의 모습일 수 있다는 것입니다.

하나님께 감사의 기도를 올렸습니다. 나 자신의 모습을 볼 수 있다면 나와 다른 그 사람 때문에 불평하지 않을 것입니다. 자신을 보지 못하기 때문에 다른 사람에 대해 불평하는 것입니다. 나의 절망적인 모습을 볼 때 주님의 위대함이 보입니다. 자신의 잘못을 합리화 하는 것은 자기연민 때문입니다. 자기연민은 신앙성장에 방해요인입니다. 구원 받은 우리는 생명이 바뀐 존재입니다. 주님과 같은 생명으로 바뀐 것입니다. 그러므로 사단을 주인으로 섬기는 자연 생명에서 주님을 주인으로 섬기는 예수 생명으로 살아야 합니다. 그 또한 내 노력으로 되는 것이 아니라 자신의 잘못을 인정하고 주님의 도우심을 구하면 주님께서 넘어섬의 은혜를 주셔서 죄를 넘어가게 하십니다.

하나님은 우리가 흠 없는 온전한 자가 되기를 원하십니다. 그래야 연합할 수 있기 때문입니다. 주변에 마음이 껄끄러운 사람이 있다면 그분을 위해 주님이 죽으셨음을 믿고 그분을 사랑할 수 있는 은혜를 구하면 미움은 사라지고 사랑하는 마음이 생깁니다. 나는 그릇입니다. 내가 온전히 죽을 때 주님이 나타납니다. 날마다 살아나는 자아를 죽음에 넘길 수 있어야 할 것입니다.

'믿음으로 삶에서 체험하는 구원'

아침에 눈을 뜨는 순간 내 안에 계신 주님이 나의 주인임을 인정하고 그분을 인식하게 되면서 생각만 해도 기적을 체험하게 됩니다. 여기서 기적이란 특별한 일이 아닌 너무도 평범한 일 속에서 주님의 일하심을 체험하는 것입니다. 그냥 우연이라고 믿었던 일들이 체험되어 고백하니 갈수록 더 많은 기적을 체험하게 됩니다.

일상의 기적들을 소개합니다. 주일에 개천 징검다리를 건너며 '하나님 비가 와서 물이 넘치게 흘렀으면 좋겠네요.'란 기도는 어제 내린 비로 오늘 징검다리를 건너며 하나님의 일하심을 체험하게 됩니다.

프린터기에 많은 종이 인쇄물을 걸어놓을 경우 도중에 종이가 걸려 멈추는 경우가 있습니다. 그런데 주님께서 그 일속에서도 함께 하실 것을 믿으니 한 번도 멈추지 않는 기적을 체험합니다.

머리를 자르고 싶은 마음이 있어 미용실에 들렀는데 마침 손님이 밀려간 뒤라 기다리지 않고 바로 머리를 자를 수 있는 기적을 체험하게 됩니다. 고대 병원에 어머니를 모시고 갔는데 늘 주차의 어려움이 있는데 오늘은 입구 쪽에 여성전용자리가 한 자리 비어 있어 또 다시 주님이 함께 하시는 기적을 체험합니다. 어머니의 진료를 마치기를 기다리는 동안 준비해간 책을 읽으며 온 우주를 다스리시는 주님이시기에 우리에게 일어나는 모든 일들 또한 주님의 다스림 가운데 있다는 것을 읽으며 다시 한 번 예수 생명으로 사는 것이 어떤 축복인지 새삼 깨닫게 됩니다.

지식으로 알았고, 얼마 동안은 배운 대로 적용하였지만 육적 사고체계가 강해 또 다시 주님을 인식하지 않고 살게 됩니다. 그런데 믿음을 회복하니 이런 기적을 체험하게 되고 하루하루 속에서 주님이 일하실 일이 기대가 됩니다.

신앙이란 믿음대로 행동하는 것입니다. 내가 아는 것들을 그냥 아는 것으로 끝내면 능력이 나타나지 않습니다. 아는 것을 믿고 행동으로 순종할 때 기적을 체험하게 됩니다. 우리의 기적은 차가 뒤집힌 상황에서 살아난 것이 아니라 숨을 쉬고 있는 것 또한 기적이라고 믿을 때 삶에서 늘 감사가 넘치게 될 것입니다.

사고체계가 바뀌면 숨을 쉬는 것이 돈을 주고도 살 수 없는 일이라는 것을 깨닫게 됩니다. 주님의 은혜가 있기에 숨을 쉬고, 밥을 먹을 수 있습니다. 우리가 하나님에 대한 오해를 바로 잡을 때 날마다 내 삶에서 하나님 나라가 확장될 것입니다. 나만 구원 받고 잘 살면 된다는 믿는 신앙에서 모두 구원 받기 원하는 전하는 신앙인이 되어야 합니다. 전하는 신앙이 될 때 작은 일 속에서 하나님의 일하심을 체험하게 될 것입니다.

'믿음의 태도'

태도(attitude)는 사실(fact)보다 중요합니다. 성별, 학력,·고향, 혈연 등은 사실에 관한 것입니다. 많은 사람들이 자신의 사실 때문에 우월감에 젖기도 하고 열등감에 시달리기도 합니다. 문제는 태도입니다. 주어진 사실에 어떻게 반응하는가는 신앙적 태도에 관한 문제입니다. 태도가 사람을 쓸모 있게 만들기도 하고, 인생을 실패하게 하기도 합니다. 태도의 성공은 삶의 열매로 이어집니다. 곧 태도의 승리자가 인생 승리자가 됩니다. 반대로 태도 불량자는 스스로 삶을 못 쓰도록 구겨버립니다.

위대한 신앙인들은 한결같이 태도의 승리자였습니다. 출신이나 환경이 좋은 것이 아니라 하나님의 은총으로 바람직한 태도를 지녔기 때문에 승리한 것입니다. 온전한 믿음은 축복된 태도의 열매를 맺습니다. 또 생산적인 태도는 신앙의 진보와 성숙을 가져옵니다. 진정한 믿음의 선순환을 위해 태도의 복을 구해야 합니다.

토기장이가 흙으로 어떤 그릇을 만들든 그것은 토기장이의 마음입니다. 하나님은 자신의 마음에 들지 않는 그릇은 역경과 시련, 병과 고통, 자녀, 혹은 배우자, 이웃을 통해 깨트리십니다. 우리에게 소망이 있는 것은 하나님은 쓰시려고 작정한 사람은 영원히 버리지 않는다는 것입니다.

내가 약한 것을 깨달을 때 참 자아를 발견하게 됩니다. 참 자아는 하나님을 의존하는 자아입니다. 인간은 자신이 약하다는 것을 깨달을 때만 누군가를 의존하게 됩니다. 하나님이 없으면 못살 것 같은 상태가 참 자아입니다. 하나님께 안길 때가 가장 강한 때입니다. 거짓 자아에 붙들리면 자신이 썩 괜찮은 사람이라고 생각합니다. 이런 사람은 하나님보다 자신을 더 의존합니다.

어린아이가 엄마를 찾듯 우리 또한 하나님을 찾고 하나님이 전부가 되어야 합니다. 외적으로 커지고 강해져도 그것이 주님으로부터 왔다고 믿는 사람은 복된 사람입니다. 하나님은 믿음이 있는 사람을 기뻐하십니다. 하나님이 전부라고 믿고 하나님만 의존하는 사람은 노력한 것 이상의 열매를 맺습니다. 이것이 은혜입니다.

사도 바울은 광야를 체험하면서 자신이 약한 것을 깨달았습니다. 하나님은 우리가 약하다는 것을 깨닫게 하기 위해 광야를 허락하십니다. 자신의 약함을 깨닫는 것이 축복입니다.

'사고체계의 중요성'

사고체계가 우리에게 미치는 영향이 있습니다. 성령은 '살리는 영'이고, 사단은 '죽이는 영'입니다. 인간은 영적인 존재이며 혼과 육을 가지고 있습니다. 혼과 육은 영의 영향을 받게 됩니다. 세상 사람은 육적인 존재로 혼과 육을 가지고 있으며 혼의 영향(정신세계)을 받습니다. 이것이 기본적인 원리입니다.

사고의 틀은 환경에 의해 영향을 받게 됩니다. 유리컵에 물이 반 정도 들어있습니다. 긍정적인 사고체계를 가진 사람은 물이 반이나 남았다고 생각합니다. 이런 사람은 풍성한 사고를 가진 사람입니다. 그러나 물이 반밖에 남지 않았다고 생각하는 사람은 부정적인 사고, 즉 빈곤한 사고를 가지고 있습니다. 사고체계가 왜곡된 부모는 자식에게 결정적으로 부정적인 영향을 미치게 됩니다.

'트라우마'는 잘못된 사고체계입니다. 잘못된 사고체계가 '나'라고 인식하는 것은 더 큰 잘못입니다. 이런 사람은 왜곡된 모습으로 살아가게 됩니다. '잘못된 나'는 거짓 자아를 가지고 있습니다. 그러므로 거짓자아, 병든 자아를 깨트려야 합니다. 내가 생각하고, 내 경험대로, 내가 느끼는 대로 살아갈 때 인생이 힘들어 집니다. '내가 주인 되어 활동하는 나'는 거짓자아입니다. '나'라는 자아 안에 사단이 들어있습니다. 사고(思考)의 싸움은 이 세상을 떠나는 날까지 진행됩니다. 아무리 훈련되어도 우리의 성향은 부정적인 쪽으로 강하게 움직이기 때문에 날마다 기도하지 않고, 성령께서 우리의 마음을 조명해주지 않으면 부정적인 사고가 들어가게 됩니다. 일단 부정적인 사고가 우리의 마음을 다스리게 되면 마음의 평안이 깨어집니다. 속히 기도하여 마음의 평안을 찾지 못하면 점점 더 마음이 굳어지게 됩니다. 우리의 마음은 한 번 굳어지면 회복까지 많은 시간이 걸리게 됩니다. 그러므로 기도할 때 가장 중요한 것은 자신의 사고가 긍정적인지 부정적인지 살펴야 합니다. 긍정의 사고는 주님의 능력을 받아들이지만, 부정적인 사고는 기도 응답이 일어나지 않게 됩니다. 아무리 환경이 막혀 있어도 우리의 사고가 긍정적으로 열려 있다면 믿음의 말을 선포하게 되고, 믿음의 말은 환경을 열어갑니다. 우리의 사고체계는 부정에서 긍정으로 바뀌어야 합니다.

'사단의 전략'

세상은 변화하고 있고, 변화의 물결에 따라 사단의 전략도 바뀌고 있습니다. 사단은 모든 사람들에게 열심히 교회에 출석하라고 권면합니다. 열심히 헌금도 하고, 봉사도 하되, 절대로 예수는 믿지 말라고 합니다. 신앙생활을 교양이나 취미생활로 전환시키려고 합니다. 십자가 보혈은 생각하지 말고 십자가를 장식용으로 사용하라고 권면합니다. 교인은 많아져도 좋지만 그리스도인은 증가시키지 말라고 합니다. 이것이 바로 21세기 사단의 전략입니다.

신학자 C.S루이스가 쓴 '악마의 편지'라는 책에는 이런 이야기가 있습니다. 영국에 어떤 신사가 일주일에 한 번씩 도서관에 가서 책을 읽는 습관이 있었습니다. 하루는 그가 습관에 따라 도서관에 가서 책을 고르고 있는데 마침 종교서적이 눈에 들어왔습니다. 신사의 마음속에 갑자기 하나님에 대한 호기심이 생겼습니다. '하나님은 어떤 분일까? 그분은 나와 어떤 관계가 있을까?' 그가 이런 생각을 할 때, 그의 마음속에 사단이 찾아와 이렇게 속삭였습니다. '그런 골치 아픈 생각은 무엇 때문에 하니? 곧 점심시간인데 쓸데없는 생각하지 말고 밥이나 먹어.' 신사는 조금 전에 일어났던 하나님에 대한 생각을 억제하고 식당으로 갔습니다. 점심을 먹는데 또다시 하나님에 대한 생각이 떠올랐습니다. 그러나 또 사단이 그의 마음속에 찾아와 속삭였습니다. '밥 먹는데 소화 안 되게 뭘 그렇게 골똘히 생각해? 우선 밥이나 먹고 생각하렴.' 식사를 끝내고 하나님에 대한 생각에 깊이 잠기려고 하는데 사단이 또 방해를 합니다. '그런 생각은 한가할 때 해도 되잖아? 오늘은 집에 가서 할 일이 많으니 다른 날 생각하라고.' 결국 신사는 하나님에 대해 아무 지식도 얻지 못한 채 도서관을 나왔습니다. 사단은 집으로 돌아가고 있는 신사의 뒷모습을 보며 미소를 띠었습니다.

사단의 전략은 하나님에 대한 일들을 미루게 합니다. 사단의 지연 전술은 머리가 아프다는 핑계, 기분이 나쁘다는 핑계, 바쁘다는 변명 등으로 일단 하나님을 가까이 하는 것을 뒤로 연기하도록 합니다.

늦은 밤 집에 돌아와 어둠이 깔린 현관문을 열고 전등 스위치를 올리면 어둠이 살포시 물러가고 환한 빛으로 온 집안이 환해지는 경험을 하셨을 것입니다. 우리가 어둠을 물리치는 방법으로 예수의 이름으로 사단을 좇

아내는 방법도 있지만 빛이신 주님 안에 온전히 거하게 되면 자연히 어둠은 물러가게 됩니다. 주님이 우리 안에 계시지만 내 자아가 가득차면 주님은 힘을 쓰실 수 없습니다. 그러나 자아가 죽으면 주님으로 가득 차게 됩니다. 이런 현상을 성령 충만이라고 합니다. 이런 상태가 되면 어둠은 더 이상 나와 공존할 수 없게 됩니다. 이런 삶을 십자가의 삶이라고 표현합니다. 내가 죽을 때 주님과의 연합에 들어가게 됩니다. 이런 사람에게 사단은 감히 접근할 수 없습니다. 항상 주님의 임재 안에 사는 것이 사단으로부터 승리하는 삶입니다.

'사람이 변할 수 있는 능력, 기도'

오스왈드 챔버스는 '기도는 환경을 바꾸는 것이 아니라 기도는 사람을 바꾸고 그 사람은 환경을 바꾼다'라고 합니다. 기도로 살게 되면 환경에 관계없이 내가 변하게 됩니다. 내 뜻이 주님의 뜻으로 변하고, 주님의 뜻에 맞게 순종하게 됩니다. 도저히 순종할 수 없는 환경도 기도할 때 순종할 수 있습니다. 내가 변할 때 환경은 가장 좋은 환경으로 저절로 바뀌게 됩니다.

기도할 때 내가 죽고 예수가 내 삶의 주인이 되십니다. 주님이 주인 되시면 환경은 그대로 일지라도 내가 바뀌어 어떤 환경에도 자족할 수 있는 능력이 옵니다. 세상이 감당치 못할 일체의 비결을 누리게 되는 것입니다. 기도로 살면 늘 그 마음에 하나님의 평강이 있어 아무리 어려운 일이 나타나도 복된 반응을 하게 됩니다. 그러니 늘 삶이 풍성해집니다.

때로 우리는 좋은 결과는 하나님이 하신 일이고, 원치 않는 결과가 올 때는 사단의 역사, 혹은 하나님이 응답하지 않았다고 생각합니다. 그러나 표면적으로는 그렇게 보일 수 있지만 모든 결과는 하나님의 역사이고, 혹 사단의 역사라 해도 그것은 하나님의 섭리 안에서 이루어진 일입니다. 왜 그런 결과가 나왔는지 이유는 모를 수 있지만 그 또한 하나님의 선하신 섭리 안에 있다고 믿고 감사하며 그분을 바라보면 반드시 위기를 기회로 바꾸어주시는 하나님을 만나게 될 것입니다.

제가 긴 광야의 시간을 지날 때 도움이 되었던 것은 나에게 하나님은 어떤 분이신가? 에 대한 묵상이었습니다. 하나님은 선하신 분이라는 것, 그래서 지금은 어둡고 긴 터널을 지나고 있지만 반드시 그 끝이 있다는 것을 믿고 마음을 지킴에 승리할 수 있었습니다. 하나님은 선하신 분입니다. 우리가 기도로 살아갈 때 우리의 삶은 그분의 삶이기에 그 결과는 주님이 책임지십니다. 이런 믿음을 갖게 되면 삶의 고통의 무게가 줄어듭니다. 염려와 근심, 두려움이 떠나게 됩니다. 기도로 살면 늘 마음에 평안이 있습니다. 내 안에 계신 주님의 빛은 어둠에 빠진 자들에게 빛을 비취는 등대와 같은 삶을 살게 하십니다.

'성도의 바른 정체성'

현대인들은 불안, 초조, 시기, 원망, 집착 등으로 평강이 없는 삶을 살고 있습니다. 이런 현상들이 강박의 요소로 삶을 짓누릅니다.
모든 정신질환의 60~80%는 강박이 기초가 되며 불면, 우울, 강박이 정신질환의 기본요소가 됩니다. 그러므로 환경의 지배를 받지 말고 환경을 지배해야 합니다.

강박에는 오버 액션과 수축 액션이 있습니다. 오버 액션은 불안을 커버하기 위한 행동으로 살인, 마약 등으로 나타납니다. 수축 액션은 자신을 짓누르는 일, 자기 안으로 파고듭니다. 강박에서 벗어나려면 일체의 비결을 배워 자족의 마음을 가져야 합니다. 북한의 김정은이 할아버지 또래의 사람들을 주변에 배치하는 것은 지도자로서 인정받고 싶은 마음이 있기 때문입니다. 이렇게 오버 액션을 하는 사람들은 불안함에 대한 방어기제를 사용합니다.

정신질환의 요소인 강박증은 '자기 정체성'에 대한 오해에서 오는 것입니다. 이런 사람은 자기 자화상에 깨어진 사람입니다. 자기 자화상 (Self-Image)은 '내가 나 자신을 어떻게 보고 있는가?'입니다. 자기 정체성은 영적 자아로서 진정한 자아에 대한 오해가 있을 때 생기는 것입니다. 그러므로 자신에게 문제가 있다는 것을 깨닫는 것이 중요합니다. '나는 아무런 문제가 없어'라고 생각하는 것이 속고 있는 것입니다. 집착 하는 것이 바로 속는 것입니다.

성도의 위기관리 능력은 상황에 눌리지 않고 상황에 맞도록 정확한 판단을 하는 것입니다. 그러므로 자유함을 누리게 되면 과거의 어떤 상황도 문제가 되지 않습니다. 집착에서 벗어나야 일체의 비결을 배울 수 있습니다. 바른 정체성을 갖게 되면 자신이 자랑하던 것을 배설물로 여기게 됩니다. 세상에서 끊어지고 주님 안에서 나타나길 원하게 됩니다. 그러나 마음의 주인이 자신인 사람은 병든 정체성을 가진 사람입니다. 이것은 잘못된 정체성으로 거짓 자아의 삶입니다.

내 안에 주님이 살고 계신다는 것이 믿어질 때 비교의식, 실패의식, 빈

곤의식, 세속의식에서 벗어나게 됩니다. 이런 사람은 콤플렉스에서 벗어나게 됩니다. 주님이 내 안에 사시므로 바른 정체성을 갖게 된 것입니다. 이제 주님이 주인이 됨으로 우리의 존재가 의로워진 것입니다. 이미 온전하게 되었다는 믿음을 가질 때 자화상이 바뀌게 됩니다. 그분의 존재를 믿을 때 일체의 비결을 배울 수 있습니다.

'성령의 인도함을 받아야 합니다.'

미국 텍사스 주의 이란 시에는 예이츠 풀(Yates pool)이란 유명한 유전지대에 이라 예이츠(Ira Yates)라는 사람이 목장을 경영하고 있었습니다. 1930년대에 세계적인 불경기가 그곳에도 엄습해 왔기에 목장의 운영만으로 엄청난 부채를 갚을 길이 없어 목장을 잃게 될 위기에 처하게 되었습니다. 어쩔 수 없는 상황에서 생활이 궁핍해지고 가족들은 정부보조금으로 근근이 살아갈 수밖에 없었습니다. 그러던 어느 날 석유회사에서 지질 관측단이 찾아왔습니다. 그들이 지질을 관측한 결과 예이츠 목장에 엄청난 석유가 매장되어 있다는 것을 알게 되었습니다. 그리고 유전시추 작업을 시작하였습니다. 땅속에서 엄청난 석유가 쏟아져 나왔습니다. 하루에 250만 달러나 되는 석유가 나왔는데 이것은 시작에 불과하였습니다. 정부에서 주는 보조금으로 살던 예이츠는 사실 거대한 가치의 석유 지하 호수위에 앉아 있었던 부자였던 것입니다. 그가 이것을 깨닫지 못했을 때 구차하고 불행한 삶을 살았습니다. 그러나 엄청난 석유자원을 발견한 후 대부호로 살게 되었습니다. 그가 가난하여 목장을 잃어버릴 위기에 처하게 된 것은 그 속에 엄청난 석유가 있다는 것을 알지 못하였기 때문입니다.

이것은 성령에 대한 비밀을 깨닫지 못할 때도 동일합니다. 하나님의 자녀 된 놀라운 은총과 축복 속에 살지만 성령의 인도하심을 받지 못하면 실제 생활은 구차하고 불쌍한 삶을 살게 됩니다. 인생을 가장 부요하게 하시는 성령께서 우리와 함께 계시지만 우리가 그것을 깨닫지 못하면 마치 유전을 발견하지 못해 고생하며 살았던 예이츠와 같은 삶을 살게 됩니다. 성령이 주시는 각양 은사와 은총을 누릴 때 분명한 목적지를 향해 나갈 수 있고, 가장 부요하고 가치 있는 삶을 살게 됩니다.

그리스도인은 하나님의 뜻을 알고 그 뜻을 따라 사는 사람들입니다. 그런데 하나님의 뜻을 알기 위해서 필연적으로 하나님의 마음이신 성령의 인도함을 받아야 합니다. 성령은 이미 우리에게 임하셨습니다. 그리고 이미 우리와 함께 하십니다. 다만 우리가 깨닫지 못하기 때문에 성령의 인도함을 받지 못하는 것입니다. 성령의 인도함을 받을 때 분명한 목적지를 향해 나갈 수 있습니다.

'승리의 비결'

10층 건물에서 뛰어내리면 중력의 법칙 때문에 추락하게 됩니다. 이것이 자연법칙입니다. 그러나 추락하지 않으려면 공기역학 법칙으로 중력이 더 큰 행글라이더를 타면 떨어지지 않습니다. 그 이유는 중력의 법칙은 중단되는 것이 아니라 상위의 법칙에 압도되기 때문입니다.

우리의 육체는 항상 죄와 사망의 법에 대해 반응하게 됩니다. 그러나 우리가 그리스도 안에 있는 생명의 성령의 법칙을 경험하게 되면 육체의 유혹을 떨쳐버리고 비상할 수 있게 됩니다. 승리는 하나님께서 우리에게 주신 것이기 때문에 육체를 자랑할 수 없습니다. 하나님께서 이스라엘 자손들을 통해 여리고 성벽을 무너트렸을 때 그들이 할 수 있는 행동은 하나님께서 말씀하신 것을 그대로 믿는 것이었습니다. 그들은 하나님이 말씀하신 대로 성벽 주위를 돌았고, 정해진 시간에 승리의 소리를 크게 질러 외쳤을 때 성벽이 무너졌습니다. 만일 그들이 주님의 명령을 따르지 않고 그들 자신이 전투계획을 세웠다면 치밀한 계획과 막강한 군대에도 불구하고 그들은 패배했을 것입니다.

믿음의 승리는 하나님께서 주시는 선물이기 때문에 우리는 삶에서 승리를 경험하게 됩니다. 만일 우리가 승리하기 위해 싸운다면 가장 확실한 패배를 경험하게 될 것입니다. 하나님은 그의 아들을 믿는 사람들에게 승리의 선물을 주십니다. 우리가 할 일은 주님이 하시도록 우리가 하려고 애쓰는 마음을 절제하는 것입니다. 그리고 주님이 말씀하시는 대로 순종할 뿐입니다. 그리스도인의 승리는 주님이 주시는 선물이므로 자랑할 것이 있다면 주님을 자랑할 뿐입니다. 성도의 승리하는 비결은 '내 안에 계신 주님을 인식하는 것'입니다. 그리고 내 모든 일이 하나님의 일임을 믿고 그분이 나를 통해 그 일을 하도록 내 자리를 비우는 것입니다. 하나님은 우리에게 온전한 영광을 받기 원하십니다. 그분이 나를 위해 싸우시도록 싸움은 주님께 맡기고 내가 할 일은 기도하는 일입니다.

'십자가에서 죽는 것'

예수께서 십자가에서 죽으실 때 이미 나의 옛 자아는 죽었습니다. 이미 주님과 함께 죽었다는 것을 믿고, 지금 내게 주어진 상황에서 "나는 이미 죽었으니 지금 이 상황에서 죽겠습니다."라고 고백하면 주님이 죽음으로 넘겨주십니다. 내가 죽으려고 하기 때문에 죽는 것이 쉽지 않습니다. 죽는 것까지도 주님께 맡겨야 합니다. 지금 이 상황에서 내가 죽겠다고 고백하는 순간 주님이 내 마음을 바꾸어 죽음에 넘겨주십니다. 죽는 것이 아무것도 아니라는 것을 알게 하십니다. 그래서 내 생각을 내려놓고 주님의 생각으로 바꿀 때 죽는 것에 대한 감격이 옵니다. 죽는 순간 주님과 연합하기 때문에 마음이 평안해집니다.

한두 번 죽음을 체험하면 죽는 것이 내게 유익이라는 것을 경험하게 됩니다. 경험이 많아질수록 날마다 죽는 것이 쉬워집니다. 사단이 죽지 못하도록 하는 가장 큰 시험은 위치에서 오는 시험입니다. 내가 처한 위치에서 사람들이 나를 인정해 주지 않는 것에서 오는 시험입니다. 어느 날 그것 때문에 마음이 상해 주님께 사람들이 왜 위치를 인정하지 않는지 물었습니다. 그때 주님께서 "위치는 진정한 너와 상관이 없단다. 그것에 반응하지 않는 것이 죽는 것이란다."라고 말씀하셨을 때 세상의 위치에서 벗어나 진정한 자유를 얻게 되었습니다. 그리고 세상에서 위치를 내려놓은 후 하나님께서 인정해 주셨습니다. 그것은 하나님 자녀로서 누리는 자유함입니다. 죽으면 쉽습니다. 그러나 기도할 때 깨달을 수 있고, 기도할 때 죽을 수 있습니다. 주님 안에 머물 수 있는 조건은 날마다 내가 죽는 것입니다. 내가 죽으면 주님이 나를 통해 일하십니다. 나는 그분의 그릇의 역할만 하면 되는 것입니다.

'알아야 할 영적 진리'

우리가 알아야 할 영적 진리가 있습니다. 내 삶이 힘들고 버겁게 느껴질 때, 자신의 신앙을 잘 점검해 보아야 합니다. 주님 안에서 벗어났는가? 그것을 먼저 살펴야 합니다. 주님을 벗어나면 자신의 짐이 무겁게 느껴집니다. 이때 사단의 공격이 시작되었다는 것을 깨달아야 합니다. 그러면 주님 안으로 들어가 연합에 힘써야 합니다. 이것이 믿음의 근본입니다. 로만 그럽은 '당신이 하는 일이 무겁고 힘이 든다면 당신은 이미 철로에서 이탈된 것"이라고 했습니다. 그 철로는 주님이십니다. 주님이 내 속에 사실 때 내 인생의 기차는 평안하게 달릴 수 있습니다.

밖에는 온종일 비가 내리고 있습니다. 곧 그치길 기다리다 우비를 입고 나왔습니다. 요즘 마음이 조금 무겁고, 무언가를 해야 한다는 생각이 순간순간 나를 짓누르는 것을 발견하게 되면서 주님 안에서 이탈된 느낌이 들었습니다. 이렇게 마음이 무거울 때 동산에 오르며 찬양을 듣거나 기도하면 마음의 평안을 누리게 됩니다. 지도에도 없는 동산이지만 늘 주님을 만날 수 있는 공간이 있어 참 감사합니다. 비 오는 날에는 산에 오르지 않는다는 편견을 깨고 길을 나섰습니다. 찬양을 들으며 요즘 내 마음의 상태를 고백하였습니다. 그리고 느리게 산다는 것이 아직 적응이 되지 않아 어떻게 살아야 할지를 물었습니다. 앞만 바라보며 달려온 시간이 있어 아직은 지금의 삶이 적응이 되지 않습니다. 누림을 즐기고 있지만 한편으로는 무언가를 해야 한다는 일중독 현상이 남아 있었습니다. 이곳으로 옮기게 하신 분이 주님이시고, 바쁜 삶 속에서 조금은 여유 있는 시간을 허락하신 분도 하나님이십니다. 지금 주님이 나를 통해 하시는 일, 그리고 남은 시간은 내일을 위한 쉼의 시간을 허락하셨음에도 불구하고 자꾸만 과거를 돌아보며 이렇게 나태해도 되는 것인가? 이런 생각에 마음이 눌리는 것입니다.

말씀을 아는 것은 중요합니다. 그러나 더 중요한 것은 성령이 그 말씀을 내 삶에 조명해 주시는 것입니다. 요즘 건강 문제에 붙들려 있었는데 말씀을 듣던 중 어둠에 속았다는 것을 깨닫게 됩니다. 물론 건강을 잘 지키는 것은 중요하지만 그것에 붙들리는 것은 속은 것입니다. 어떤 문제가 와도 우리는 그 문제를 하나님께 맡겨야 합니다. 나도 모르는 사이에 문제에 붙들리게 되니 눈에 보이는 환경으로 넘어오게 됩니다. 우리에게 일어나는 모든 일이 하나님의 섭리라고 믿는다면 그 문제의 해결 또한 하나님이 하시도록 맡겨야 한다는 것, 늘 알면서도 속은 어리석은 존재임을 또 한 번 깨닫습니다. 그래서 더 많이 주님을 의존해야 합니다. 매번 주님께 묻고 행동해야 합니다.

십자가를 진다는 것은 주님이 나의 전부를 가질 수 있도록 나의 전부를 포기하는 것입니다. 그리고 열매를 맺는 삶이란 남을 위해 나의 모든 것을 쏟아 붓고, 나를 위해서는 아무것도 요구하지 않는 삶을 말하는 것입니다. 나 자신을 하나님의 장중에 맡기고, 내게 무슨 일이 일어나도 반응하지 않는 것이 십자가의 길입니다. 세상 사람들이 우리를 볼 때 주님의 삶을 볼 수 있었으면 좋겠습니다. 그래서 이 땅에 날마다 하나님 나라가 확장되었으면 좋겠습니다.

'열매는 죽을 때 열립니다.'

우리가 영적인 열매를 맺는 것은 '일하는 것'에 있지 않고 '죽는 데' 있습니다. 우리가 일시적인 기쁨을 택하든 십자가의 길을 택해 영생하는 열매를 맺든 그것은 우리의 선택에 달려있습니다. 십자가의 길을 선택할 때 육안의 눈으로 보면 그 길이 고난의 길인 것 같지만 주님과 함께 하는 그 길은 성령이 인도하시는 길입니다. 우리가 할 일은 그분의 도구가 되는 것입니다. 내가 도구가 될 때 많은 열매가 맺어지는 것을 보게 될 것입니다.

십자가의 길은 때로는 하나님이 안 계신 것과 같은 어둠의 길을 가게 될 때도 있습니다. 하나님은 우리가 하나님을 절대 신뢰하고 있는지 test 하고 계십니다. 신앙은 느낌이나 감정이 아니기 때문에 보이지 않는 하나님에 대해 알고 있는 지식을 총 동원해서 하나님을 붙들어야 합니다. 어느 정도의 기간이 지나면 이제 터널을 통과한 듯 분명한 성령의 인도하심을 체험하게 될 것입니다.

이런 기간 동안 우리가 기억해야 할 일이 있습니다. 하나님은 늘 나와 함께 하시고, 내가 느끼지 못할지라도 나를 안타깝게 지켜보고 계신다는 것입니다. 마치 어린 자녀가 첫 등교할 때 잘 가고 있는지 몰래 뒤를 따라가는 그런 부모의 심정으로 주님은 우리를 지켜보고 계십니다.

살다보면 때로는 상식을 벗어난 일로 갈등을 할 때가 있습니다. 이런 경우 육적으로 해결하려고 하면 일이 더 꼬이게 됩니다. 이때 가장 잘 해결하는 방법은 그냥 그 상황을 인정하는 것입니다. 이것이 바로 옛 사람이 죽는 것입니다. 반응하지 않는 것이 내 안에 계신 주님이 나타나는 것입니다. 우리는 자신을 너무나 사랑하기 때문에 마음이 조금만 다쳐도 상처를 받게 됩니다. 그러나 주님의 크신 사랑을 깨닫게 되면 자기를 사랑하는 것이 십자가의 원수가 된다는 것을 알게 됩니다. 죄 없는 분이 멸시와 천대를 받으면서 십자가에서 죽으셨습니다. 죄 있는 우리가 멸시와 천대를 받는 것은 너무도 당연한 일입니다. 자신에게서 벗어날 때 진정으로 풍성한 열매를 맺게 됩니다.

'영안이 열린 자의 축복'

영안이란 보이지 않는 것을 볼 수 있는 눈입니다. 성령의 계시로만 영안이 열립니다. 영안이 열리도록 기도해야 합니다. 영안이 열리면 하나님의 시각으로 모든 사물을 바라보게 됩니다. 그리고 문제의 해석 또한 하나님의 시각으로 해석하게 됩니다. 영안이 열리면 우리의 사고는 긍정적으로 바뀌게 됩니다. 하나님은 100%긍정입니다.

어떤 문제가 있을 때 보이는 그대로의 해석이 아니라 그 배후의 역사가 있음이 깨달아진다면 영안이 열린 것입니다. 우리의 환경은 100% 성령이나 사단에 의해 조종되고 있습니다. 영안이 열리면 우리에게 다가오는 문제에 대한 해석을 할 수 있습니다. 그래서 영안이 열리는 것이 중요합니다. 아직 영안이 열리지 않은 사람은 영안이 열리도록 기도해야 합니다. 영안이 열리지 않으면 사단에게 속아 실패하게 됩니다.

올리버 색스는 그의 저서 '화성의 인류학자'에서 버질이라는 한 남자에 대한 이야기를 합니다. 어릴 때 실명했던 버질은 수십 년이 지나 수술을 받고 시력을 회복했습니다. 그러나 베데스다 마을 밖에서 예수님으로부터 치유를 받은 장님처럼 버질은 처음에 보는데 어려움이 있었습니다. 물체의 움직임이나 색깔은 분별할 수 있었지만, 영상을 합쳐서 물체를 알아볼 수 없었습니다. 그래서 얼마 동안 그의 행동은 아직 그가 장님이었을 때와 같았습니다. 색스는 이렇게 말합니다. "볼 수 있는 사람으로 다시 태어나기 위해서는 이전의 장님으로서의 나는 죽어야 합니다. 이것도 저것도 아닌 어중간한 것, 이것이 정작 나쁜 것입니다."

사람이 세상에서 살아가는 동안에 가장 중요한 것은 사물을 밝히 보고 깨달을 수 있는 눈과 거짓과 참을 분별할 수 있는 귀입니다. 하지만 사람들은 저마다 자기의 입장에서 보고, 듣기 때문에 정확할 수 없습니다. 이에 우리가 바로 보고, 바로 들으려면 하나님의 눈으로 보고 하나님의 귀로 들어야 합니다. 즉, 하나님 편에서 보고 하나님의 귀로 들어야 합니다. 그리할 때 편견이 사라지고, 따라서 불평과 다툼도 자취를 감추며, 참으로 올바른 신앙생활을 하게 되는 것입니다. 영안이 열린 사람은 모든 환경을 하나님의 관점으로 해석할 수 있습니다. 그래서 사람들과의 관계에서 다툼과 분열대신 화합과 평안을 안겨줍니다.

'영적 목마름'

어느 한 가족이 섬의 주변 약 8마일을 자전거로 돌고 있었습니다. 아이들이 조그만 다리로 계속해서 페달을 밟기에는 꽤 먼 거리였습니다. 그들은 출발하기 전에 목이 마를 것이라는 생각을 미처 하지 못했습니다. 그들은 떠난 지 얼마 되지 않아 갈증을 느끼기 시작했습니다. 특히 막내가 목이 말라 더 이상 가지 못하겠다고 주저앉고 말았습니다. 5마일 정도를 더 가야 물이 있습니다. 그 주변에도 시원한 물이 풍부하게 있었지만, 수질을 알 수 없어 감히 마실 용기가 없었습니다. 우리는 가끔 이와 같은 영적인 곤경에 처할 때가 있습니다. 우리의 영적인 물은 안전하지만 문제는 우리가 삶이 바쁘다는 핑계로 그 물을 마실 시간을 내지 못한다는 것입니다.

언젠가 미국 일간지 뉴욕타임즈에서 인류 역사상 제일 잘 살았던 사람이 누구인지를 조사한 적이 있습니다. 거기에 뽑힌 사람이 다윗 왕이었습니다. 인류 역사 이래로 다윗보다 더 잘 산 사람이 없다고 합니다. 그러나 다윗은 잘 살려고 노력하지 않았습니다. 왕이 되려고 노력하지 않았고, 골리앗을 이기려고 고난도의 무술을 익힌 것도 아닙니다. 그는 늘 하나님의 뜻에 순종하려고 노력했습니다.

시편 42절 1편의 말씀입니다. "하나님이여 사슴이 시냇물을 찾기에 갈급함 같이 내 영혼이 주를 찾기에 갈급하니이다."

다윗은 자기 영혼이 하나님을 갈망한다고 했습니다. 그리고 다윗은 하나님의 권능과 영광을 찾아 갈증을 해소했습니다. 그는 하나님의 인자하심을 찬양함으로 또 그의 선하심에 대해 묵상함으로 그 갈증을 가라앉혔습니다. 우리가 진리에 굶주릴 때 하나님은 생명의 양식인 말씀으로 우리를 만족케 하십니다. 육신에 물이 필요하듯 영혼은 말씀이 필요합니다. 오늘같이 어려운 시대에 우리가 구해야 할 것은 하나님의 뜻대로 살고, 하나님의 말씀대로 살려는 굶주림과 목마름입니다.

당신은 무엇을 좇아 살고 있습니까? 육적 목마름입니까? 아니면 영적 목마름입니까? 성도는 사슴이 시냇물을 찾아 헤매듯이 영적 갈급함으로 주님을 찾아야 합니다. 진정한 목마름은 먼저 영혼이 잘 되어야 참 만족을 누리고, 주어진 삶에 감사할 수 있기 때문입니다. 상황은 그런대로 잘 되는 것 같은데 왠지 마음 한 편에 답답함을 느낄 때가 있습니다. 주님께 가까이 오라는 신호입니다. 주님 안에 있으면 상황은 답답하지만 오히려 마음의 평안을 누리게 됩니다.

인간에게는 마음이 중요합니다. 마음을 지키지 못하면 작은 것도 크게 확대해서 해석하게 됩니다. 그래서 아주 작은 일에도 마음을 빼앗기게 됩니다. 세상이 주는 기쁨은 아주 잠시입니다. 아무리 바라고 바라는 것이 이루어져도 잠시 기쁠 수 있지만 금새 기쁨은 사라지게 됩니다. 그것은 겉에서 오는 기쁨이기 때문입니다. 그러나 주님이 주시는 내적인 기쁨은 쉽게 사라지지 않습니다. 안에서 뿜어져 나오기 때문입니다. 그래서 영적인 갈증이 있다는 것은 축복입니다. 영적 갈증을 채우면 다른 모든 문제가 해결되기 때문입니다.

만족이란 소유에서 오는 것이 아니라 존재에서 오는 것입니다. 주님의 존재가 내 안에 가득 채워지면 내면에서 감사가 흘러나오게 됩니다. 그러면 육적인 갈증도 채워지게 됩니다. 우리는 사슴이 시냇물을 찾듯 영적 갈급함으로 주님을 찾아야 합니다.

'오늘이 마지막 날'

우리가 염려하는 이유는 나에게 많은 시간이 남아 있다고 생각하기 때문입니다. 이런 염려는 눈앞에 보이는 것을 바라볼 때 생깁니다. 기독교인은 세상 사람들과 다르게 영적인 눈이 있습니다. 보이지 않는 것을 믿음으로 바라보아야 하는데 사단이 눈앞의 것을 보게 하여 염려하게 하는 것입니다. 이럴 때는 하나님의 말씀으로 돌아가야 합니다. 하나님은 내 삶의 주인이시고, 이 세상 끝날까지 나와 함께 하신다고 하셨고, 하나님이 함께 하시는 삶은 늘 풍성하기 때문입니다. 내게 무엇이 있어서 풍성한 것이 아니라 풍성하신 하나님의 존재가 내 안에 계시므로 내가 풍성한 것입니다.

오늘의 일로 염려하는 사람은 없습니다. 대부분 미래의 일로 염려합니다. 그러므로 오늘 내가 주님께 눈물의 씨를 뿌리고 있다면 내일은 기쁨의 열매를 거두리라는 믿음을 가져야 합니다. 대부분 우리는 믿음이 없기 때문에 염려하는 것입니다. 염려가 올 때는 나의 믿음을 점검해야 합니다.

긍정적 사고의 삶에 대한 철학의 대가로 알려진 노먼 빈센트 필(N. V. Peale)박사는 사람들이 하고 있는 염려와 걱정 중 40%는 과거의 문제이고, 50%는 아직 오지도 않은 미래의 문제이고, 나머지 10%만 현재의 문제인데 그것도 일어날 것인지, 일어나지 않을 것인지 확률이 반반이라고 했습니다. 결국 쓸데없는 염려를 한다는 것입니다.

하나님의 자녀로서 가장 잘 사는 삶이 있습니다. 그것은 '오늘이라는 하루에 최선을 다하는 삶'입니다. 하나님께서 내게 허락하신 시간은 오늘 하루뿐입니다. 오늘이 내 삶의 마지막이라는 마음으로 오늘 하루를 살아갈 때 하루하루가 모여서 보람된 인생을 살게 되는 것입니다. 그 어느 누구도 오늘 하루에 최선을 다한다는 것이 어렵지는 않을 것입니다. 내일이 되면 또 오늘 하루, 또 내일이 되면 오늘 하루, 이렇게 하루하루가 하나님께 드려지는 카이로스의 삶을 살아갈 때 우리의 신앙은 천국의 면류관을 받게 될 것입니다. 염려, 걱정에 붙들려 오늘 하루를 헛되이 보내지 말고, 주어진 상황에 최선을 다하는 삶이 가장 잘 사는 삶입니다.

'오늘이라는 하루'

우리 모두는 한 사람 한 사람 모두는 저마다 책을 짓는 저자입니다. 누구나 일생동안 세 권의 책을 씁니다. 제1권은 과거라는 이름의 책입니다. 이 책은 이미 집필을 마치고 책장에 꽂혀 있습니다. 제2권은 현재라는 이름의 책입니다. 이 책에는 지금 나의 몸짓과 언어 하나하나가 그대로 기록됩니다. 제3권은 미래라는 이름의 책입니다. 이 셋 중에 가장 중요한 것은 바로 현재라는 이름의 책입니다. 어제는 이미 지나갔고 돌이킬 수 없으니 내 것이 아니고 내일은 아직 다가오지 않았으니 우리의 영역이 아닙니다. 오직 오늘 만이 하나님께서 내게 허락하신 가장 중요한 시간입니다.

직장암으로 세상을 떠난 유석경 전도사님의 책을 읽었습니다. 전도사님은 하나님을 무척 사랑했고, 주님께 집중하고 싶어 신학대학원에 진학하였습니다. 그런데 얼마 후 건강검진결과 직장암 말기라는 진단을 받았습니다. 그녀는 암에 걸린 후 하나님과 더 가까워졌다며 암에 걸린 것을 감사했습니다. "나는 의사가 얼마 살지 못한다는 이야기를 했을 때 전혀 절망하지 않았다. 왜냐하면 절망할 필요가 없기 때문이다. 어떤 상황에서도 하나님께서 나에게 가장 좋은 것을 주신다는 것을 확신한다. 이 병에서 낫는 것이 필요하다면 고쳐주실 것이고, 죽는 것이 더 좋다면 천국에 데려가실 것이다. 이 땅에서도 예수님과 함께 사는 것이고, 죽어서 천국에 가도 예수님과 함께 사는 것이다. 그러니 죽을 병 든 것이 나에게는 절망할 일이 아니다." 유전도사님은 암이라는 환경을 보지 않고 주님을 바라본 것입니다. 이사야 38장 17절 "보옵소서 내게 큰 고통을 더하신 것은 내게 평안을 주려 하심이라" 이 말씀이 전에는 도저히 이해가 되지 않았는데 암이라는 큰 고통을 당한 후 세상이 줄 수 없는 평안을 경험하게 되었다고 고백하고 있습니다. 자신이 없어진 후 오직 그 안에 주님만 가득 채워졌기 때문입니다.

우리는 하나님을 사랑한다고 고백하며 예배의 자리에 앉아있습니다. 만일 내가 이런 상황에 있다면 감히 이런 고백을 할 수 있을지 자신을 돌아보게 됩니다. 유석경 전도사님처럼 하나님을 완전 신뢰할 때 환경에 관계없이 주어진 오늘에 감사할 수 있을 것입니다.

오늘은 내일을 결정지을 수 있는 시간이며, 지금은 영원을 결정지을 수 있는 시간입니다. 단 1분만 시간을 내어도 할 수 있는 일들이 참 많습니다. 집을 나서기 전 가족들에게 사랑을 표현하거나 사랑하는 사람들을 위한 기도를 할 수 있는 시간입니다. 내 인생의 목적을 잠시 돌아보거나 삶의 방향성을 확인하는데 충분한 시간들입니다. 1분 동안에 할 수 있는 일은 너무도 많습니다. 그 1분의 가치는 너무나 소중합니다. 오늘 또는 지금이라는 짧은 시간이 모여 주님의 섭리를 이루어가는 역사의 현장들이 될 수 있습니다.

'옳고 그름에 대한 것'

우리가 다른 사람과의 갈등에서 가장 중요한 것은 옳고 그름에 대한 것입니다. 내가 옳다고 생각하기 때문에 갈등하는 것입니다. 그런데 하나님께서 옳다고 하는 것에 대한 내 생각을 내려놓아야 합니다.

"그 때에 이스라엘에 왕이 없으므로 사람이 각기 자기 소견에 옳은 대로 행하였더라"(삿 21:25)

옳은 분은 오직 하나님뿐 이십니다. 사람들은 서로 자기가 옳다는 것으로 다투고 있습니다. 우리에게 최고의 어둠은 자기 소견에 옳은 대로 행하는 것입니다. 옳은 것을 넘어서는 것이 사랑입니다. 이것을 넘어서는 것이 주님의 사랑입니다. 그러므로 내가 옳다고 생각하는 것을 내려놓아야 합니다. 그것까지도 주님의 손에 맡겨야 합니다. 인간의 옳음은 어느 각도에서 볼 때 그릇이 될 수 있습니다. 그래서 내 생각이 옳다는 것 때문에 갈등한다는 것은 하나님의 주권에 도전하는 것입니다. 내 생각의 옳음을 내려놓을 때 하나님의 생각으로 승리하게 되는 것입니다.

기독교는 역설의 종교입니다. 내가 죽을 때 산다는 것, 내 생각을 내려놓을 때 승리한다는 것, 아직 이해할 수 없을 지라도 하나님께서 그렇다고 하면 그런 것입니다. 그것을 깨닫게 하시면 순종할 때 왜 그런지 알게 된다는 것입니다. 기독교는 이해해서 믿어지는 것이 아니라 믿으면 이해가 되는 것입니다. 하나님께서 깨닫게 하셨다면 이제 우리가 할 일은 순종하는 것입니다. 그래서 내 생각이 옳다고 생각하는 것, 그것을 버릴 때 하나님의 생각으로 승리하게 됩니다.

'왜? 가 아니라 무엇을?'

1990년 노벨평화상 후보였던 엘리나는 이탈리아의 한 작은 마을에서 '노인들의 어머니'로 통하던 여인입니다. 그녀는 언제나 자신의 상황에 대해 '왜'라는 의문을 갖지 않았습니다. 그녀는 일찍 중국 선교사로 헌신했지만 폐병으로 본국으로 돌아왔습니다. 그때 "주님, 왜 저를 병들게 하셨나요?"라고 묻는 대신 "이렇게 병든 저에게 무엇을 원하십니까?"라고 묻는 기도를 했습니다. 그리고 시골에서 열심히 농사를 지어 중국 선교를 도왔습니다. 하루는 탈곡기 속으로 손이 빨려 들어가 손가락을 잃게 되었습니다. 이번에도 그녀는 '왜'라고 묻는 대신 "이제 오른손이 없는 저에게 무엇을 원하십니까?"라고 기도했습니다. 그리고 그녀는 농장을 개조해서 양로원을 세웠고, 세계 최대의 양로원을 운영하며 외로운 노인들을 돌보았습니다.

원인을 분석하는 질문은 꼭 필요합니다. 하지만 원인을 분석하는 '왜' 라는 질문이 원망과 불평의 의문문으로 사용되는 것은 잘못된 것입니다. 우리가 당면한 시험들은 우리를 무너뜨리기 위해서가 아니라 우리를 성장시켜 능력을 주기 위함입니다. 오늘 하나님께 '이 상황에서 무엇을 원하시나요?'란 질문을 한다면 훨씬 더 빨리 하나님의 음성을 듣게 될 것입니다.

하나님의 음성은 성령의 말씀을 듣거나 읽을 때 레마로 다가옵니다. 레마는 설교를 통해, 다른 사람들의 간증을 통해서도 들립니다. 물리적인 음성으로 들리는 것이 아니라 생각을 통한 깨달음, 그리고 우리가 인식할 수 있는 모든 현상을 통해 오는 것을 하나님의 음성을 듣는다고 합니다. 하나님의 음성이 들리지 않는 것은 세상의 소리를 너무 많이 듣고 있어 사이클이 높아져 있기 때문입니다.

하나님의 음성은 세상의 문을 닫고 조용히 말씀을 읽을 때, 기도할 때, 잠을 잘 때 들리게 됩니다. 때로 위급한 상황에서는 짧은 단어의 음성으로 들리기도 합니다. 우리가 주의해야 할 것은 기도를 많이 한다는 사람이 나를 위한 환상을 보았다는 것을 주의해야 합니다. 하나님은 인격의 하나님이시기에 신앙이 어린 사람은 어린대로 그 사람이 알아들을 수 있도록 말씀을 통해 깨닫게 하십니다.

'운전대를 주님께 넘기라'

신앙인의 문제는 주님의 은혜로 구원 받고 주님을 주인으로 영접했지만 그 인생의 운전대는 자기가 잡고 있다는 것입니다. 하나님이 주인이라고 고백은 하지만 실재로는 자기가 주인 되어 살고 있는 사람들이 대부분입니다. 이런 사람들의 특징은 기도하지 않습니다. 이런 사람은 부활의 주님이 살아 역사하신다는 것을 믿지 않고, 그분을 삶의 주인으로 인정하지 않습니다. 그분이 우리 안에 계시지만 그분은 하실 일이 없어 주무십니다. 이렇게 사는 인생은 실패합니다. 다가오는 풍랑을 이길 수 없습니다.

예수 믿고 구원 받은 사람은 삶에서도 구원 받아야 합니다. 즉 이 땅에서 하나님의 통치를 받아야 죽어서도 하나님 나라에 갈 수 있습니다. 이 땅에서는 자기 마음대로 살다 죽어서 천국에 간다는 것은 기독교의 복음이 아닙니다. 이 땅에서도 천국에서도 하나님의 통치를 받아야 천국 시민으로 살아갈 수 있습니다. 하나님의 통치를 받는다는 것은 나의 지, 정, 의가 하나님의 지배를 받는 것입니다. 그분의 지배를 받는 다는 것은 내가 죽고 예수로 사는 삶을 살 때만 가능합니다. 날마다 내 자아가 죽고, 주님이 내 삶을 통해 나타나야 합니다. 이런 삶이 이 땅에서 승리하는 삶입니다.

하나님을 아는 많은 지식이 있고, 성경 말씀을 아무리 많이 깨달아도, 실재의 삶에서 적용하지 않으면 아무런 능력이 나타나지 않습니다. 하나님의 말씀을 읽고, 그 말씀을 붙잡고 하나님께 기도할 때 현실의 삶에서 어떻게 적용하며 살아야 할지를 하나님께서 알게 하십니다. 그래서 말씀을 읽고 기도해야 합니다. 하나님이 주시는 마음의 감동이 있다면 바로 실천으로 옮기는 순종이 있어야 합니다. 순종할 때 그분의 역사하심이 나타나게 됩니다. 신앙인은 하나님이 나에게 역사하셨다는 간증이 많아야 합니다.

저의 삶에서 하루를 끊어 사는 삶이 마음을 지키게 하는 힘이 되었습니다. 내일을 생각할 때는 걱정, 근심이 들어왔지만 오늘 하루를 끊어 살게 되니 그냥 주어진 오늘만 잘 살아내면 되는 것이었습니다. 오늘 하루 행복하면 인생 전체가 행복합니다. 있는 것으로 자족하게 됩니다. 모든 것에 감사할 수 있습니다. 우리 일상의 삶을 하나님의 시선으로 바라볼 때 범사에 감사할 수 있습니다.

기도하면서 자꾸만 내 생각, 내 뜻을 내려놓게 됩니다. 예전에는 내 생각대로 되지 않은 일에 짜증이 나곤 했지만 이제는 내 생각대로 되지 않아도 주님의 뜻대로 되었다는 것에 감사하게 됩니다.

이렇게 날마다 내 삶이 변해야 합니다. 내 생각대로 되지 않음에 감사할 때 그 삶에 십자가 체험이 되고 있는 것입니다. 내 중심의 삶에서 하나님 중심의 삶으로 변하고 있기 때문입니다.

여러 사람들을 상담하면서 공통적으로 느끼는 것이 있습니다. 모든 관점이 자신에게 있다는 것입니다. 그 관점이 하나님 편에 있을 때는 어떤 삶도 어렵게 다가오지 않습니다. 내 눈으로 바라보기 때문에 어렵게 보이는 것입니다. 관점을 바꾸는 훈련이 필요합니다.

비행기에 올라 아래를 바라보면 아무리 높은 산도, 큰 빌딩도, 모든 것이 하나의 점과 같습니다. 우리의 문제를 하나님 관점에서 보면 아무것도 아니라는 것입니다. 하나님의 눈높이에서 문제를 바라보고, 그 문제의 해결자는 내 삶의 주인이 해결할 문제로 맡기는 것입니다. 내가 주인이면 내가 해결해야 할 문제가 되는 것이고, 주님이 주인이라면 주님이 해결하실 것입니다. 이렇게 생각할 때 내가 도저히 해결하지 못할 문제라면 기도해야 한다는 것을 알게 될 것입니다. '이 문제를 해결해주세요.' 이런 기도가 아니라 주님을 주인으로 모시고 '이 문제는 내 삶의 주인이신 주님이 해결할 문제입니다.'라고 당당하게 맡기는 것입니다. 주님은 이런 믿음을 기뻐하십니다.

'율법과 은혜'

율법은 약속의 실체이신 예수를 가리키므로 선한 것이지만 기도하지 않고 스스로 약속을 지키려는 율법주의는 악한 것입니다. 그러므로 율법이 가리키는 원형인 예수를 보아야 합니다. 세례요한은 율법의 최고봉입니다. 율법 자체는 흠이 없지만 율법으로는 구원 받지 못합니다. 율법은 은혜를 깨달을 때까지 시한부 역할을 할 뿐입니다. 율법은 주님께 인도하는 몽학선생입니다. 내가 잘해서 구원 받는 것이 아니므로 나한테 꽂히지 말아야 합니다. '나'자신을 포기하게 만드는 것이 율법입니다.

율법주의자는 자신의 잣대로 타인을 비판하게 됩니다. 그러나 우리에게는 타인을 비판할 자격이 없습니다. 만일 책망할 것이 있다면 사랑으로 책망해야 합니다. 나는 아무리 잘해도 99점입니다. 그런데 하나님 보시기에 1점이나 99점은 같습니다. 나를 버리고 예수를 잡을 때 100점이 됩니다. 기도할 때 나를 버릴 수 있습니다.

율법은 믿음이 올 때까지 필요합니다. 내 속에는 내가 사는 것이 아니라 예수가 사십니다. 그 주님을 의지하기 위해 날마다 기도해야 합니다. 율법에는 긍정의 은혜와 부정의 은혜가 있습니다. '오직 예수'가 될 때 긍정의 은혜를 받을 수 있습니다. 진리이신 예수를 붙잡아야 율법에서 벗어날 수 있습니다.

우리는 율법에 갇혀 자유롭지 못합니다. 그러나 진리이신 예수가 내 안에 나의 주인으로 계신다면 어떤 율법에서도 자유 할 수 있습니다. 율법의 주인이신 주님이 내 안에 계십니다. 이제 우리는 율법의 지배를 받는 것이 아니라 성령의 지배를 받게 됩니다.

율법은 우리를 죄로부터 보호하는 테두리입니다. 그러나 우리가 그 율법을 지킬 수 없기 때문에 성령이 오신 것입니다. 지금은 성령시대입니다. 말씀에 근거한 삶을 살되 그 상황에서는 내 안에 계신 주님의 인도하심을 따라야 합니다. 성령의 인도하심을 따르는 방법이 기도하는 것입니다. 기도하다 주시는 마음에 순종하면 됩니다. 그런데 대부분 사람들이 그것이 하나님의 뜻인지 아닌지 묻습니다. 그분의 뜻을 묻지 말고, 순종하다보면 주님이 왜 그 길을 가게 하셨는지 알게 하십니다. 무조건의 순종입니다. 아브라함 역시 갈 바를 알지 못하고 순종했습니다. 그러나 인격의 하나님께서 순종하면 그 뜻을 알게 하십니다.

은혜에는 두 가지의 뜻이 있습니다. '에이레네'는 하나님의 특별한 은총을 말합니다. 내가 낳았기 때문에 사랑하는 것입니다. 그리고 다른 하나는 '카리스'로 하나님의 선물이란 뜻입니다. 모든 인간은 자기 스스로 사는 것 같지만 그 사람이 쓰고 있는 힘도 하나님의 은혜, 선물이라는 것을 깨달아야 합니다. 이것을 알 때 인간은 영원이 열리고 구원이 오는 것입니다.

'인간사 새옹지마'

　중국의 고사 성어인 인생만사 새옹지마(人生萬事 塞翁之馬)의 유래입니다. 중국의 변방에 사는 노인의 말이 국경을 넘어 오랑캐 지역으로 도망을 갔습니다. 동네 사람들이 얼마나 상심했느냐고 물으니 노인은 태연자약하게 "이 일이 복이 될지 누가 압니까?"합니다. 몇 달 후에 도망쳤던 말이 암말 한 마리를 데리고 왔습니다. 어르신의 말씀하신대로 복이 되었습니다. 그때 노인은 "이것이 화가 될지 누가 압니까?" 그리고 노인은 절대로 내색하지 않았습니다. 며칠 후 노인의 아들이 말을 타다가 말에서 떨어져 그만 다리가 부러지고 말았습니다. 그래서 동네 사람들이 또 위로를 했습니다. 그때도 이 노인은 "이것이 복이 될지 누가 압니까?" 하고 표정을 바꾸지 않았습니다. 그 후 오랑캐가 침략을 했습니다. 나라에서는 젊은이들을 징집하여 전쟁터로 보냈습니다. 그런데 이 아들은 다리를 다쳐 징집 당하지 않게 되었습니다. 이때부터 "인생만사 새옹지마(人生萬事 塞翁之馬)"라는 말이 자주 쓰이기 시작했습니다. 너무 눈앞에서 벌어지는 결과만을 가지고 연연하지 말라는 말입니다.

　옛 사람들의 고사성어지만 영적 진리를 깊이 깨닫게 해 줍니다. 우리가 살아가면서 생기는 일들에 대해 우리가 어떤 반응을 하느냐에 따라 그 결과는 달라진다는 것입니다. 우리의 행복은 보이는 환경에 따라 결정되는 것이 아니라 그 문제에 대한 반응에 따라 달라집니다.

　생활 속에서 깨달아지는 일입니다. 이사를 하게 되면서 친정어머니가 한방파스를 열매 정도를 주시며 필요할 때 쓰라고 하셨습니다. 그것을 받으며 별로 파스를 쓸 일이 없는데 이렇게나 많이 주느냐고 짐만 된다고, 감사하기 보다는 통명스럽게 받았습니다. 어느 귀한 집사님이 기도할 때 쓰는 의자를 선물해 주셨습니다. 그 당시는 새벽에 교회에서 기도를 하여서 별로 기도의자를 사용할 일이 없어 침대 모서리에 장식용으로 두었습니다.

이사를 한 후 움직임이 많다보니 가끔 허리가 아플 때가 있었습니다. 친정어머니가 주셨던 파스 생각이 났습니다. 파스를 붙이며 하나님께 감사했습니다. 그것을 받을 때는 잘 몰랐지만 시간이 어느 정도 지난 지금, 그 파스를 보며 놀라운 하나님의 섭리와 그 일에 순종해준 친정어머니께 감사한 마음을 갖게 됩니다. 파스 하나 사려면 10분 이상을 걸어가야 약국이 있기 때문입니다.

이사한 후 성전에서 기도하는 시간을 가질 수 없어 제 방에서 기도를 하는데 자세가 참 불편했습니다. 그때 선물 받은 기도의자 생각이 났습니다. 기도의자에 앉아서 기도를 하면서 또 다시 하나님의 섭리에 감사했습니다. 기도의 자세가 잡히고 전혀 불편하지 않아 기도가 오래 지속될 수 있었습니다. 오랜 기도 습관으로 제 어깨는 굽어 있습니다. 선물을 받을 당시에는 내게 이것이 필요할까? 생각했는데 시간이 지난 지금 정말 꼭 필요한 물건이 된 것입니다. 그래서 주님이 허락하시는 모든 것에 감사하게 됩니다. 제게 꼭 필요한 것을 주신다는 것을 알게 되었기 때문입니다.

이것은 우리의 지체에게도 동일하게 적용이 됩니다. '저 사람은 왜 저럴까?' 유난히 불필요해 보이는 사람이 있습니다. 그런데 우리의 이런 판단은 금물입니다. 저도 30년 전에는 내 앞가림도 못하는 어리석고 부족한 사람이었습니다. 그런데 하나님께서 30년 시간을 담금질을 하신 후 세상의 지혜 있는 자들을 부끄럽게 하십니다. 그 어리석고 부족했던 시간들을 통해 하나님은 자신의 비밀을 너무 많이 깨닫게 해 주셨습니다. 어떤 상황도 내 관점이 아닌 하나님의 관점으로 바라보아야 합니다.

길에 굴러다니는 쓸모없는 돌멩이도 하나님의 손에 들려지면 골리앗을 무너트리는 가장 강한 무기가 될 수 있습니다. 지금 이 순간을 귀하게 여기시기 바랍니다. 내 안에 주님이 계시고 그분이 나의 주인이라고 고백하는 사람에게 지금 이 순간 고난의 시간은 정금으로 빚어지는 시간입니다. 기도만 할 수 있다면 돌멩이가 다이아몬드가 될 수 있습니다.

'인간에게는 무명인, 하나님께는 유명인'

야베스는 '고통'이란 뜻의 이름을 가진 사람입니다. 그러나 그는 기도하는 가운데 자신의 이름의 한계를 뛰어 넘은 사람입니다. 그래서 하나님은 그의 지경을 넓혀주셨습니다. 자신의 상황을 바라보지 않고 하나님을 바라보는 믿음이 있었기에 하나님은 그의 이름을 기억하셨습니다. 이런 믿음을 가진 사람은 교만할 수 없습니다.

잠시 누리는 세상의 복과 영원의 복은 비교할 수 없습니다. 예전에는 세상의 성공이 하나님께 영광 돌리는 것인 줄 알았습니다. 그래서 하나님의 영광을 빙자하여 세상의 성공을 구했습니다. 그런데 세상에서 성공하는 사람이 하나님께 영광 돌린다는 것이 쉽지 않다는 것을 깨닫게 된 후 주어진 일상에 감사하고 있습니다. 애써 성공하려고 노력하지 않아도 주어진 삶에 최선을 다하고 있다면 그것이 하나님 편에서 성공이기 때문입니다. 우리는 늘 영원의 세계를 인식하며 살아야 합니다. 그래야 욕심을 버릴 수 있습니다. 나이가 들면서 하나씩 비워야 함을 깨닫습니다. 많이 비울수록 주님으로 채워지기 때문입니다.

성경에 맛디댜라는 사람이 나옵니다. 그는 떡 굽는 사람이고, 성경에 그의 이름은 단 한줄 적혀있습니다. 그는 가난한 자요, 부족한 자였지만 그가 구운 떡을 많은 예배자들과 나누었습니다. 그는 다른 사람을 부요하게 하는 사람이었습니다. 그는 자신의 삶에 충실한 사람이었습니다. 그는 아무것도 없는 사람 같아보였으나 모든 것을 가진 사람이었습니다. 사람들에게는 무명인일지라도 하나님께 기억되는 그런 사람이고 싶습니다.

'인간이 변할 수 있는 길'

인간은 절대로 변할 수 없지만 변할 수 있는 길이 있습니다. 창조주 하나님이 내 속에 살고 계시다는 것을 믿을 때 변하게 됩니다. 인간이 변하지 않는 것은 하나님의 말씀을 교리로 받아들이기 때문입니다.

손양원 목사님은 두 아들을 죽인 살인자를 양자로 삼았습니다. 참 대단하신 분이지만 우리는 인간에게 주목하지 않아야 합니다. 목사님 안에 계신 주님을 보아야 합니다. 손 목사님은 주님의 그릇으로서의 역할에 충실하게 사신 것입니다. 아마 그 상황에서 자신이 죽고 주님이 사시도록 했기 때문에 가능한 일이라 믿습니다. 이런 관점으로 보아야 사람보다 주님을 더 크신 분으로 보게 됩니다.

저는 개인적으로 사람은 변할 수 없지만 '내가 죽고 주님이 사실 때' 변화된 모습을 볼 수 있다고 생각합니다. 그러나 한 번 변한다고 영원히 변하는 것이 아니라 순간순간 자신을 부인할 때만 변화되는 것입니다.

요즘 저는 남편의 변화를 보며 하나님께 감사하고 있습니다. 20여 년 동안 하나님은 남편을 나를 훈련하는 도구로 사용하셨습니다. 남편을 통해 하나님은 인간은 절대 의지의 대상이 아니라 사랑의 대상이라는 것을 깨닫게 하셨고, 어떤 사람도 그 안에 주님이 주인이 될 때만 믿음의 대상이라는 것입니다. 놀라운 은혜는 사람을 의지하지 않고 주님만 의지하니 이제는 사람을 통해 하나님 자신을 나타내 주십니다.

제가 율법 신앙으로 살 때는 남편에게 지적을 많이 했습니다. '신앙생활을 이렇게 하라. 왜 기도하지 않는가? 예배에 잘 참석해라.' 그때는 남편의 반응이 '너나 잘하라'고 모든 화살이 저에게 부메랑이 되어 날아왔습니다. 제가 하려는 모든 수고를 주님께 맡기고 '내가 죽고 예수로 사는 삶'을 실천하게 되면서 제 속에 역사하시는 하나님의 능력을 간접적으로 체험하던 남편이 이제는 자신도 '내가 죽고 예수로 사는 삶'을 실천하게 된 것입니다. 자신이 죽으니 마음이 평안하다고 합니다. 이렇게 남편의 신앙까지도 내가 하려던 모든 수고를 주님께 맡기고 기도하니 이제는 주님이 주인 된 화평한 가정이 되었습니다.

'내 안에 주님이 사십니다. 그분은 나의 주인이십니다.' 날마다 이런 고백을 하시기 바랍니다. 처음에는 믿어지지 않을 수도 있습니다. 그러나 순간순간 고백하다 보면 어느 순간에 정말 주님이 내 속에서 나를 통제하신다는 것을 체험하게 됩니다. 그래서 쉬지 않고 기도를 하게 됩니다. 주님이 삶을 해석해 주시기 때문에 어떤 상황에서도 감사할 수 있습니다. 주님 때문에 웃음이 납니다. 환경이 좋아서가 아니라 어떤 환경 속에도 주님이 계시기 때문입니다. 지옥이 지옥인 것은 주님이 안 계시기 때문입니다. 그러나 지옥도 주님이 계시면 천국이 됩니다. 천국도 주님이 안 계시면 지옥이 됩니다. 주님이 계신 곳이 천국입니다. 특히 배우자, 자녀 때문에 눈물로 기도하시는 분이 계신다면 확신을 가지시기 바랍니다. 그러나 전제조건이 있습니다. 내가 먼저 십자가에서 죽어야 합니다. 그래야 내 안에 계시는 주님이 상대에게 전해질 수 있습니다. 나를 통해 주님만 나타난다면 누구든 변합니다. 날마다 내가 죽을 때 가정은 천국이 됩니다.

'전도의 원리, 십자가 복음'

복음서를 보면 예수를 만난 사람은 누구든지 예수를 믿게 됩니다. 그러나 지금은 예수를 만날 수 없습니다. 예수 믿는 나를 통해서만 예수를 만나게 됩니다. 예수를 만나는 길은 내 자아가 죽고, 내 안에 계신 주님이 나타나실 때 제3자가 예수를 보게 됩니다. 즉 십자가 복음을 실천하는 사람만 전도를 할 수 있습니다. 내가 죽지 않으면 성령이 역사하실 수 없기 때문입니다.

전도는 누구에게나 부담이 되는 일입니다. 그러나 이것은 전도의 원리를 모르기 때문입니다. 전도의 주체는 성령입니다. 우리가 할 일은 우리 주위에 죽어가는 영혼에 대한 사람의 마음을 품는 것입니다. 그 영혼을 위해 기도할 때 주님께서 마음을 주십니다. 그 사람을 찾아가라든지, 그의 필요를 충족시켜주라든지, 우리가 할 일은 주님께서 주시는 마음에 순종하는 것뿐입니다. 대부분 전도를 하지 않으려고 하는 것은 그 열매를 내가 맺으려고 하기 때문입니다. 전도하면서 무슨 말을 해야 할까에 대해서도 염려할 필요가 없습니다. 주님의 증인이 되면 주님이 내 입을 통해 말씀하신다는 것을 알게 됩니다.

주님의 증인이 된다는 것은 내가 만난 예수, 내가 체험한 예수, 내게 역사하신 예수를 소개하는 것입니다. 내가 하는 일은 주님께서 주시는 마음에 순종하며 과정에 최선을 다하는 것입니다. 때가 되면 누구를 통해서든 그 영혼을 구원하시는 분은 하나님이십니다. 이런 전도의 원리를 알고 나면 전도가 너무나 쉽습니다.

특히 가족 전도는 십자가 원리가 체험되지 않으면 쉽지 않습니다. 내가 죽고 내 안에 예수가 살아야 가족들에게 내가 믿는 예수가 전달됩니다. 아직 가족 구원을 위해 기도하고 있다면 주님 안에서 그 사람의 구원은 이미 이루어졌다고 믿어야 합니다. 그리고 내가 할 일은 날마다 그 사람에게 반응하지 않는 것입니다. 반응하지 않을 때 주님의 역사가 일어나게 됩니다. 내가 죽으면 가족 전체가 십자가 복음으로 가정이 천국이 됩니다. 주님은 내가 죽기 원하십니다. 전도는 주님의 관심에 순종하는 것입니다.

'절망에서 소망으로'

우리는 일상의 삶에서 매일 절망하고 또 매일 소망을 꿈꾸고 있습니다. 이렇게 절망과 소망이 교차되는 것이 일상인 것 같습니다. 소망이 절망을 이겨야 살 수 있습니다. 절망이 겹쳐서 올 때 우울증이 옵니다. 우울증은 만병의 근원이 됩니다.

그런데 인간의 문제는 스스로 절망을 이길 수 없다는 것입니다. 믿음이 연약한 사람들은 절망에서 벗어나기 위해 오히려 세상으로 나가게 됩니다. 갈증은 있는데 그 갈증을 채워줄 그 무엇을 찾지 못했기 때문에 쾌락을 통해 찾는 것 같습니다. 그래서 더 높은 것, 더 큰 것, 더 좋은 것, 더,

더, 더를 찾다가 결국 자신을 망가뜨리게 되기도 합니다. 사회면의 뉴스를 접할 때마다 느끼는 것은 세상적인 성공은 더 높은 것을 찾다가 결국 추락하게 됩니다. 완벽하지 못한 인간이기에 결국 자기 무덤을 스스로 파는 것 같습니다. 이것은 세상뿐 아니라 기독교 안에도 같은 모습을 보게 되어 안타까울 뿐입니다.

그런데 예수를 잘 믿어도 순간 어둠이 들어올 수 있습니다. 순간 들어오는 부정적인 생각, 작은 어둠의 틈을 허용할 때 오는 절망입니다. '절망은 죽음에 이르는 병'이라고 합니다. 새가 머리 위로 날 수는 있지만 그 새가 머리 위에 둥지를 틀지 못하도록 막는 것은 내가 할 일입니다. 절망이 들어올 수 있지만 자리를 잡지 않도록 늘 심령을 살펴야 할 것입니다. 이렇게 순간 들어오는 작은 어둠을 허용하지 않아야 합니다. 그래서 날마다 깨어 기도하며 마음을 살피라는 것입니다.

우리의 목표가 영원한 천국에 있을 때 이 세상의 모든 일들은 지나는 과정이 될 것입니다. 그래서 주님은 우리에게 항상 기쁨의 상태를 유지하라고 하십니다. 기뻐할 때만 우울을 이길 수 있습니다. 절망은 열정을 잃어버릴 때 옵니다. 대부분 절망하는 것은 때를 놓쳤다고 생각하기 때문입니다. 그러므로 깨어 기도하며 자신에게 오는 기회를 놓치지 말아야 합니다. 만일 기회를 놓쳤다 해도 깨어 기도하면 또 다른 기회가 옵니다.

모세는 40세에 자신이 민족을 구원할 기회라고 생각했습니다. 그러나 하나님의 때가 아니었습니다. 미디안으로 쫓겨나 모든 것이 끝났다고 자책하며 절망 가운데 우울해 합니다. 그러나 이미 지나간 과거에 붙들리지 않고 매일 깨어 기도하니 하나님께서 하나님의 때에 새로운 길을 여십니다. 칼빈은 우울증을 극복한 후 기독교강요를 집필했고, 마르틴 루터는 우울증을 극복한 후 종교개혁을 일으킬 수 있었습니다.

며칠 전 작은 생각 하나가 제 마음에 들어왔습니다. 그 생각을 무심코 받아들이니 마음 전체가 어둠으로 가득 차는 것을 체험하게 되었습니다. 작은 생각이 점점 커지더니 제 마음을 옥죄어 오는 것입니다. 죽을 것 같은 절망이 체험되었습니다. 그래서 기도의 자리로 가서 주님의 긍휼을 구하는 기도를 했습니다. 부정의 생각은 불신앙에서 오는 것입니다. 하나님을 절대 신뢰하지 못하니 불신앙이 마음에 들어온 것입니다. 그 부분에 대해 회개하고 나니 마음에 평안이 찾아왔습니다.

우리는 택함을 받았다는 것만으로도 가장 큰 축복을 받은 것입니다. 조금만 마음이 불편해도 기도할 수 있고, 기도할 때 위로하시는 주님을 만나게 됩니다. 그래서 늘 감사하고 행복합니다. 세상 사람들에게 이런 영원의 세계가 있다는 것을 알려주는 것이 복음인 것 같습니다.

'항상 기뻐하라. 쉬지 말고 기도하라. 범사에 감사하라.' 이 말씀만 지킬 수 있다면 늘 마음의 평안을 유지할 수 있을 것입니다. 매일의 절망에서 벗어나는 길, 우리의 소망 되시는 주님을 바라보는 것입니다.

'절망의 은혜'

주님은 세상의 미련한 것을 택하셔서 지혜 있는 자들을 부끄럽게 하시고, 약한 것들을 택하셔서 강한 것들을 부끄럽게 하십니다. 인간은 한치 앞을 보지 못하기에 하나님의 관점으로 세상을 바라보면 인간의 지혜가 얼마나 무지한지 알게 됩니다. 하나님의 나라에 들어가는 유일한 길은 어린아이처럼 되는 것입니다. 그러므로 세상의 것들은 적을수록 좋고, 없는 것이 가장 좋습니다.

사람들 가운데 가장 작은 자가 하나님 나라에서 가장 높은 자리를 얻고, 가난하고 갈급한 마음으로 하나님을 찾는 사람에게 하나님은 영광스러운 자리를 주십니다. 이것이 바로 영점의 가치입니다. 영점의 가치는 주님을 향해 목말라 하는 것입니다.

우리는 절망의 은혜를 깨달아야 합니다. 가장 낮은 곳에 처했을 때 비로소 하나님의 높으신 부르심이 시작됩니다. 가장 낮은 곳에 처했을 때 주님을 향한 갈망을 가지고 주님은 그곳에서 나에 대한 계획을 준비하십니다. 나의 비워짐은 그분의 채우심을 충족하기에 충분합니다. 비워짐이 중요한 것은 오직 주님만을 전적으로 신뢰할 수 있는 완벽한 기회이기 때문입니다. 하나님과의 거룩한 대면은 인간의 연약함과 하나님의 강함이 교차하는 지점, 인간의 공허함과 하나님의 채우심이 연락하는 지점에서 일어납니다.

-토미 테니의 하나님의 관점-

언젠가 하나님께서 가정을 흩으셨을 때 왜? 라는 의문을 가진 적이 있습니다. 그런데 그렇게 하신 이유가 모래성 위에 세워진 가정을 무너트리고 그리스도의 반석 위에 세우시기 위함이었다는 것을 알았을 때 하나님의 생각은 내 생각보다 더 높다는 것을 이해하게 되었습니다. 때로는 우리가 이해할 수 없는 일도, 주님을 신뢰하고 주님의 관점으로 그 상황을 바라보면 그 상황에서 우리 삶의 구원을 이루어 가시는 하나님을 발견하게 됩니다. 그래서 어떤 이해할 수 없는 상황에서도 감사할 수 있게 됩니다. 상황 때문에 감사하는 것이 아니라 신뢰하시는 주님이 내 삶에 개입하셨기 때문입니다. 절망 속에서 하나님의 은혜를 깨달음이 축복입니다.

'주님을 바라보라'

구원 받은 우리 모두는 하나님의 뜻 가운데 부르심을 받은 자들입니다. 예전에는 하나님의 뜻을 이루기 위해 내가 무언가를 해야 한다고 생각했습니다. 그런데 내가 죽고 예수가 사는 삶을 실천하게 되면서 하나님의 뜻을 이루어 가는데 내가 할 일이 아무것도 없다는 것을 발견하게 됩니다. 내가 할 일은 내 생각이 없도록 나를 비우는 것입니다.

하나님은 내가 가는 길의 방향을 바꾸어가며 하나님의 뜻을 이루어가십니다. 내가 이루는 것이 아니라 내 안에 계신 주님이 그분의 일을 이루십니다. 단 내가 주님의 뜻에 순종할 때입니다. 나는 그릇이라는 것을 잊지 말아야 합니다. 계획도 하나님이 세우시고, 일을 이루어가는 것도 하나님이 하십니다. 내가 하려고 하면 하나님은 하던 일을 멈추십니다. 우리가 잊지 말아야 할 것은 그릇은 그릇일 뿐이라는 것입니다.

크고 작은 문제들이 생길 때마다 하나님을 바라봅니다. 그리고 이런 생각을 합니다. 내가 하나님을 택한 것이 아니라 하나님, 그분이 나를 택하셨습니다. 이 세상은 하나님을 믿지 않는 많은 사람들 가운데 나를 택하셨다는 것만으로도 감사의 고백이 됩니다. 그리고 이런 문제를 허락하신 하나님을 신뢰합니다. 그분은 전지전능하신 분이십니다. 하나님이 마음만 먹으면 얼마든지 환경을 바꾸실 분입니다. 그 문제를 허락하신 것은 내게 믿음을 키우는 훈련입니다. 가장 나를 평안하게 해주는 하나님의 속성은 '사랑'입니다. 하나님은 사랑의 하나님이십니다. 인간의 부모도 자식에게는 좋은 것을 주기 원합니다. 그런데 사랑의 하나님이 내게 고난을 허락하셨다면 반드시 그 고난을 통해 내게 유익을 주실 것이라는 믿음만 있으면 고난은 더 이상 고난이 되지 않습니다.

하나님의 뜻에 합당하도록 부르심을 받은 사람은 이미 하나님께서 그 사람을 통해 일하시기로 작정하신 것입니다. 우리가 할 일은 나를 비우고 주님이 나를 통해 사시도록 하는 것입니다. 그릇의 역할을 잘 감당하는 사람이 하나님이 부르신 사람입니다.

'진리가 자유케 하리라'

내 속에 있는 육신의 세력을 좇아내는 길은 예수 안으로 들어가는 것입니다. 우리는 육신의 속성이 강하기 때문에 은혜를 받아도 죄를 지을 수밖에 없습니다. 죄를 안 짓겠다고 발버둥거려도 죄성으로 인해 죄를 짓게 됩니다. 캄캄한 방안에 스위치를 올리면 순간 어둠이 물러갑니다. 이와 같이 우리도 주님 안으로 들어가면 죄에서 끊어집니다. 우리 스스로는 절대로 죄를 이길 수 없지만 주님 안에 있을 때만 죄에서 멀어집니다. 그러므로 우리가 노력할 것은 늘 주님 안에서 벗어나지 않는 것입니다.

'진리가 너희를 자유케 하리라' 이 말씀은 큰 위로를 줍니다. 율법에 갇혀 사는 동안 '이것은 옳은 일인가? 그른 일인가?' 그것을 많이 따졌습니다. 그런데 어느 날 진리가 날 자유케 한다는 말씀을 묵상하게 되면서 어떤 일을 할지라도 주님과 함께 하면 내가 자유할 수 있겠구나, 그런 깨달음을 얻게 되었습니다.

우리가 옳다고 생각하는 일도 주님이 안계시면 옳은 것이 아니고, 내가 그르다고 생각하는 일도 주님이 계시면 옳다는 것입니다. 결론적으로 주님이 해답이라는 것입니다. 그래서 모든 것으로부터 자유해질 수 있었습니다. 주님 계신 곳이 천국이요, 주님과 함께 하는 일이 옳은 일이기 때문입니다.

'진정한 쉼의 원리'

가끔 머리가 복잡할 때는 하나님이 창조하신 자연 속으로 들어가 그 속에서 역사하시는 주님을 체험하는 것이 치유의 방법이 되기도 합니다. 잠시 쉼의 시간을 가지며 하나님의 섭리 가운데 책을 고르게 하셨고, 책을 통해 말씀하시는 하나님을 만나는 시간을 갖게 되었습니다. 가끔은 일탈의 삶 속에서 쉼을 얻기도 하고, 주님을 더 깊이 만나는 세계로 들어가기도 합니다.

기온변화로 인해 곳곳에 피어있는 아름다운 꽃 속에 눈발을 보기도 하고, 두 계절을 체험하기도 합니다. 때로는 험한 환경 속에서 주님을 체험함으로 롤러코스터를 타고 천국과 지옥을 체험하기도 합니다. 그런데 놀라운 것은 거친 파도가 일어날수록 파도타기를 배우면 파도가 무섭지 않고 오히려 파도를 즐기게 된다는 것입니다. 그리스도인의 삶이 그런 것 같습니다. 우리에게 다가오는 고난을 피할 것이 아니라 고난을 즐길 줄 알아야 합니다. 고난을 즐기는 인생은 무의미하지 않습니다. 고난 뒤에는 반드시 축복이란 선물이 따라오기 때문입니다.

우리 인생은 물리적인 단순함 속에서 오는 평안보다는 오히려 비바람 속에서 고요한 평안을 얻는 것이 더 값진 인생이 아닐까 생각해 봅니다. 살아온 인생을 뒤돌아보니 유난히 굴곡이 많았던 삶이었습니다. 파도타기를 즐길 수 있다는 것을 모를 때는 파도가 겁나고 두려웠습니다. 그러나 이제는 파도를 즐기고 있는 제 자신을 보게 되었습니다. 그 이유는 내 삶에서 내려놓는 만큼 주님으로 채워짐을 알았기 때문인 것 같습니다. 주님으로 채워지니 폭풍이 두렵지 않았습니다. 오히려 주님 안으로 들어가니 그곳은 놀라운 평안의 장소였던 것입니다. 이제는 세상을 사는 방법을 조금은 배운 것 같습니다.

책은 참으로 좋은 친구입니다. 내가 미처 경험하지 못한 것들을 책을 통해 가르쳐줍니다. 저자의 경험을 내 경험으로 받아들이고, 그들의 경험을 믿기만 하면 놀랍게도 내게 더 많은 깨달음을 제공해 줍니다. 그래서 하나님을 만난 사람들의 책을 많이 읽습니다. 그러면 간접경험을 통해 그분이 만난 하나님이 내게 전해집니다. 그래서 더 깊은 하나님의 사랑을 체험하게 됩니다. 이런 시간들을 갖는 것이 진정한 쉼을 공급해 줍니다.

'진정한 십자가'

십자가에는 두 개의 십자가가 있습니다. '착각의 십자가'와 '복음의 십자가'입니다. '착각의 십자가'는 신앙 때문에 얻게 된 고난이 아니라 인간의 욕심과 죄로 인해 생긴 고난입니다. 반면 '복음의 십자가'는 신앙을 버리면 겪지 않아도 될 불이익과 고난이지만, 순전히 예수님을 믿기 때문에 맞게 되는 고난입니다. 우리가 져야 할 십자가는 복음의 십자가입니다. 자신의 잘못으로 생긴 문제는 회개해야 할 문제입니다. 세상의 자극 앞에 반응하지 않는 것, 주님만 바라볼 때 모든 문제가 해결됩니다.

마카리우스가 꿈을 꾸었는데 주님이 힘겹게 십자가를 지고 가십니다. 마카리우스는 주님께 십자가를 자신이 대신 지겠다고 하니 주님이 묵묵히 걸어가십니다. 마카리우스는 또 다시 달려가 "주님, 제발 저에게 십자가를 넘겨주세요."라고 간청했습니다. 그런데 주님이 또 다시 모른 체하며 묵묵히 걸어가셨습니다. 마카리우스는 가슴이 아프고 당혹스러웠지만, 그래도 끈기 있게 주님 곁에 따라붙으며 십자가를 넘겨 달라고 애원했습니다. 그러자 주님은 십자가를 양어깨에 둘러맨 채 발걸음을 멈추더니 "아들아, 이것은 내 십자가란다. 네가 조금 전에 내려놓은 네 십자가는 저기 있지 않니? 내 십자가를 져 주려고 하기 전에 네 십자가부터 지려무나." 마카리우스가 뒤돌아 주님이 가리킨 곳을 보니 자신의 십자가가 모래 바닥에 뒹굴고 있었습니다. 그는 얼른 그 십자가를 지고 주님이 기다리시는 곳으로 되돌아왔습니다. 놀랍게도 주님의 어깨에 있던 십자가가 안 보입니다. "주님, 주님의 십자가는 어디로 갔습니까?" 주님은 빙긋이 웃으며 말씀하십니다. "아들아, 네가 사랑의 마음으로 네 십자가를 지는 것이 바로 내 십자가를 지는 것이란다."

하나님은 우리를 가장 잘 아십니다. 내가 만난 그 십자가는 나에게 가장 맞춤형 십자가입니다. 고난을 불평하지 않고 감사로 받아들일 때 십자가는 내게 능력으로 다가옵니다. 내가 죽을 때 나를 통해 주님이 나타나십니다. 십자가 복음은 새사람으로 변화입니다. 나에게 주어진 환경은 내게 맞는 십자가입니다. 우리가 십자가를 기쁘게 질 때 환경을 초월하게 됩니다.

'진정한 회개'

리차드 백스터 목사님은 진정한 회개에 대해 이같이 말씀하십니다. "회개란 마음의 경향과 삶의 풍조를 완전히 변화시키고 이전에 육신의 행복을 위해 취했던 모든 것을 전격적으로 폐기하는 것이다. 또 전과 같은 목적으로 사는 것과 이전에 추진하던 꿍꿍이와 속셈과 계획을 즉시 중단하는 것이다. 한마디로 회개는 새로운 피조물로 변화되는 것이다."

어느 마을에서 두 사람이 양을 도둑질하다 잡혔습니다. 그 마을에서는 양을 도둑질하다 잡히면 벌로 'ST'라는 낙인을 찍는 풍습이 있었습니다. S는 'Sheep'(양)의 첫 글자, T는 'Thief'(도둑)의 첫 글자입니다. 이마에 양 도둑이라는 낙인이 찍힌 이들 중 한 사람은 먼 곳으로 도망갔습니다. 다른 한 사람은 자신의 잘못을 철저히 회개하고 진실하게 살기로 결심을 한 후, 그 마을에서 많은 사람들을 도와주고 불행한 이웃을 보살피며 열심히 봉사했습니다. 변화된 그의 모습이 주위 사람들에게 감동을 주었습니다. 오랜 세월이 흘러 그 마을에서 살던 사람들이 하나 둘 죽고, 양을 도둑질했던 그의 과거를 아는 사람들도 줄어들었습니다. 어느덧 할아버지가 된 그는 학교 졸업식에 초청받아 축사를 할 정도로 존경받는 사람이 되었습니다. 양 도둑의 이마에 낙인을 찍는 풍습이 사라졌을 때 동네 아이들은 그의 이마에 찍힌 ST라는 글자를 보며 그것이 무슨 뜻일까 궁금해 졌습니다. 그래서 자기들끼리 해석하였습니다. "분명 'Saint'(성자)의 약자일거야. 저 할아버지는 늘 성자처럼 사시니까."

죄에 대해 분노하고 징계하시는 하나님 앞에 진정으로 회개한 사람은 이렇게 삶이 변화됩니다. 교만하던 모습은 겸손한 모습으로, 혈기 부리던 모습은 온유한 모습으로, 거짓을 일삼던 모습은 진실한 모습으로 바뀌게 됩니다. 바로 이런 변화가 하나님께 용서 받은 사람이 드리는 영적 예배입니다.

많은 사람들이 행복한 웃음을 웃을 때 하필 왜? 나만 고난을 당하는지 하나님께 늘 투정을 부렸습니다. 성경의 지식으로 고난이 유익임을 알았지만 그것을 마음으로 받아들이지 못했습니다. 그러나 무릎을 꿇고 기도하는 시간들이 길어지고, 차츰 한 가지씩 내가 가지고 있던 생각, 경험, 지식이 버려지게 되면서 하나님의 마음을 내 마음으로 받아들이게 되니 가슴 벅차오르는 감사가 솟아오릅니다. 하필 그 사람이 나였던 것에 대한 감사였습니다.

고난이 준 유익은 시간이 갈수록 세상 어느 것과도 바꿀 수 없는 보화가 되었습니다. 하나님이 내게 주신 것은 주님 자신이었습니다. 그분이 주시는 어떤 것이 아니라 그분 존재 자체를 주신 것입니다. 이 세상의 것들은 아무리 많은 것을 소유할지라도 시간이 지나면 다 사라질 것들입니다. 그런데 하나님의 존재는 영원한 분으로 이 세상의 시간이 지날수록 내게 꼭 필요한 것이었습니다. 이제 시간이 지나면 이 세상이 나를 떠나가게 될 것입니다. 그때 세상의 많은 소유는 내게 더 이상 필요하지 않을 것입니다. 영원의 세계에서 필요한 하나님, 그 자신이 내게 있다면 내가 살아갈 영원한 세계의 삶은 결코 두렵지 않을 것입니다. 이 땅에서 사는 동안 우리가 준비할 것은 영원 세계에 대한 것들입니다. 이 세상은 사라질 그림자와 같은 것이며 영원한 세계만 내게 남아 있습니다. 고난은 이 땅에서 영원의 세계를 준비하도록 합니다. 그리고 그 세계의 주인이신 주님을 소유하도록 합니다. 이 땅에서의 자유함과 영원한 세계에서 살아갈 원동력이 고난을 통해 내게 다가오는 것입니다. 고난을 통해 영원세계의 주인이신 주님 자신을 소유하는 것이 우리의 진정한 회개의 결과일 것입니다.

'하나님만 바라보라'

미국의 영적 지도자인 '조이스 마이어'는 아무것도 염려하지 말라'는 책을 통해 성도가 날마다 싸워야 할 원수는 마음속에 찾아오는 염려, 근심, 두려움이라고 합니다. 날마다 이것을 물리치고 극복해야 믿음이 성장하고, 능력 받고 승리하게 됩니다. 어찌 보면 하찮은 일 같고 마음속에서 은밀히 이루어지기 때문에 사람들이 인식하기 어려워 무시하지만 결국 마음의 염려 때문에 인간이 쓰러지고 넘어지게 됩니다.

천 년을 지낸 고목나무가 하루아침에 쓰러졌습니다. 자세히 조사해 보니 작은 불개미들이 오랜 시간 동안 고목나무에 드나들며 뿌리를 쪼아버린 것입니다. 우리가 병들고 넘어지는 것은 큰 문제에서 오는 것이 아니라 우리 일상에서 날마다 파고드는 염려, 근심, 걱정의 두려움이 우리를 넘어트리는 것입니다. 이런 염려와 근심은 현대인에게 가장 큰 사망의 원인이 되는 암, 심혈관 질환, 우울증, 공황증을 동반한 자살의 원인이 되기도 합니다. 마음의 충격과 근심, 걱정, 두려움이 가장 무서운 적입니다.

우리 인생은 모든 면에 있어 율동적인 요소를 지닙니다. 그래서 본질적으로 상승무드를 탈 때도 있고, 하락 현상을 나타내기도 합니다. 그래서 어떤 때에는 아주 기분이 좋기도 하고, 어떤 때는 스스로 우울에 빠지기도 합니다. 낙심 자체를 불안의 요소로 받아들이지 말고 낙심이 왔을 때 효과적으로 대처할 수 있는 믿음을 가져야 합니다. 믿음만 있으면 낙심은 얼마든지 극복할 수 있습니다.

교통사고로 큰 부상을 입고 휠체어 신세가 된 젊은이가 간호사에게 질문을 했습니다. "내게 미래가 있다고 생각합니까?" 그때 간호사가 대답하기를 "장대높이뛰기 선수로서는 no! 하지만 인간으로서는 yes!입니다." 인간에게 부분적인 불행은 있을 수 있지만 절대적 불행은 없습니다. 마찬가지로 일시적인 낙심은 있을 수 있어도 영원한 낙심은 없습니다. 소망의 하나님을 의뢰하는 그리스도인들에게 영원한 낙심은 없습니다.

'하나님에 대한 신뢰'

로버트 슐러 목사님이 부흥회를 인도하던 중 딸이 교통사고로 사경을 헤매고 있다는 연락을 받았습니다. 그런 상황 속에서 부흥회를 진행하며 "지금 내게는 가장 힘든 시간이지만 하나님은 내가 모르는 위대한 일을 시작하셨습니다."라고 말씀하며 인내의 시간을 견디셨습니다.

우리의 삶이 가장 힘들 때 전혀 알 수 없는 일들 속에서 하나님의 침묵은 참으로 야속합니다. 그러나 우리가 지금은 알지 못하지만 하나님은 위대한 일을 이루고 계신다는 믿음을 가져야 우리가 그 시간을 극복할 수 있습니다. 성경의 위대한 인물들의 결과만 보면 참 대단하다고 생각할 수 있지만 그 사람들이 얼마나 많은 시간 동안 하나님의 침묵을 견디어 내었는지를 볼 수 있어야 합니다. 하나님이 침묵하는 동안 부지런히 일하시는 하나님의 사랑을 볼 수 있다면 오히려 침묵의 시간은 하나님과 깊은 교제의 시간이 될 수 있습니다. 하나님이 침묵하시는 동안 하나님의 선하심을 끝까지 믿는 길은 하나님과 교제하는 것입니다. 하나님의 임재 안에 머물게 되면 왜 고난이 왔는지, 그 해답을 알게 됩니다. 말씀을 통해, 생각을 통해, 다른 사람의 간증을 통해 내가 바꾸어야 할 믿음의 태도를 알려주십니다. 우리 상황이 어려운 것은 결코 문제가 되지 않습니다. 하나님과의 교제를 포기하는 것이 문제입니다.

하나님이 침묵하실 때 우리가 생각해야 할 것이 있습니다. 하나님이 행동하는 시기가 있다는 것입니다. 마치 때가 무르익었을 때 과일을 수확해야 그 과일이 맛이 있듯이 하나님은 어떤 일을 하기에 적절한 시기를 기다리십니다. 그 기다림의 시간이 우리에게는 지루하게 느껴지지만 우리의 형편을 가장 잘 알고 계시는 하나님은 가장 적절한 시기를 고르십니다. 침묵의 시기가 지나면 하나님이 행동하실 때가 반드시 옵니다.

하나님이 침묵한다고 느낄 때 주님은 침묵하는 것이 아니라 우리와 함께 고통을 나누고 계십니다. 주님 때문에 당하는 고난은 하나님이 함께 하십니다. 그리스도와 함께 멍에를 멜 때 그 멍에는 어떤 고난도 무겁지 않습니다. 주님이 그 멍에를 지시기 때문입니다. 하나님이 침묵하실 때, 그분을 신뢰하는 믿음이 그 시간을 넉넉히 이겨낼 수 있게 해줍니다.

'하나님의 기쁨'

미국 LA에서 올림픽이 열렸을 때의 일입니다. 중국 선수 하나가 다이빙 종목에서 금메달을 땄습니다. 그 선수의 인터뷰 장면이 참 감동이었습니다. 단거리 종목은 체형이 작은 아시아 선수들이 불리합니다. 그런데 중국 선수가 금메달을 딴 것입니다. 아주 유연하고 침착한 자세로 멋진 폼을 내며 다이빙에 성공하여 금메달을 딴 것입니다. 한 기자가 "당신은 서양 선수들에

비해 왜소한 체격을 가졌는데 그것을 뛰어넘어 유연한 동작, 침착한 자세, 두려움이 없는 멋지고 놀라운 모습으로 다이빙에 성공한 비결이 무엇인가요?"라고 물었습니다. 이때 선수가 아주 흥미 있는 대답을 했습니다. "어머니 때문입니다." "어머니 때문이라니요?"라고 되묻자 그녀는 자기 어머니에 대한 이야기를 하였습니다.

"내가 어렸을 때 나는 100M 달리기 경주를 좋아했습니다. 그래서 경기에 자주 나갔지만 자주 넘어졌고 매번 입상권 안에 들지 못했습니다. 그때마다 어머니는 '사랑하는 딸아, 나에게는 네가 일등을 하는 것보다 네가 넘어졌지만 다시 일어나는 모습이 더 아름다웠단다. 네가 다시 일어나는 모습이 일등을 하는 것보다 내게는 더 뿌듯했단다'라고 말씀해 주셨습니다. 그리고 내가 다이빙을 시작할 때 어머니는 걱정스러운 모습으로 지켜보셨지요. 때로는 실수도 하고, 때로는 잘못할 때도 있었지만 그때마다 어머니는 똑같은 말씀을 하셨습니다. '일등은 문제가 아니야 나는 네가 운동하는 그 모습, 그 자체가 나에게 기쁨이란다.' 나는 다이빙의 스탠드에 설 때마다 어머니를 떠올립니다. 그러면 저절로 웃음이 나오고 긴장이 풀어지기 때문에 침착한 모습으로 언제나 경기에 임할 수 있답니다. 제가 금메달을 딸 수 있었던 비결은 바로 어머니 때문입니다."

살다 보면 우리가 넘어지고 쓰러지는 순간들이 있습니다. 그러나 일어나는 모습을 보고 하나님은 빙그레 웃으시며 '일어나는 네 모습이 더 아름답구나. 나는 네가 살아 있고 존재하는 그 자체가 나에게 기쁨이란다. 너라는 존재는 나에게 소중한 기쁨이란다'라고 말씀하십니다.

"너의 하나님 여호와가 너의 가운데 계시니, 그가 너로 인하여 기쁨을 이

기지 못하시며 너를 잠잠히 사랑하시며 너로 인하여 즐거이 부르며 기뻐하시리라 하리라"(스바냐 3:17)

하나님께서 인간을 창조하실 때 하나님께 영광 돌리는 사명을 주셨습니다. 그러므로 하나님께 영광 돌리는 사명으로 살아가는 것이 가장 잘 사는 삶입니다.

인간의 존재의미는 하나님이 만드신 목적대로 사는 것이 가장 합당한 삶입니다. 하나님은 인간이 창조의 의미를 깨닫고 겸손하게 피조물로서의 삶을 사는 것을 기뻐하십니다. 이런 사람들에게 누림의 은혜를 주십니다. '누린다'는 것은 하늘의 은혜를 훔치는 것입니다. 소유의 삶을 살면 샹들리에가 걸려 있는 천장만 보며 살지만, 존재지향의 삶을 사는 사람은 별이 빛나는 하늘을 보며 살아갑니다. 소유로서의 삶은 자신의 울타리 안의 정원을 즐기지만 존재 지향의 삶을 사는 사람은 온 지구를 정원으로 즐길 수 있습니다. 지금 내게 주어진 것을 누리는 삶이 존재로서의 삶입니다. 주님이 내 속에 사시기 때문에 우리가 살아갈 이유가 되는 것입니다. 이런 삶이 복된 삶입니다. 소유가 아닌 존재의 목적을 깨달을 때 이 땅에서 천국의 삶을 누리게 됩니다.

'하나님의 기준'

하나님 안에 들어가면 들어갈수록 세상의 일에 관심이 사라집니다. 그리고 다른 사람과의 비교가 사라지게 됩니다. 그것은 나를 향하신 하나님의 섭리를 인정하는 것입니다. 비교가 사라진다는 것은 각 사람이 하나님의 지체임을 인정하는 것입니다. 그리고 내게 주어진 역할에만 최선을 다하면 된다는 것을 깨달은 것입니다. 내게 주어진 환경이 주님이 주신 것이라고 믿으면 감사할 수 있습니다. 세상적인 관점의 비교는 하늘을 바라보기 때문에 벗어날 수 있습니다. 그래서 가끔은 주님 생각하며 행복의 눈물을 흘립니다.

어느 목사님의 고백이 제 마음을 흔들었습니다. "저는 제 아들을 위해 기도합니다. 큰 교회에서 능력 있는 목사가 되게 해 달라는 기도는 하지 않습니다. 주님을 만난 기쁨이 너무도 크기 때문에 저는 이 세상에서 성공을 기도하지 않습니다. 그저 제 아들이 노숙인들을 품에 안고 그들과 함께 뒹굴며 그들을 위해 사역하는 목사가 되기를 기도하고 있습니다." 그 목사님의 고백은 제게 충격이었습니다. 그리고 아직도 제 안에 세상적인 찌꺼기가 남아 있음이 부끄러웠습니다. 그래서 회개하고 또 회개하였습니다. 순수한 예수를 바라보는 것이 아니라 예수 그리고 플러스가 있었습니다. 주님께 더 많이 집중하기를 기도합니다.

오직 하나님만 바라보는 젊은 목회자가 있습니다. 그는 겨울에는 냉방에서 지내고 있습니다. 늘 가난해서 눈물로 허기를 채우며 하나님만 바라볼 수밖에 없습니다. 그는 일용할 양식이 떨어져도 걱정하지 않습니다. 하늘에서 적당한 때에 공급해 주시기 때문입니다. 누가 그를 실패한 목회자라고 할 수 있을까요? 인간의 기준이 아니라 하나님의 기준으로 보아야 합니다. 그는 분명 하나님의 기준으로 성공한 목회자입니다.

우리가 하나님의 관점으로 세상을 바라보면 넉넉히 세상을 이길 수 있습니다. 테레사 수녀가 세운 '죽음을 기다리는 사람들'이라는 공동체가 있습니다. 가난한 사람, 병든 사람, 살 소망이 없는 사람들을 수용하는 곳이었습니다. 기자가 물었습니다. "어떻게 저런 사람들에게 봉사할 수 있습니까?" 테레사 수녀는 대답했습니다. "아니요. 나는 저들을 사랑한 적이 없습니다. 저들을 도우려 할 때 주님이 오히려 저들 속에 계셨고, 저들을 사랑하려 할 때 오히려 저들 속에 주님이 계셨습니다. 저들 속에 있는 주님이 나를 더 사랑하셨습니다. 저들 속에 계신 주님의 모습이 오히려 나로 하여금 세상을 이기게 하였습니다."

에벤에셀의 하나님은 임마누엘의 하나님이시고, 여호와 이레의 하나님이십니다. 우리 안에 계신 주님은 세상보다 크신 분입니다.

'하나님의 뜻을 찾아가는 길'

하나님은 인간을 만들 때 다 뜻이 있도록 창조하였습니다. 그래서 하나님의 뜻을 찾아 살아갈 때 행복하고 만족의 삶을 살게 됩니다. 이런 삶은 후회가 없습니다. 우리 인생이 꼬이는 것은 하나님의 뜻과 반대로 살기 때문입니다. 그런데 우리는 하나님의 뜻을 알 수도 없고, 행할 수도 없습니다. 하나님만 하나님의 뜻을 알 수 있습니다. 우리가 하나님의 뜻을 이루어갈 때 우리에게 하나님이 알려줄 책임이 있습니다. 그러므로 내가 알려고 할 필요가 없습니다. 내가 알려고 하는 것은 그 뜻을 내가 이루겠다는 의지가 있다는 것입니다.

우리의 문제는 내가 하나님의 뜻을 행하려고 한다는 것입니다. 하나님의 뜻은 하나님이 나를 통해 이루십니다. 우리는 하나님의 뜻을 이루는 도구일 뿐입니다. 하나님의 뜻을 알고 행하는 일에서 율법신자는 하나님을 믿지만 자신이 주체가 되어 살아갑니다. 율법은 내가 하나님의 뜻을 알고 내가 그 뜻을 행합니다. 그러나 하나님은 이런 사람에게 고난을 통해 율법에서 은혜로 넘어가게 하십니다. 하나님이 주체가 되는 삶은 하나님이 은혜를 주셔서 나를 사용하는 것입니다. 은혜의 주체는 주님이십니다.

하나님은 아브라함의 하나님, 이삭의 하나님, 야곱의 하나님이십니다. 약속한 것은 반드시 하나님께서 이루십니다. 율법주의 신자는 늘 이것이 하나님의 뜻인가?를 고민합니다. 하나님의 뜻을 고민하는 사람은 이미 하나님의 굴레에서 벗어난 사람입니다. 삶의 주체가 완전히 주님으로 바뀔 때 나를 도구로 그 일을 이루어 가실 그분이 내게 말씀하십니다.

하나님의 뜻은 예수입니다. 하나님의 뜻은 예수 안에 있습니다. 예수 안에 있으면 100% 하나님의 뜻을 알 수 있습니다. 하나님의 뜻을 찾지 말고 주님을 모셔야 합니다. 날마다 주님 가까이 가는 것이 주님을 날마다 체험하는 것입니다. 내 마음이 평안하다는 것은 하나님의 뜻으로 가고 있는 것입니다.

헨리 블랙가비는 하나님을 체험하는 삶에 대해 이렇게 말합니다. 모르는 사람이 집을 찾아갈 때 주소를 보고 찾아갈 수도 있고, 집 주인을 불러 같이 갈 수도 있습니다. 이처럼 하나님의 뜻을 알려면 주님이 내 속에 사시도록 하면 됩니다. 우리가 할 일은 주님과 친하게 지내는 것입니다. 주님과의 친밀도가 가장 잘 사는 삶입니다.

하나님의 뜻 인줄 알고 간 길인데 예상치 못한 결과가 나올 경우 우리는 하나님의 뜻에 대해 의심할 수 있습니다. 하나님의 뜻에 순종하는 것까지가 우리의 몫입니다. 결과는 하나님의 몫입니다. 모든 결과는 뜻을 가진 사람이 해결합니다. 우리 삶의 결과까지 드리는 것이 산제물입니다.

요셉은 보디발의 아내가 유혹할 때 죄를 짓지 않는 것이 하나님의 뜻이라고 생각했습니다. 그런데 오히려 감옥에 갇힌 것입니다. 우리의 생각과 전혀 다른 결과가 나타난 것입니다. 그러나 하나님은 그곳에서 다른 길을 여셨습니다. 하나님의 뜻은 하나님이 이루십니다. 우리는 그분의 도구로서의 삶을 살 뿐입니다.

'하나님의 섭리대로 살면 됩니다.'

하나님의 인도함을 받으려면 내 속에 계신 성령의 반응에 민감하게 대응해야 합니다. 우리가 하나님의 반응에 민감할 때 하나님은 시시로 우리의 갈 길을 인도하십니다. 그러나 영적 감각이 둔해져 말씀하시는데 깨닫지 못하고, 깨달아도 순종하지 않으면 성령은 더 이상 길을 인도하지 않습니다.

주님은 우리에게 선하신 뜻을 가지고 계시지만 우리의 자유의지를 드리지 않을 때는 역사하지 않습니다. 그래서 하나님의 음성에 민감하도록 쉬지 않고 기도해야 합니다. 어떻게 쉬지 않고 기도할 수 있을까요? 이것은 우리의 모든 삶을 하나님을 인식하면서 살아야 한다는 것입니다. 아침에 눈을 뜨면 먼저 성령과 교제를 하십시오. 그리고 움직이면서 주님의 임재를 인식하는 것입니다. 식사를 할 때나 운전을 할 때, 주님이 내 안에서 심심해하지 않으시도록 계속 대화를 하는 것입니다. 물건을 살 때도, 대화를 할 때, 책을 읽을 때, TV를 볼 때, 삶의 어느 곳에서든 계속 주님과 대화를 하는 것이 훈련이 되면 결코 실패하지 않습니다.

성령께서는 인간의 생각을 통해 역사하시므로 순종의 자세가 중요합니다. 주위에 어려운 사람이 있습니다. 그 사람의 형편을 알게 되었고, 그 삶이 어려울 것이라 생각되었다면 이미 성령께서 내게 그 사람을 돕기 원하시는 것입니다. 그 상황에서 어떻게 도와야 할지를 물으십시오. 그렇게 하나님께서 주시는 생각들을 대화를 통해 이뤄갈 때 하나님은 내 삶을 전폭적으로 인도해 가십니다. 하나님을 기쁘시게 하는 자에게 그 마음의 소원을 들어주십니다.

'하나님이 찾으시는 한 사람'

대부분의 그리스도인들은 하나님을 믿으면서 믿지 않는 자들과 똑같은 삶을 살고 있습니다. 그들과 삶의 모습이 같고, 능력이 없음이 같습니다. 복음이 무엇인지 모르고 나 자신을 모르기 때문에 그들과 다른 삶을 살 수 없는 것입니다. 내가 누구인지, 복음을 믿는 하나님의 자녀가 어떻게 살아야 하는지를 모르기 때문입니다. 모든 것은 알아야 시작할 수 있습니다.

하나님의 원리는 단 한사람이 중요합니다. 노아시대의 의인은 노아 한 사람이었습니다. 노아 한 사람 때문에 아직 우리가 살아있고 인류가 유지되었습니다. 이스라엘 땅에 기근이 들었을 때 이스라엘 백성 전부를 살린 사람은 요셉입니다. 성경의 원리는 그만큼 한 사람의 중요성에 대해 말하고 있습니다. 이 세상은 악인이 많아서 멸망하는 것이 아니라 의인 한 사람이 없어 멸망당합니다. 우리가 바로 그 의인이 되어야 합니다.

하나님이 찾으시는 그 한 사람이 내가 되어야 합니다. 우리가 할 일은 주님이 찾으시는 온전한 예배자가 되는 것입니다. 나 하나 때문에 내 가정이 축복을 받을 수 있고, 나 하나 때문에 내가 다니는 직장이 축복 받을 수 있다는 믿음을 가져야 합니다. 예수 믿는 사람은 언제든지 자신이 축복의 통로가 되어야 합니다.

'하나님이 하시도록 하라'

시급성이 있는 일을 해야 하는데 하나님의 응답이 떨어지지 않았습니다. 시간은 다가오고 애가 탔습니다. 그렇지만 정해진 날에 일을 끝내야 한다는 내 생각을 내려놓고, 하나님의 응답이 올 때까지 평안을 유지하며 쉬고 있었습니다.

어느 날 하나님께서 제가 하고자 하는 일의 방향에 대해 말씀해 주셨습니다. 그날부터 열심히 하나님께서 주신 대로 정리하여, 정해진 시간보다 훨씬 전에 그 일을 마칠 수 있었습니다. 그 일이 있은 후, 내가 가만히 있는 것이 가장 빨리 갈 수 있는 지름길임을 알게 되었습니다. 왜냐하면 그 일의 주체이신 하나님께 맡겼기 때문입니다. 아마 내가 주체가 되어 그 일을 시작했다면 아직도 마치지 못했을 것입니다. 기도하지 않고, 바쁜 마음으로 하는 일들은 대부분 결과가 좋지 못하거나, 일찍 시작하더라도 도중에 일이 막힐 때가 있습니다. 그러나 그 일이 하나님의 일임을 믿고, 그 결과까지 마음에서 내려놓고, 하나님께 온전히 그 일을 맡길 때 하나님이 급히 일을 이루어 가시는 것을 체험하게 됩니다. 왜냐하면 이 세상의 모든 일은 하나님의 일이고, 하나님은 그 일을 하나님께 맡기는 것을 기뻐하시기 때문입니다. 간혹 우리는 입술로는 하나님의 일이라고 고백하면서 내 일로 다시 찾아오는 경우가 종종 있음을 보게 됩니다.

요즘 저의 삶이 그렇습니다. 제게 맡겨진 일이 있는데 내가 하려고 하니 도저히 엄두가 나지 않습니다. 정해진 시간 안에 마쳐야 한다는 부담이 있기 때문입니다. 기도하면서 도저히 나는 할 수 없는 존재임을 고백하고, 하나님께서 그 일을 하시도록 넘겨드립니다. 하나님은 기도할 때 생각을 통해 지혜를 주십니다. 내가 할 일은 주님이 주시는 대로 순종하는 것입니다. 내 일이라면 내가 고민해야 할 일이지만 이 세상의 모든 일은 하나님의 일이고, 나는 그 일에 쓰임 받는 도구이기 때문에 그 일에 대한 고민은 하나님 몫입니다. 내가 할 일은 내가 앞서지 않도록 나를 절제하는 것입니다. 일을 하는 것보다 절제하는 것이 더 힘이 듭니다. 그러나 주님보다 앞서지 않는 종이 되는 것이 우리가 지켜야 할 위치이기 때문에 오늘도 내가 먼저 나가지 않도록 기도합니다.

'하늘에 뿌리박힌 포도나무'

우리의 뿌리는 하늘에 있습니다. 그러므로 우리는 영적 존재로 육적인 삶을 살고 있습니다. 우리의 영은 하늘에 있습니다. 그러나 우리의 육은 이 땅에 사는 동안 하나님의 사역에 동참하고 있습니다. 하나님은 몸이 없어 우리의 몸을 통해 일하십니다. 주님이 하시는 일을 나타내는 것을 사명이라고 합니다.

우리의 삶에서 보이는 현실은 시간이 지나면 사라질 그림자입니다. 보이지 않는 영적인 것이 우선이며, 실재입니다. 하늘에 뿌리박힌 우리의 영혼은 예수 생명으로 살아갑니다. 예수 생명이 강하게 자라야 합니다. 우리가 예수를 잘 믿어도 삶에 어려움이 찾아옵니다. 우리가 자연생명으로 살면 그 어려움은 무거운 짐으로 다가옵니다. 그러나 예수 생명으로 살면 우리의 주인 되신 주님께서 그 짐을 대신 져주십니다.

신앙생활은 잘하려고 하는 것이 아니라 잘 믿는 것입니다. 우리 안에 주님이 계십니다. 그러므로 잘 믿는다는 것은 내가 말씀을 이루는 것이 아니라 내 안에 계신 주님께서 말씀을 이루도록 해야 합니다. 신앙의 가장 기본이 믿음입니다. 믿음만 있으면 어떤 어려움도 넉넉히 이겨낼 수 있습니다. 우리가 영적인 것을 추구할 때 자연생명이 작아지고 예수 생명이 커집니다. 예수 생명이 커지면 주님의 믿음이 들어옵니다. 주님의 믿음만 들어오면 삶 속에서 주님의 역사하심을 날마다 체험하게 됩니다.

우리의 삶을 느리게 사는 것도 예수 생명을 키우는 방법입니다. 어제 교회 가는 길에 천천히 걸어가는데 늘 보던 것들이 새롭게 느껴집니다. 개천을 걸으며 잠자리 떼가 날아다니는 것을 보았습니다. 잠자리가 수많은 모기의 유충을 잡아먹기에 우리가 모기에 덜 물리는 것 같아 잠자리 떼가 고마웠습니다. 개울을 건너며 가뭄에 물이 말라 있음을 보고 '주님, 비가 와서 물이 넘치게 흐르면 좋겠네요.' 기도하였습니다. 풀들의 우거짐과 담벼락에 아름답게 핀 꽃도 보았습니다. 혼자 걷는 그 시간이 혹 외로울 수 있지만 주님과 대화하며 걸었습니다. 아마 차를 타고 다닐 땐 쉽게 느끼지 못할 일들입니다. 우리의 일상에서 때로는 느리게 사는 것이 삶에 여유를 줍니다. 그리고 주님의 일하심을 더 세밀하게 체험할 수 있습니다.

우리의 삶에서 이렇게 주님을 인식하며 살아갈 때 예수 생명이 커집니다. 주님 생명으로 가득하면 어떤 문제가 와도 놀라지 않습니다. 오히려 큰 문제가 올수록 담대해집니다. 마치 투수가 공이 올 것을 알고 기다리는 것과 같습니다. '올 테면 와봐라' 내가 하는 것이 아니라 내 안에 계신 주인이신 주님이 하시는 일이기 때문입니다. 어떤 사건이 올 때 주님의 마음이 되어 사건을 바라보게 되니 주님의 믿음으로 선포하게 됩니다. 선포한 일은 반드시 그대로 이루어집니다. 우리 주님은 전지전능하시기 때문입니다. 주님의 믿음만 가지면 얼마든지 문제를 넘어설 수 있습니다.

'행복한 삶'

미국의 유명한 가수이며 방송인 '에디 칸토'는 성공을 위해 정신없이 질주하는 전형적인 미국 청년이었습니다. 그는 앞뒤를 가리지 않고 숨 가쁘게 달려가는 인생을 살았습니다. 그런데 어머니가 보낸 짤막한 한 줄의 편지에 큰 충격을 받았습니다. 그리고 인생관이 바뀌어 훨씬 풍요로운 삶을 살게 되었습니다. 어머니의 편지는 이런 내용이었습니다. "내 아들 에디야, 너무 빨리 달리지 말아라(Do not go fast). 너무 빨리 달리면 주변의 좋은 경치를 하나도 못보고 그냥 지나치게 된단다."

에디 칸토는 어머니의 편지를 받고 자신의 수첩에 네 가지 질문을 적어 넣고 한평생 이 질문을 스스로에게 던지면서 살았습니다. 첫째, 내가 하는 일이 과연 가치가 있는 일인가? 둘째, 나는 누구를 위해 일하고 있는가? 셋째, 인생의 참다운 보물을 추구하고 있는가? 넷째, 이웃에게 어떤 공헌을 할 것인가? 그는 한 평생 네 가지의 질문을 하면서 성공적인 인생을 살았습니다. 지금 성공을 위해 달리고 있습니까? 세상의 가치관은 '성공이란 많아지고 커지고 높아지는 것'이라고 합니다. 성공한 당신은 행복하십니까? 인간은 행복할 때 삶의 가치와 보람을 느끼게 됩니다. 그러므로 행복한 사람이 성공한 사람입니다. 우리의 행복에 대한 가치관이 바뀌면 좋겠습니다.

살아가면서 조금은 바보처럼 사는 것이 유익이라는 것을 깨닫습니다. 모처럼 좋은 공기를 마시고, 영의 양식을 많이 섭취하였습니다. 가끔은 집을 떠나 여행을 하는 것이 삶에 활력을 줍니다. 여행에서 집에 돌아오면 내게 주신 환경이 내게 가장 적합한 곳이라는 것을 깨닫습니다. 그분을 따라가는 길이 성공의 길이요, 행복의 길입니다. 그분의 선하심을 믿는다면 우리는 어떤 상황에서도 감사할 수 있습니다. 인생의 계획을 세우지 마시고, 주님의 인도하심대로 그 길을 가시기 바랍니다. 그렇게 가는 길이 가장 복되고 아름다운 길입니다.

예전의 저의 소원이 새벽 기도하며 손주를 돌보아 주는 것이었습니다. 새로운 길에 대한 도전이 두려웠기 때문입니다. 그런데 전혀 생각해 보지 않았던 그 길을 주님과 함께 가고 있습니다. 그런데 하루하루가 기대가 됩니다. 날마다 새로운 사람을 만나게 하시고, 그들에게 하늘에 대한 소망의 메시지를 전할 수 있음에 더 많이 감사하고 있습니다. 하나님께 인생길을 맡기시기 바랍니다. 한 번도 꿈꾸지 못했던 길로 가게 하십니다. 그래서 날마다 하루의 삶이 기대가 됩니다. 주님과 함께 하는 삶이 바로 행복한 삶입니다.

'회개해야 할 근본적인 죄'

우리가 회개해야 할 가장 큰 죄는 자기가 주인 되어 자기 뜻대로 스스로 살아온 죄입니다. 이것은 사단에게 속은 것입니다. 자신이 주인 되어 살아온 것이 죄이고 위기입니다. 이 죄를 회개할 때 자신의 존재를 깨닫게 됩니다. 베드로는 눈이 열리지 않았을 때는 예수를 선생이라 부르지만 위기를 통해 눈이 열리자 예수님을 주님으로, 자기 주인으로 본 것입니다. 비로소 자기 존재의 구원, 실존의 구원이 일어난 것입니다. 종교개혁자 루터는 "인간의 자아는 교황이나 사단보다 무섭다."고 했습니다. 자신의 자아를 내려놓지 못하기 때문에 우리의 삶에 위기가 찾아오는 것입니다.

우리가 성경의 말씀을 읽고 묵상하고 하나님을 지식적으로 알아야 하는 이유가 있습니다. 내가 아는 만큼 하나님을 체험할 수 있기 때문입니다. 성경을 통해 하나님의 약속이 무엇인지, 하나님이 우리에게 원하는 삶이 무엇인지를 안다면 위기가 왔을 때 극복하는 것은 어렵지 않습니다. 하나님을 아는 지식에 나 자신을 순종할 때 체험으로 느끼게 됩니다. 하나님을 많이 체험할수록 믿음의 담력이 커지기도 합니다.

숲을 보고 난 후 나무의 아름다움을 느낄 수 있는 것처럼 성경을 부분적으로 읽는 것보다 전체적으로 읽는 것이 좋습니다. 하나님이 어떤 분이신지를 안 후, 구체적인 내 삶을 성경의 사건을 통해 해석이 가능하기 때문입니다. 어떤 사건을 통해 내게 깨달음이 온다면 그것은 성령께서 내게 말씀하시는 것입니다. 그러므로 신앙생활에서 체험은 가장 중요합니다. 위기는 체험하면 체험할수록 우리에게 믿음의 담력을 줍니다. 위기를 허락하신 하나님의 마음을 알기 때문입니다. 그러므로 위기가 오면 내 위치가 어디에 있는지 점검해야 합니다.

마음이 교만해져 있다면 마음을 낮추어야 합니다. 하나님은 선하신 분이기에 우리에게 위기를 허락하시는 것은 우리에게 벌을 주기 위해서가 아니라 죄를 짓는 자리에서 내려오게 하기 위함입니다. 그래서 위기가 오면 위기 속에서 하나님의 사랑을 깨달아야 합니다. 나를 사랑하기 때문에 위기를 허락하셨다고 믿는다면 위기가 왔을 때 먼저 감사를 선포하게 됩니다.

위기는 잘 극복하면 내게 많은 축복을 선물합니다. 위기를 극복하면 믿음이 성장하는 축복을 줍니다. 그리고 반드시 다른 사람에게 위로해 줄수 있는 통로가 되기도 합니다. 성도의 가장 큰 축복은 하나님 가까이 가는 축복입니다. 이 세상 살아가면서 위기를 피하게 해 달라고 기도하는 사람은 어리석은 사람입니다. 이런 사람은 보이지 않는 세계를 보지 못하는 사람입니다. 그러므로 자녀들이 위기를 피하게 해 달라는 기도 대신에 위기를 잘 극복할 수 있는 믿음을 구하는 기도를 해야 합니다.

3부
나는 오늘도 주님을
나타내는 그릇으로
살아갑니다

우리가 가장 잘 사는 삶은 하나님을 나타내는 그릇으로 사는 삶입니다. 나를 통해 주님이 나타날 수 있도록 내가 할 수 있는 일은 '내가 하려는 것을 제어하고, 하나님이 하시도록 하는 것'입니다. 즉 '내가 죽고 내 안에 사시는 주님이 일하시도록 나를 온전히 내려놓는 삶'입니다.

주님은 저에게 문서선교를 통해 하나님의 양을 치라고 말씀하셨고, 저는 그 말씀에 순종합니다. 과정에 주님이 개입하셔서 방법을 알려주십니다. 저는 주님이 알려주신 대로 순종하면 됩니다.

이 장에서는 하나님이 역사하신 것들을 나누고 싶습니다. '오늘의 말씀'을 받고 그 말씀에 어떤 은혜를 누리고 있으며, 또한 다른 사람에게 어떻게 축복의 통로가 되고 있는지, 그것을 나눌 것입니다.

180명으로 시작된 '오늘의 말씀'은 7년 만에 상상할 수 없는 사람들에게 전해지고 있습니다. 일의 진행에 대한 관심도 없었습니다. 그런데 3부를 다른 사람들의 간증으로 채우다 보니 자연스럽게 알게 되었습니다. 주님이 민들레 홀씨가 되어, 멀리멀리 복음이 퍼지도록 한 일은 놀라웠습니다. 그리고 깨닫습니다. 우리에게 소망이 있다는 것을...

십자가 복음으로 살아내고자 몸부림치는 사람들이 많다는 것을 보게됩니다. 구체적으로 주님께서 저에게 알려주신 대로 전달하는 것이 제가 그릇으로 할 일입니다. 이제 부족한 저를 통해 십자가 복음을 깨달은 사람들은 또 다른 사람에게 통로의 역할을 하게 될 것입니다.

주님이 기뻐하시는 하나님 나라가 이 땅에서 이루어질 때 천국은 우리의 것이 될 것입니다. 감사하게도 이 일에 목숨을 걸고 하는 분들이 많아지고 있습니다.

그 또한 하나님께서 택하신 사람들이 할 일입니다. 신종 '코로나19 바이러스'로 인해 세상이 공포의 분위기입니다. 이것은 지금 시대가 말세의 징조임을 알려주고 있습니다. 지금 우리가 할 일은 오늘 하루를 잘 살아내는 것입니다.

건강을 위해 최대한 대비를 해야 하지만, 오는 병을 막을 수는 없을 것 같습니다. 오늘을 잘 살아낼 때 이 땅에 사명이 있다면 남겨질 것이고, 사명이 다 했다면 주님의 부르심에 순종해야 할 것입니다.

오늘, 하루가 내 삶의 시작이요, 마지막입니다. 이런 종말론적인 자세로 이 세상을 살아간다면 우리는 넉넉히 주님의 뜻을 잘 수행하고 주님께 돌아갈 수 있을 것입니다.

'오늘도 나는 주님을 나타내는 그릇으로 살아갑니다.'

가장 잘 사는 삶입니다. 오늘 이런 삶을 살아낼 수 있기를 소망합니다.

1. '녹슬지 않는 그릇' 이연옥 권사(광염교회)

나보다 더 나를 잘 알고, 나의 앉고 서심을 아시고 나의 생각, 나의 모든 길, 내 모든 행위를 아시고, 내 혀의 말을 알지 못하는 것이 하나도 없으시며 우리의 형질이 이루어지기 전에 이미 주의 눈이 보셨고, 정한 날이 하루도 되기 전에 주의 책에 기록하시고 주의 길로 인도하시는 하나님

고난과 역경 속에서 힘겨운 시간, 기쁨과 평안의 밝은 시간, 하나님을 떠나 죄 가운데로 걸어가는 두려운 시간에도 여전히 하나님은 함께 하시며 그 넓은 품에 우리를 품으시고 인도하여 주시는 하나님이십니다.

목사님이 보내주신 '오늘의 말씀'을 접한 지 5년 정도 되었습니다. 지인이 보내온 말씀을 보며 그냥 '좋은 말씀이네?'라고 생각하며 어떤 때는 부담이 되고 귀찮을 때도 있었습니다. 그러던 어느 날 기도하던 중 내 죄가 너무 무겁고 중하다는 사실을 깨닫고 회개하였습니다. 그때 "두려워하지 말라, 내가 너를 구속하였고, 내가 너를 지명하여 불렀나니 너는 내 것이라" 하시며 "내가 너를 얼마나 사랑하는지 아느냐?"고 말씀하셨습니다.

지금까지 주님께서 나를 지켜주셨다는 사실을 마음에 깊이 새기게 되었습니다. 그 후로 성경 말씀이 달고 오묘하게 느껴져 '오늘의 말씀'이 은혜롭게 다가오게 되었습니다. 사랑하는 사람들에게도 나누어야겠다는 생각에 가족, 구역 식구, 친구들에게 보내게 되었습니다. 그러다 우연히 목사님의 간증 '사막에 핀 꽃은 아름답다' 책을 읽게 되면서 언젠가 한 번은 꼭 만나보고 싶다는 생각을 하였습니다.

2018년이 시작되면서 '오늘의 말씀'을 100명에게 전달할 수 있기를 목표를 정하고 기도하였습니다. 그런데 한 해가 지나기 전 100명을 넘어서게 되었습니다. 딸 지은이와 함께 이 일을 하면서 서로 신앙 안에서 교제하게 되었습니다. 둘이 은혜를 나누다 보니 배가의 은혜를 나눌 수 있게 되었습니다. 지금은 딸과 함께 300명이 넘는 사람들에게 십자가 복음인 '오늘의 말씀'을 전하고 있습니다.

제게 맡기신 이 사명을 게을리할 수 없는 것은 제가 보낸 말씀을 다른 사람들에게 전달하는 사람들이 너무 많아졌기 때문입니다. 어떤 분은 80명이 넘는 사람들에게 보낸다고 합니다. 그래서 시간을 맞추어 보내야 하는 불편함을 감수하고 있습니다. 목사님의 문서 사역에 동참하게 되면서 오히려 많은 분들에게 더 많은 사랑을 받게 되었습니다.

어떤 분은 많이 힘이 들었는데 '오늘의 말씀'덕분에 잘 이겨내고 다시 믿음으로 일어서게 되었다고 합니다. 오늘의 말씀이 보내오는 시간을 기다리고 있다는 사람도 있습니다. 이런 사람들 때문에 더 힘을 내야겠다는 거룩한 사명감이 솟아납니다.

저에게 한 분의 동역자가 있습니다. 그분은 무능한 남편을 만나 힘든 삶을 사셨습니다. 처음 그분을 만났을 때 삶에 지쳐있었고, 웃음도 없어 말을 붙이기 힘들었습니다. 그런데 그분이 말씀을 받아 묵상을 하게 되면서 180도로 변하게 되었습니다. 그분은 제가 보내드리는 말씀을 또 다른 힘들어하는 사람, 장애가 있는 사람, 주님을 떠난 잃어버린 양들을 찾아 말씀을 전하고 있습니다. 그런데 놀라운 것은 지금은 얼굴에 웃음이 끊이지 않고, 주변에 귀감이 되는 멋진 권사님으로 변하셨습니다. 그분은 제게 귀한 일을 한다고 가끔 용돈도 주시고, 건강하라고 약도 챙겨주십니다.

"하나님을 사랑하는 자 곧 그 뜻대로 부르심을 입은 자들에게는 모든 것이 합력하여 선을 이루느니라"(롬 8:28)

'오늘의 말씀'을 통해 하나님을 잠시 떠났다 다시 주님 앞에 돌아와 예배를 드리시는 분, 고난과 역경을 말씀으로 잘 버티고 이겨내셨다는 분, 아멘으로 화답하며 감사 인사를 하시는 분, 연말에는 1년 동안 수고했다고 인사하시는 분들이 참 많이 있습니다.

내 나이 60이 넘어 이렇게 문서선교를 통해 하나님을 전한다는 것은 상상도 못한 일인데 주님의 그릇으로 사용되는 것만으로도 가슴이 벅차오릅니다. 내일을 이끄실 주님을 기대합니다.

주님께서 부르시는 날 "잘하였도다. 착하고 충성된 종아 네가 적은 일에 충성하였구나." 이 말씀 한마디로 족합니다. 어느 전도사님이 이런 기도를 한다고 합니다. '주님, 저를 녹슬게 하지 마시고 낡아질 때까지 저를 사용하소서.' 이 말씀이 가슴 깊이 와닿습니다.

'오늘의 말씀' 타이틀에 "내 안에 주님이 계십니다. 주님은 나의 주인이십니다. 오늘도 나는 주님을 나타내는 그릇으로 살아갑니다." 이 글이 저의 간증이고 고백이 되기를 기도하며 맡겨주신 일에 최선을 다하겠습니다.

2017년 4월 오늘의 말씀을 받던 광염교회 집사님과 연락을 주고받던 중 꼭 한번 방문해 달라는 말에 '꽃이 피는 봄에 꽃구경 갈게요.'라고 약속을 드렸는데 그 약속을 지킬 수 있었습니다. 꽃이 피는 날, 도봉산이 가까운 곳에서 이연옥 권사님과 순원들을 만나게 되었습니다. 옆에는 딸이 함께 와서 제가 전하는 말씀들을 하나도 빠트리지 않고 경청하고 있었습니다. 그 모습이 너무 예뻐서 그날로 '멘토와 멘티'가 되어 지은이의 신앙에 도움을 주고 있습니다. 지은이는 연극배우로서 '사막에 핀 꽃은 형통하다' 출판 예배를 드릴 때 특송으로 고마움에 대한 답을 해 주었습니다.

지금도 연극하는 후배들에게 말씀을 보내며 내적 전도, 혹은 외적 전도를 하고 있습니다. 참 아름다운 모녀관계입니다. 얼마 전 힐링 하우스에 방문하여 좋은 교제를 나누기도 하였습니다. 아름다운 동역자인 두 분을 사랑하고 축복합니다.

2. '구령의 열정' 김금자 집사(백령도 교회)

　목사님과의 만남은 10년 전 전도동력 세미나에서였습니다. 우연히 뒤를 돌아보았는데 어디서 많이 본 사람의 얼굴이 있었습니다. 교회 도서관에서 '사막에 핀 꽃은 아름답다'라는 책을 읽게 되었는데 그 책을 쓰신 목사님이 바로 제 뒤에 계셨습니다. 너무나 반가워서 책을 읽었다고 했더니 목사님이 직접 사인을 한 책을 선물로 주셨습니다.

　그 인연으로 가끔 목사님과 맛있는 것도 먹고, 좋은 교제를 나누게 되었습니다. 그러던 중 2012년 자녀교육을 위해 친정인 백령도로 이사하게 되었습니다. 그때부터 말씀에 대한 갈급함이 있었는데 백 목사님께서 '오늘의 말씀'을 매일 보내주셨습니다. 갈급한 내 영혼에 보내주시는 말씀은 생수와 같았습니다. 그 말씀을 하루도 빠지지 않고 7년 동안 보내주셔서 내 영혼을 성장하게 하셨습니다.

　그에 대한 보답으로 제가 할 수 있는 일은 날마다 새벽에 목사님의 사역을 위해 기도하는 일이었습니다. 목사님이 보내주시는 말씀은 저를 율법적 신앙에서 벗어나 은혜 위에 머물게 해 주셨습니다. 새벽마다 영혼 구원을 위해 애쓰시는 목사님을 위해 눈물의 기도를 하게 하셨고, 기도할 때마다 기뻐하시는 주님의 마음을 느낄 수 있었습니다.

12월에는 물질의 주인 되시는 주님께서 '기도와 물질로 목사님의 사역에 협력하여 선을 이루라'고 말씀하셔서 순종하고 있습니다. 믿음은 바라는 것들의 실상이 되어 주시고 보이지 않는 것들의 증거로 나타내 주시는 주님께 감사드립니다.

목사님 책을 통해 간증을 하게 하신 주님, 비록 부족한 종이지만 주님께서 제게 주신 마음 그대로를 목사님께 올려드립니다. 저에게 목사님의 성사역에 공동체의 일원이 되게 해 주셔서 감사합니다. 저는 목사님을 통해 예수님을 볼 수 있고, 주님이 기뻐하시는 영혼 구원에 사랑을 실천하며 살아가도록 목사님을 스승으로 모시게 해 주셔서 감사합니다.

지금까지 살아오면서 몇 분의 목사님들을 섬겨 왔는데 백 목사님은 오히려 저를 말씀으로 섬겨주셨습니다. 늘 한결같으신 목사님, 목사님의 사랑을 고스란히 주님께 올려드립니다. 목사님은 주님을 위해 닳아지는 삶을 살고 계시고, 주님의 그릇으로 살아가는, 주님이 기뻐하시는 목사님이십니다. 이런 목사님과 만남의 축복을 주신 주님께 감사드립니다. 늘 목사님의 사역을 위해 기도하겠습니다. 사랑합니다. 목사님.

김금자 집사님은 하나님께서 꼭 필요해서 만나게 하신 분입니다. 마음이 너무도 순수하고 주님을 향한 사랑이 깊은 분입니다. 자녀교육을 위해 모두들 도시로 이사하는데 집사님은 오히려 친정인 백령도로 이사하고 그곳에서 자녀들을 고등학교까지 마치게 하였습니다. 지금은 홀로된 친정어머니를 모시기 위해 그곳에 남아 있습니다. 참으로 효심이 지극한 집사님이십니다.

　　그곳에도 교회는 있지만 말씀을 전해주실 목회자가 부족해서 늘 말씀에 갈증을 느끼던 중 '오늘의 말씀'이 전달되면서 말씀에 주리던 집사님에게 갈증이 해소되는 계기가 되었습니다. 우리는 내일 일을 모르지만 주님은 이미 그것을 아시고, 우연한 만남을 가장하여 필연적인 관계를 맺게 하신 것입니다. 집사님은 늘 저를 위해 중보기도를 해 주셨고, 이제는 기도와 물질로 동역을 해 주십니다. 귀한 만남을 허락하신 주님께 감사드리고, 순종해 주신 집사님에게도 감사드립니다. 집사님, 사랑하고 축복합니다.

3. '복음의 통로' 정선희 집사(상동 21세기 교회)

저는 어려서부터 교회를 다니기는 했지만 하나님을 직접 경험하게 된 것은 큰 아이를 낳을 때였습니다. '하나님이 계시지 않는다면 절대 불가능한 것이 생명'이라는 감동으로 하나님은 분명 계시다는 확신이 들었고, 이후로 저는 스스로 교회를 찾았고, 하나님을 알고 싶어 말씀을 읽기 시작했습니다.

두 아이를 홀로 키워야 하는 가장으로, 하나님은 미성숙한 저를 훈련하시고 사랑으로 돌보셨습니다. 가진 것도, 할 수 있는 것도 없고, 늘 실수투성이인 저를 하나님이 기뻐하신다는 것을 알게 되었고, 그런 하나님을 더 기쁘시게 해 드리고 싶어 다른 사람들에게 하나님을 전하고 싶어졌습니다. 하지만 내성적인 성격으로 전도하려니 상처받기가 쉬웠고, 용기가 나지 않아 그 사람들에게 '오늘의 말씀'을 전하는 것이 전도라 생각이 들었습니다.

나는 전하기만 하고, 읽고 안 읽고는 그들의 선택이었기에 이런 전도 방법은 부담이 되지 않았습니다. 그런데 시간이 지날수록 제 진심을 알고 고마워하는 사람들이 많아지게 되었습니다.

'오늘의 말씀'을 전한 지는 6년 정도 되었습니다. 지금은 7~80명에게 지속적으로 말씀을 전하고 있습니다. 제 자신도 '오늘의 말씀'을 통해 힘을 얻었지만 '이런 사람도 하나님을 만날 수 있을까?'라고 생각했던 사람들이 놀랍게도 하나님을 만나 진실한 그리스도의 믿음으로 굳게 선 것을 볼 때 참으로 기쁘고 감격스러웠습니다. 천국에서 잔치가 열린다더니 이와 비슷한 기분일 것 같습니다.

직장 동료였던 어떤 분의 강의를 들으며 어린 시절 고생했던 이야기를 들으며 너무 마음이 아팠습니다. 그분이 예수님을 만났으면 좋겠다는 마음이 들어 '오늘의 말씀'을 보내기 시작했습니다. 가끔은 내가 괜한 짓을 하는 것은 아닌가? 그런 생각도 들었습니다. 그분은 다른 직장으로 옮겼는데 얼마 전 연락이 와서 함께 식사를 하며 대화를 나누던 중 놀라운 일을 발견하게 되었습니다. 처음에 '오늘의 말씀'이 오자 '이 사람 괜한 짓하고 있네?' 이런 반응을 했다고 합니다. 그리고 2~3년이 지나자
'이 사람도 어지간하다. 성실하네?'라고 생각했다고 합니다. 그런데 언젠가부터 만나는 사람마다 교회에 가자며 전도를 하더랍니다. 그래서 자기는 오래전부터 말씀을 전해주는 사람이 있다고 얘기했다고 합니다. 더구나 새로 옮긴 직장에서 수요예배를 드리고 있다고 하니 참 놀라운 일입니다. 직장 대표님의 인성이 좋아 하나님이 계심을 인정하고, 구원받았다는 것을 확신하며 함께 예배를 드리고 있다고 합니다. 그 이야기를 들으

며 소름끼치도록 놀랍고 감사했습니다.

나의 성격과 마음을 아시는 주님께서 이런 환경을 통해 결국 그분도 구원하셨습니다. 할렐루야. 아, 하나님이 하시는구나, 전도가 되는 구나, 이후로도 기쁜 소식이 계속 이어졌습니다.

교회에 다니시는 분들은 새롭게 은혜를 받아 힘이 되었다며 서로 감사를 나누었고, 친한 친구는 예수 믿고 남편까지 전도해 예쁘게 신앙생활을 하더니 지방에 있는 가족, 형제, 친척까지 전도하기 위해 매주 찾아가 섬기며 하나님을 더욱 사랑하게 되었다는 소식을 전해주었습니다.

사업을 한다고 허랑방탕하다 위암 수술을 받게 된 어느 사장님도 처음에 '오늘의 말씀'을 보냈는데 확인도 안 하시더니 얼마 전 연락이 되어 만나보니 친구를 사귀게 되었는데 교회 장로님이었다며 그분과 함께 예배 드리고, 세례도 받았다고 합니다.

모두가 '오늘의 말씀'을 통해 마음이 조금씩 열렸다고 합니다. 말로 표현할 수 없는 기쁨을 경험하게 되었습니다. 저를 만나주셨던 주님께서 그들도 간절히 기다리고 계셨다는 것을 알게 되었습니다. 제가 할 수 있는 일은 그 은혜를 누리고 기뻐하며 감사하는 것뿐입니다.

매일 아침마다 '오늘의 말씀'을 보내주신 목사님께 감사드립니다. 가끔 말씀이 늦어질 때 '목사님, 말씀 보내주세요.~'라고 귀찮게 해드려 죄송한 마음이지만 제가 보내는 말씀을 다른 사람들에게 흘러 보내는 통로 역할이라, 그분들이 졸라서 어쩔 수 없다는 것을 이해해 주세요.

교회가 진리의 말씀보다 세상의 지식을 더 말할 때 마음이 아픕니다. 세상의 지식으로 설명하지 않아도 하나님 말씀 자체가 진리이고 생명이고 빛이고 풍요이며 능력이고 치료인데 그것들을 구하면서 정작 하나님의 말씀이 줄어들고 있습니다. 이런 시대에 진리의 말씀을 그대로 전해주셔서 참 좋습니다. 지금까지 해 온 것처럼 '오늘의 말씀'을 더 많은 분들에게 전달하는 축복의 통로가 되겠습니다.

정선희 집사님은 오래전 어느 날 '직접 말씀 보내주세요~'라며 카친으로 찾아오신 분입니다. 한 번도 만나 뵌 적은 없지만 늦잠을 자거나 사정이 있어 말씀이 조금 늦게 전달되면 어김없이 '말씀 보내주세요.'라고 톡을 보내십니다. 그런데 저는 이런 분들이 계셔서 너무 감사하고 있습니다. 본인만 묵상하는 것이 아니라 반드시 다른 분들에게 나누기 때문에 가만히 기다릴 수 없는 것입니다. 마치 어미 닭이 모이를 주면 병아리가 입을 벌리고 받아 먹듯이, 저는 이런 분들이 계신 것에 너무 감사하고 있습니다.

제가 하고 있는 일에 대해 의미를 부여해 주고, 더 열심히 기도하며 말씀을 준비해야 할 이유가 되기 때문입니다. 개인적으로 정선희 집사님에 대해 자세한 것은 잘 모르지만 싱글 맘이라는 것 정도만 알고 있습니다. 그런데 저는 확신합니다. 비록 집사님이 어려움 속에 살고 있지만 반드시 주님께서 눈물을 거두어 주실 것입니다. 자녀들이 잘 성장해서 집사님에게 큰 위로를 주는 축복의 자녀들이 될 것을 확신합니다.

사랑하는 집사님, 그동안 수고하셨어요. 주님께서 집사님의 눈물을 다 보고 아신답니다. 이제는 주님 안에서 누리는 삶을 사시기를 기도합니다. 사랑하고 축복합니다.

photo by mansook paik

4. '넘어짐의 은혜' 송승훈 집사(장위 중앙교회)

나는 교회를 다녔지만 탕자와 같은 인생길을 걸었던 것 같습니다. 많은 것을 잃어버리고 한참을 돌아 지금 이 자리에 올 수 있었습니다. 신앙생활을 하면서 '고난이 유익'이라는 말을 종종 듣게 됩니다. 처음에는 그 뜻을 잘 몰라 왜 고난이 유익이 되는지 이해가 되지 않았습니다.

잘 되던 사업이 5~6년 전부터 어려워지게 되면서 이 말씀을 몸으로 깨닫게 되었습니다. 오랜 시간 사업의 길이 막혀 직원들과 헤어지게 되었고, 가지고 있던 부동산 모두를 처분하게 되면서 하나님께 더 간절히 매달리는 시간을 갖게 되었고, 하나님을 깊이 만나게 되었습니다.

나에게 주어진 고난의 시간 속에서 주의 규례와 율례와 법도를 알게 되었고, 천상천하 유아독존으로 살던 내가 하나님 앞에 무릎을 꿇는 시간이었습니다.

"선을 행함으로 고난받는 것이 하나님의 뜻일진대 악을 행함으로 고난받는 것보다 나으리라"(벧전 3:17)

선을 행하든 악을 행하든 고난을 허락하신다고, 그러니 '선을 행함으로 고난을 받으라'고 말씀하십니다. 이 고난이 나를 믿음 안에서 철이 들게 하였고, 나를 더욱 견고하고 강하게 하였습니다.

지난 시간 돌이켜보니 나는 기복 신앙, 인본주의, 샤머니즘적인 신앙생활을 한 것 같습니다. 주일을 지키고 열심히 봉사하며 살던 나에게 풍랑이 오자 걷잡을 수 없는 신앙적 혼란에 빠졌습니다. 그 기간에 목사님이 보내주시는 '오늘의 말씀'을 접하게 되었습니다.

예수님의 제자들이 풍랑 가운데 있었던 것을 말씀과 성령의 지혜로 알게 해 주셨고, 그 풍랑 가운데 함께 하시는 예수님만 온전히 바라보는 믿음의 눈만 있으면 풍랑은 지나가는 것이라는 것을 깨닫게 해 주셨습니다.

'오늘의 말씀'은 우리 교회 권사님을 통해 전달받았는데, 어느 날 교회의 일과 하나님의 일에 대한 혼돈으로 고민하고 있을 때 하나님께서 목사님과 신앙 상담을 할 수 있도록 인도해 주셨고, 그날 목사님을 통해 하나님이 주시는 음성을 명확하게 듣게 되었습니다.

그때부터 지금까지 매일 아침 목사님이 보내주시는 '오늘의 말씀'을 묵상하고 기도로 하루를 시작하는 나만의 신앙생활의 루틴(routine)이 생겨나게 되었습니다. 돌이켜 생각해 봅니다. '만일 내가 사업이 승승장구하였다면 나에게 지금 이런 믿음이 생겼을까? 내가 주님 앞에 온전히 낮아질 수 있었을

까? 아니 하나님을 더 많이 알기 위해 성서신학원에 입학했을까?'

나 자신에게 이런 질문을 던져봅니다.

"하나님께 가까이함이 내게 복이라"(시 73:28)

요즘 고난을 통해 하나님 가까이 가게 된 것이 복으로, 감사로 다가옵니다. 고난을 감사로 받으니 온전한 회개로 방향을 바꾸고 있는 내 모습을 보게 됩니다.

세상에서 종노릇하고, 멸망의 길로 가던 나를 구별하여 주님의 자녀로 불러주시고, 매일의 일상을 허락하시고 인도하셨음을 감사하지 못했습니다. 하루 세끼 만나를 일용할 양식으로 주셨고, 구름기둥과 불기둥과 같이 에어컨과 보일러를 틀어가며 건강을 허락하셨던 일상의 것들, 그동안 감사하지 못했던 것들을 깊이 회개하게 됩니다.

요즘 나의 기도는 '미래의 사역을, 주님께서 계획하신 길을 열어 달라'고 기도하고 있습니다. 이제 내 나이 50을 넘어섭니다. 앞으로 남은 인생, 비록 지금까지는 내가 주인 되어 살아왔지만 지금부터는 주님이 주인 된 인생을 멋지게 살고 싶습니다. 주님이 가라고 하시는 길에 순종으로 나가려고 합니다.

하나님께 무릎을 꿇고 하늘의 비밀을 깨닫는 순간, 세상의 욕심은 사라지고 새 하늘과 새 땅을 사모하게 되었습니다. 세상을 초월한 믿음이 이런 것이 아닐까? 생각해 봅니다. 그리고 하나님께서 이루어 가실 미래를 상상하며 감사가 넘치는 하루를 시작합니다.

"비록 무화과나무가 무성하지 못하며 포도나무에 열매가 없으며 감람나무에 소출이 없으며 밭에 먹을 것이 없으며 우리에 양이 없으며 외양간에 소가 없을지라도 나는 여호와로 말미암아 즐거워하며 나의 구원의 하나님으로 말미암아 기뻐하리로다"(합 3:17~18)

이 땅의 사명을 다한 후 주님 앞에 갔을 때 "착하고 충성된 종아, 참 잘하였구나" 이렇게 칭찬받고 싶습니다. 이 세상에서 성공하는 삶이 아닌 승리하는 삶으로 나를 위해 예비 된 의의 면류관을 받아쓰고 주님과 함께 영원 복락을 누리고 싶을 뿐입니다.

오래전부터 목사님께서 보내주시는 '오늘의 말씀'을 폰에 캡쳐해 놓는 습관이 있습니다. 그중 제 심장에 비수처럼 꽂힌 말씀을 함께 나누고 싶습니다.

"사랑하는 여러분! 지금 넘어졌습니까? 미리 감사하시기 바랍니다. 그리고 주님의 손을 잡고 일어서십시오. 그 넘어짐의 현장이 바로 당신을 향한 하나님의 놀라운 계획이 시작되는 자리입니다. 주님의 손을 놓치지 않도록 기도의 자리로 나가십시오. 기도를 통해 믿음으로 나가는 길을 알게 될 것입니다. 주님은 "네 믿음이 너를 구원하였다."라고 하십니다.

그렇습니다. 우리의 믿음은 하나님의 기적을 열게 됩니다. 당신이 그토록 힘들어하는 그 자리가 하나님의 길을 여는 자리입니다. 그런 축복이 임하기를 주님의 이름으로 축원합니다. 넘어짐의 은혜를 받아 소망의 자리로 나가는 우리 모두가 되었으면 좋겠습니다."

'넘어짐의 은혜'

이 말씀을 받은 그날 아침, 사무실에서 무릎을 꿇고 기도하던 중, 왜 그리도 뜨거운 눈물이 두 뺨을 타고 흘러내리든지,

이제 결판이 난 것 같습니다. 어쩔 수 없습니다. 이제 남은 인생, 하나님이 허락하시는 그 시간까지 주님을 위해 살기로 다짐합니다.

어느 날, 교회의 임직 문제와 하나님께서 주신 비전을 놓고 갈등하다 상담을 요청해 온 집사님이십니다. '우리는 하나님 나라를 위해 살아야 할 존재입니다. 만일 교회가 하나님 나라에 거침돌이 된다면 하나님 나라를 위한 쪽으로 방향을 틀어야 한다'라고 조언해 주었던 인연으로 이제 하나님 나라를 세우는 기둥으로 자리를 잡아가는 집사님을 보게 됩니다.

하나님이 하신 일을 함께 나타내길 부탁했고, 순순히 순종해준 집사님, 저도 저렇게 많은 변화가 있었을 것이라 생각 못 하였는데 보내주신 간증을 읽으며 하나님께서 행하신 일에 놀라울 뿐입니다.

모든 일은 하나님이 하십니다. 하나님께서 제게 주신 비전은 제가 알고 있는 것들을 아는 만큼 가르치는 것입니다. 특별한 은혜를 받은 사람들을 통해 사도행전 29장은 쓰여 질 것입니다. 그런 도구로 사용해 주시는 주님께 깊은 감사를 드립니다.

5. '고난이 축복' 김관배 장로(안산제일교회)

몇 해 전부터 아내의 암 투병으로 인해 힘든 시간을 지내고 있었습니다.

그런데 3년 전부터 매일 보내주시는 '오늘의 말씀'이 저를 지켜주고 있습니다. 사랑하는 아내도 병과 싸우며 신앙적으로 많이 흔들리고 있을 때 목사님이 보내주시는 '오늘의 말씀'을 통해 잘 극복하고 있습니다.

목사님과 첫 만남은 평신도임직자 훈련을 통해서였습니다. 목사님은 훈련생들을 친절하게 잘 섬겨주셨습니다. 그 만남 이후 지금까지 매일 생명의 말씀을 보내주셔서 저에게는 큰 힘이 되고 있습니다. 보내주시는 말씀을 읽고 느끼는 것을 보내드리면 항상 힘이 되도록 말씀을 선포해 주셨습니다.

'사막에 핀 꽃은 아름답다'라는 책을 선물 받아 읽으며 목사님의 지나온 삶을 숨김없이 기록한 것을 보며 제 자신이 너무 부끄러웠습니다. 그리고 힘든 과정이었지만 긍정적인 생각으로 잘 극복하여 모든 사람들에게 희망과 용기, 그리고 하나님의 사랑을 전하는 모습에 감동을 받았습니다.

아내가 암 투병으로 힘들어할 때 '육적 고난은 영적 축복입니다. 말씀대로 사는 것이 축복입니다. 힘들어도 늘 긍정의 생각을 하는 것이 중요합니다.
어려움 속에서 자유함을 얻으십시오. 주님께 선택받은 것에 감사하십시오. 주님이 주인 되시면 모든 것을 책임지십니다. 무조건 감사를 선포하십시오. 감사할 때 하나님을 체험하게 됩니다.'

이렇게 말씀하시고 위로해 주셔서 지금은 환경에서 자유함으로, 모든 것을 주님께 맡기는 삶을 살고 있습니다.

저는 대기업에서 근무하며 세상적으로 부족함이 없는 삶을 살았고, 형제, 자녀가 주의 종으로 사역하는 믿음의 가정, 모든 사람들의 부러움을 받는 축복의 가정이었습니다. 그런데 3년 전 아내의 암 진단으로 영적 육적 고통이 시작되었습니다. 그때 목사님이 일대일 멘토가 되어 주셔서 저에게 온 환경을 믿음으로, 긍정의 해석을 할 수 있도록 조언해 주셨습니다.

현재 상황은 같지만 믿음의 눈이 떠져 더욱더 주님을 의지하고 있습니다. 고난이 축복이라고 한 해 동안 성경 3독을 하였고, 22년 동안 매주 목요일 남성 선교회 구역장으로 예배를 인도하여 구역이 배가 부흥하였습니다.
환경이 힘들 때 원망하기보다 감사하게 되었고, 아내가 통증으로 고통스러워할 때도 내 일보다 아내를 더 배려하는 마음으로 가정을 더 소중하게 섬기게 되었습니다.

신앙생활을 하면서 우선순위에 실패하는 경우가 종종 있었습니다. '너희는 먼저 그의 나라와 의를 구하라 그리하면 이 모든 것을 너희에게 더하시리라'

라고 하셨는데 하나님의 일보다 내 일이 우선될 때가 더 많았습니다. 그리고 내가 열심히 수고하는 일과 물질이 우리 가정을 지켜주는 줄 알았는데, 그 일과 물질이 나의 영혼과 육체를 더욱 무겁게 하였습니다.

이제부터는 마음을 견고하게 하여 말씀대로 실천하는 구별된 삶을 살겠습니다. 그동안 목사님의 멘토링을 통해 환경을 바라보는 관점이 하나님의 관점으로 바라보게 되었고, 원망과 부정적인 마음이 감사로 바뀌게 되어 늘 마음의 평안을 얻게 됩니다.

신앙에서 가장 중요한 것이 말씀과 삶의 일치라고 생각합니다. 제 신앙이 바로 서야 자녀들, 믿음의 후배들이 보고 배우게 될 것입니다. 그래서 저도 하나님만 바라보는 신앙인이 되려고 합니다. 고난을 통해 주의 율례를 배우게 되니 '고난이 유익'이라고 감히 고백합니다. 주님, 사랑합니다. 목사님, 사랑합니다.

장로님의 아내 되신 김옥자 권사님의 말씀: 남편 김관배 장로님은 목사님이 보내주시는 '오늘의 말씀'을 통해 새 힘을 공급받아 영성이 충만해져서 성경을 더 가까이하고, 구역을 바로 세우고, 아내 병간호를 잘 하신 것입니다.

김관배 장로님과의 만남은 평신도 임직자 훈련을 통해서였습니다. 제가 장소를 잘못 공지하여 안산제일 교회 장로피택자 7분이 부천으로 갔다 다시 돌아오게 되었습니다. 너무나 죄송해서 간증 서적을 선물하게 되었고, 임직피택자 대표이셨던 장로님의 연락처가 남아 있어 그 다음날부터 '오늘의 말씀'을 보내게 되었습니다. 하루도 빼놓지 않고 말씀에 대한 피드백을 해주셔서 잘못된 것들을 바로잡아주기도하며 지금까지 교제를 하고 있는 귀한 장로님이십니다. 아마 하나님의 필연적 만남이었던 것 같습니다.

후배들을 잘 섬기고, 늘 하나님 앞에 신실하신 장로님이십니다. 아내 되신 권사님이 항암 치료하실 때 조금 힘들어하시는 모습을 보여 '무조건 감사하십시오.'라고 말씀드렸는데 그대로 순종하셔서 어려운 고비를 잘 넘기고 계십니다. 아마 주님이 장로님의 가정을 사랑하셔서 관념적 신앙에서 실재적 신앙으로, 기복 신앙에서 십자가 신앙으로 변화시키기 위해 주신 고난이라 생각합니다. 이 땅에서 잘 사는 삶도 중요하지만 영원의 세계에서 받을 상급을 위해 살짝 고난을 주셨다고 믿습니다. 반드시 승리하실 것을 믿고, 주님께 더 가까이 가실 것을 믿습니다. 저는 모르고 있었는데 부족한 저를 멘토로 삼아 주심을 감사드립니다. 장로님의 피드백이 때로는 지치고 힘든 저에게 많은 힘이 되었습니다. 장로님의 귀한 믿음의 가정을 사랑하고 축복합니다.

6. '씨앗과 열매' 이우경 목사

"그런즉 그들이 믿지 아니하는 이를 어찌 부르리요 듣지도 못한 이를 어찌 믿으리요 전파하는 자가 없이 어찌 들으리요 보내심을 받지 아니하였으면 어찌 전파하리요 기록된 바 아름답도다 좋은 소식을 전하는 자들의 발이여 함과 같으니라"(롬 8:14-15)

5년 전 신학교에 다닐 때 옆에 앉아 함께 공부하던 짝꿍에게 '오늘의 말씀'을 받아 보게 되었습니다. 말씀이 은혜가 되어 그 은혜를 혼자 누리기 아까워 가까운 동기들에게 보내기 시작하였습니다. 폰 번호를 알게 되면 무조건 '오늘의 말씀'을 보내었습니다. 어떤 사람은 보내지 말라고 했고, 어떤 사람은 '아멘'으로 화답해 주었습니다. 그들이 주님을 더 깊이 알아가는 통로가 될 수 있다면 하는 마음으로 사명감을 가지고 전하였습니다.

제가 말씀을 보내는 사람들 중에는 '오늘의 말씀'을 사모하는 분들이 많습니다. 조금이라도 말씀을 늦게 보내면 그분들의 독촉에 애가 탑니다.

그들 중 아침 일찍 말씀을 받고 싶어 하는 사람들은 목사님에게 직접 연결해드렸습니다.

저는 가톨릭 신자에서 주님의 부름을 받아 신학을 공부했고, 주의 종의 길을 걸으며 때로는 답답한 환경과 십자가 복음, 신앙과 삶의 일치가 안 될 때 소통할 사람이 없어 답답했는데 목사님과의 만남을 통해 주님이 인도하셨다는 것을 깨닫고 감사드립니다.

저는 '오늘의 말씀'을 통해 나의 신앙 상태를 늘 점검받고 있습니다. 내가 주님 안에서 이탈되지는 않았는지, 막연하다 싶을 때는 언제든 주님의 말씀을 통해 답을 주십니다. 그러면 또 힘을 내어 달려가게 되니 '오늘의 말씀'은 나에게 비타민과 같은 영양제입니다.

3년 전에 하나님께서 믿음으로 순종하게 하신 일이 있습니다. 그 다음 날 '오늘의 말씀'을 통해 명확하게 확증시켜 주셔서 놀라울 만큼 주님의 일하심에 감동을 받았습니다.

오래전부터 알고 지내던 동생이 외국에 살고 있는데 '오늘의 말씀'을 보내게 되었습니다. 그냥 꾸준히 전달만 했는데, 어느 날 동생이 어떻게 하면 이런 믿음으로 살아갈 수 있는지 물었습니다. 그 당시 동생은 늦은 나이에 결혼을 하여 시어머님과 남편 사이에서 갈등하며 힘든 시간을 보내고 있었습니다. 교회는 다녔지만 믿음으로 바로 서지 못 했던 것입니다. 그래서 삶이 황폐하고 마음이 병들어가고 있었습니다.

동생과 신앙의 대화를 나누며 위로와 힘을 주고 있었는데 어느새 믿음이 훌쩍 자라 기도하며 예배가 회복되었다는 것입니다. '오늘의 말씀'을 부부가 함께 읽으며 은혜를 받고 있었습니다. 그리고 주변 사람들에게 씨 뿌리기를 시작하였고, 감사와 기쁨으로 하루를 살아간다는 것입니다. 주 님 안에서 꿈과 소망을 가지고 그 꿈을 이루며 늘 감사하다며 행복한 모 습으로 살아가고 있습니다.

우리가 참 하나님을 만나지 못할 때 우리의 삶은 메말라 황폐해집니다. 그런데 '오늘의 말씀'이 가물어 척박한 땅에 촉촉이 내리는 단비와 같이 매일매일 영양분을 공급하며 좋은 땅으로 만들어가는 아주 큰 역할을 하 고 있음을 자랑하고 싶습니다.

매일 하루도 빠지지 않고 수많은 사람들에게 복음의 씨앗을 깊게 내리 도록 애를 쓰시는 목사님의 노고에 깊은 감사드리며 주님께서 기뻐 받으 시는 사역의 길과 목사님 가정에 주님의 풍성한 은혜가 임하시길 기도드 립니다.

이우경 목사님을 처음 만났을 때는 전도사님이셨습니다. 신촌교회 류은주 집사님이 저에게 직접 말씀을 보내드리라고 전도사님의 연락 처를 알려주셨습니다. 그리고 어느 날 전도사님이 사무실로 방문하여 처음 얼굴을 대면하였고, 늘 말씀으로 피드백을 주고받으며 이제 좋 은 친구가 되었습니다. 얼마 전 목사안수를 받았고, 여자 목회자들이 많지 않아서인지 좋은 동역자로 서로 힘들 때 위로해주는 그런 관계 로 잘 지내고 있습니다. 늘 격려해주시고 힘주시는 목사님과 같은 동 역자가 있어서 참 행복합니다. 목사님의 사역의 길이 활짝 열리기를 기도합니다. 목사님, 사랑하고 축복합니다.

7. '선한 청지기' (홍성철 집사)

    저희 교회 순장님께서 단톡방에 가끔 '오늘의 말씀'을 올려 주셨는데 말씀에 갈급한 저는 매일 올려달라고 부탁하였습니다. 그런데 순장님도 다른 분에게 받아서 올리는 것이라고 오지 않으면 어쩔 수 없이 올리지 못한다고 해서 포기하게 되었습니다.

    그런데 전도 동력 세미나 광고를 통해 목사님의 연락처를 알게 되었고, 통화를 한 후 김 정 집사와 함께 전도 동력 세미나에 참석해서 목사님을 잠시 뵐 수 있었습니다. 그때 '오늘의 말씀'을 직접 보내주시길 부탁하였습니다. 평소에 궁금했던 것들을 질문했는데 자세히 설명해 주셔서 마치 친누이처럼 친근하게 느껴졌습니다. 그리고 이제는 제가 말씀을 직접 전달 받아 다른 사람들에게 전하게 되었습니다.

    SNS에 떠도는 어떤 말씀과도 비교할 수 없는 깊이 있는 말씀을 통해 날마다 나를 버리고 예수님이 채워지도록 기도하고 있습니다. 어떤 동생은 매일 말씀을 보내주어 고맙다고 스승의 날 선물까지 주고 갔습니다. 처음으로 느끼는 보람이었습니다. 앞으로 저는 더 많은 사람들에게 '오늘의 말씀'을 전하는 청지기로 살아가겠습니다.

'나침판과 같은 말씀' 김 정 집사(사랑의 교회)

매일 아침 받아보는 목사님의 '오늘의 말씀'은 넓은 바다 가운데서 표류하기 쉬운 우리들(나)에게 참된 크리스천으로서 나가야 할 방향을 제시해 주는 나침판과 같은 역할이 되어주기도 하고, 때로는 심한 갈증과 영적인 무기력에 빠져 참 기쁨이 무엇인지 모르고 살아가는 세상 사람들에게 "주 예수 내 맘에 들어와 계신 후 변하여 새사람 되고, 내가 늘 바라던 참 빛을 찾음도 주 예수 내 맘에 오심, 물밀듯 내 맘에 기쁨이 넘침은 주 예수 내 맘에 오심"이라고 찬양하며 복음을 전하는 메신저라 생각됩니다.

그리고 무엇보다 자기 정체성을 잃어버리고 살아가기 쉬운 세상의 시류 가운데서 내가 누구인지? 나의 소명은 무엇인지? 어디로 향해 가야 하는지를 일깨워주는 역할을 해 주는 귀한 분이라 생각됩니다.

신간 출판을 진심으로 축하드립니다.

'사도바울의 심정' 오정록 집사(사랑의 교회)

목사님이 보내주신 '오늘의 말씀'을 다 읽고 묵상하고 나면 댓글이 쓰고 싶어집니다. 마치 오랜 기간 알고 지내온 지인이 보낸 것처럼 느껴집니다. 매일 보내주시는 말씀의 깊이가 SNS에서 떠다니는 그런 종류와는 다르기 때문입니다. 은혜, 깨달음, 새롭게 앎이 너무 감사해서 그냥 지나치기는 죄송한 마음이 듭니다.

목사님에 대해 아는 바는 전혀 없지만 날마다 고백처럼 적어주시는 오늘의 말씀, "내 안에 주님이 계십니다. 그분은 나의 주인이십니다."를 통해 목사님을 알아가고 있고, 이를 증명하듯 일관된 말씀의 흐름 속에서 확인하게 되었습니다.

특별히 다른 곳에는 없는 And...로 시작되는 삶의 간증과 나눔, 적용 부분은 한 번 더 읽고 묵상합니다. 최근에 받은 말씀 중에 인간의 실체는 육체가 아니라 영혼이라는 말씀을 묵상하면서, 육체를 위해서는 이렇게 열심히 사는데 나의 영혼은 너무 메말라가고 있음을 깨닫게 하셨습니다.

그날 이후 교회에서 진행하고 있는 72절 요절 암송을 12월말까지 진행하는데 마음을 정하고 열심히 암송하고 있습니다.

"우리가 그를 전파하여 각 사람을 권하고 모든 지혜로 각 사람을 가르침은 각 사람을 그리스도 안에서 완전한 자로 세우려 함이니 나도 내 속에서 능력으로 역사하시는 이의 역사를 따라 힘을 다하여 수고하노라"(골로새서 1:28-29)

요절 암송 마지막 부분에 나오는 말씀인데 지금 목사님의 '오늘의 말씀' 사역이 사도바울과 같은 심정으로 하시는 사역이라 생각합니다.

그리고 목사님과 매일 목사님의 말씀을 받는 모든 지체들이 '오늘의 말씀'을 통해 영혼이 살찌고 믿음 안에서 완전한 자로 세워져 가기를 소원합니다.
감사합니다. 목사님.

'주님이 기뻐하시는 삶' 남강열 순장(사랑의 교회)

어떻게 살아야 하는가? 어떤 삶이 주님을 생각하는 삶인가? 소명을 가지고 사는 방법은 없을까? 현실의 삶은 미디어 집단에 매몰되어 허덕이는 삶인데 말씀에 의존하여 사는 삶은 없을까? 생각 중에 "내 안에 주님이 계십니다. 주님은 나의 주인이십니다. 오늘도 나는 주님을 나타내는 그릇으로 살아갑니다." 이것이 주님을 바라보는 삶이라 생각합니다. 좋은 글이든 설교든 한 번에 다 소화할 수는 없지만 최소한 설교자의 설교 준비 시간을 생각하면 2~3회는 보아야 그 마음을 조금 알 것 같습니다.

저는 아침마다 '오늘의 말씀'이 오면 조용한 장소에서 5분 동안 소리 내어 읽고 녹음을 합니다. 그리고 메모에 저장을 하고 녹음된 부분을 운전할 때나 이동할 때 듣습니다. 벌써 메모 저장이 몇 천 건이 되었고 그 말씀들을 다락방 모임 등에서 활용하고 있습니다.

인생의 고난과 슬픔, 실패의 터널을 통과할 때 '오늘의 말씀'이 저를 위한 말씀임을 알고 참으로 감사하고 있습니다. 허무한 인생이 소명을 갖고 사는 인생이 되리라 확신합니다.

힘든 현실이지만 내가 세상과 싸우는 것이 아니라 주님이 세상과 싸우시기에 다가올 미래는 걱정 없이 주님만 의지하며 기쁨과 감사한 마음으로 날마다 영 육간 말씀과 기도로 매일매일 기쁨으로 살고 있습니다. 늘 좋은 말씀 보내주셔서 감사합니다.

오정록 남강열 집사님은 일면식도 없는 분이십니다. 그런데 신촌교회 류은주 집사님이 전도폭발 훈련에서 함께 전도를 배우던 사랑의 교회 남강열 집사님에게 '오늘의 말씀'을 보내게 되었습니다. 그리고 남강열 집사님은 섬기던 다락방의 단톡에 '오늘의 말씀'을 올려놓았고, 그 글을 홍성철 집사님이 읽고 저를 찾아온 것입니다.

홍성철 집사님은 1년 반쯤 전에 '오늘의 말씀'을 읽던 중 궁금한 것이 있다며 전도 동력세미나가 열리고 있는 소망 수양관으로 김정 집사님과 함께 저를 찾아오셨습니다. 그곳에서 잠시 만남을 가졌는데 그 후로 '오늘의 말씀'을 여러분들에게 전달하시며 때로는 신간 서적, 기도 의자, 영양제, 과일 등 여러 가지 선물을 보내주십니다. 이번 출판에 간증 자료가 필요하다고 하니 친구분들에게 수소문해서 간증 자료를 보내주셨습니다.

하나님께서 저를 통해 문서 선교를 시작하셨고, 저는 어떻게 진행되고 있는지, 어떤 사람들이 읽어보는지 모른 채 묵묵히 하루에 최선을 다하고 있었는데, 이제 책이 출판할 때가 되니 하나님께서 그동안 하셨던 일들을 제게 보이십니다. 아, 하나님께서 이렇게 많은 사람들에게 전달하게 하셨구나. 그리고 사람들을 이렇게 변화시키시는 구나, 여러 집사님들의 간증을 읽으며 주님의 도구가 되는 일이 이렇게 아름답고 보람된 일이라는 것을 깨닫습니다. 더 정결한 자세로 주님의 도구가 되어 주님께서 마음껏 저라는 도구를 통해 일해 나가시기를 기도합니다. 네 분 집사님에게 큰 감사를 드리고 하나님 나라의 일꾼으로 성장해 나가기를 기도드립니다.

8. '변화된 나의 삶' 윤석현 청년(한빛 교회)

저는 강북구 수유동에 위치한 한빛 재단에 소속된 한빛 교회를 섬기고 있는 윤석현 성도입니다. 시각장애인 전문 음악인들로 구성된 한빛예술단에서 트럼펫 수석 단원으로 연주활동을 하고 있습니다. 한빛 재단은 시각장애인들로만 이루어진 사회복지 기관이며 학교, 기숙사, 기업형 안마센터 등과 앞서 말씀드린 한빛 예술단 및 중증 장애인 요양 시설과 교회로 이루어진 사회복지 기관입니다.

제가 어렸을 때부터 현재에 이르기까지 한빛재단에 속하였으며, 유치부부터 취업에 이르기까지 한빛재단에서 모든 과정을 이수하였습니다. 특별히 한빛재단은 기독교 정신으로 운영되고 있습니다. 모든 기관들이 하루의 업무를 시작하기 전, 반드시 예배를 드리며 하루를 엽니다. 또한 음악적 재능이 뛰어난 시각장애인들을 선발하여 음악인들을 양성하는 전문 음악교육과정인, 일반 음대에 준하는 '음악 전공과'라는 교육과정이 있습니다. 한빛예술단은 음악 전공과에서 교육을 받은 직업인들입니다. 저는 한빛교회 성도로서 교회에서는 트럼펫으로 회중들의 찬양을 돕는 반주를 담당하고 있습니다.

저는 7개월 만에 세상에 태어났으며 3개월간 인큐베이터에서 자랐습니다. 실명의 원인은 의료진의 실수로, 안대를 채우지 않은 상태로 인큐베이터의 빛을 쏘였기 때문입니다. 빛으로 인해 시신경이 다 타버렸고,

망막이 손상되는 사고가 발생하여 미숙아망막증이라는 진단을 받았으며 실명하게 되었습니다.

저는 저의 장애를 부끄럽게 생각하지 않습니다. 오히려 제가 모든 것을 인지하기 전에 사건이 발생되었고, 이미 모든 사실을 인지하였을 때에는 시각장애인이 된 상태였으므로 모든 것이 다 자연스러웠습니다. 그리하여 후천적 시각장애인들보다 빠른 재활을 이룰 수 있는 계기가 되었습니다. 그래서 저는 하나님께 감사합니다.

비록 앞을 전혀 보지 못하는 1급 시각장애인으로 살아가고 있지만, 오히려 저의 장애가 하나님과 더욱더 가까워질 수 있는 요소라고 생각합니다. 남들보다도 더욱 간절하게 한 번 더 기도할 수 있음에 감사하고 있습니다.

저의 삶은 늘 중요한 시험을 앞둔 응시생과 같습니다. 여러분들께서 보시기에는 아무것도 아닌 것들이 시각장애가 있는 저에게는 늘 긴장의 연속입니다. 밥을 먹는 것, 길을 걷는 것, 연주하기 위해 악보를 외우는 것, 주전자에 물을 따르는 것, 참치 캔을 따는 것 등등, 늘 반복되는 일상이지만 잘못될까 긴장이 되는 것 또한 저의 솔직한 고백입니다. 그러나 이러한 부분들로 인하여 하나님의 도우심을 바라고 기도할 수 있음에 감사하고 있습니다.

지금부터 4년 전, 2015년 11월, 하나님의 은혜가 아니었다면 이 자리에 있을 수 없었을 것입니다. 그 당시 비강암 3기 진단을 받았습니다. 큰 병원들을 돌아다녀 보아도 의사 선생님들의 공통적인 말씀은 "가망이 없다"라는 것이었습니다. 저는 하나님 앞에 무릎을 꿇고 기도하였습니다. "하나님, 저를 살려주세요. 비강암에서 자유하게 해주세요. 많은 의사선생님들이 저더러 이대로 살다 죽으라고 합니다. 트럼펫을 놓으라고 합니다. 하나님, 저는 이 병에서 자유하기 원합니다. 건강한 몸으로 트럼펫 연주자로서의 삶을 살게 해주세요. 하나님, 저를 살려주세요. 저를 치료해 주실 좋은 의사선생님을 만나게 해주세요." 날마다 이렇게 눈물로 부르짖어 기도하였습니다.

그러던 중 코를 전문으로 보시는 의사선생님들에 관한 모든 정보를 알아보고, 진단 영상 CT를 각 병원에 보내고 하루하루를 보내던 중 우연히 EBS 방송에서 방영되는 '명의'라는 의학 프로그램을 시청하게 되었습니다. 방송의 주제는 이비인후과 질환 중 코에 관한 모든 질환이었습니다. 그런데 그 방송을 시청하면서 제 마음에 감동이 일어났습니다. 방송에 나오신 의사선생님을 만나 치료받으면 비강암이 깨끗이 나을 것 같다는 믿음의 확신이 생겼습니다.

이튿날 해당 병원에 연락하여 진료를 받게 되었습니다. 그 선생님도 같은 진단을 내리셨습니다. 수술적 치료를 하더라도 3기이기 때문에 수술의 성공 가능성은 50%라고 하셨습니다. 그러나 저는 감사했습니다. 그동안 "이대로 살다 죽으라"는 소리를 많이 들었는데 50%의 가능성에 소망을 갖게 되었습니다. 수술은 주님의 은혜로 성공적으로 잘 되었습니다. 비강암이 식도로 전이되어 식도 전체를 절제하게 되었습니다. 그리고 위의 일부를 이용하여 식도를 재건하였습니다. 제 몸에서는 위의 일부가 식도를 대신하는 역할을 하고 있습니다. 음식을 먹을 때 조금 어려움이 있지만 잘 적응하고 있습니다. 해마다 검진을 받는데 지금까지 아무런 이상

소견 없이 정상적으로 기능이 유지되고 있습니다.

지금까지 저의 삶은 온전히 하나님의 은혜로 오늘의 제가 있음을 고백합니다. 앞으로 저는 늘 하나님의 영광을 나타내는 삶을 살 것이며 하나님의 말씀대로 음악을 통해 빛과 소금의 역할을 잘 감당하며 주님을 전하는 도구로서 부족함이 없는 사람이 될 수 있도록 늘 기도와 열심을 다하는 '한 사람'이 되도록 하겠습니다.

할렐루야! 모든 영광을 하나님께 돌립니다. 감사합니다.

'오늘의 말씀'에 대한 간증.
2019년 1월 한빛교회에 오신 전도사님을 통해 백만숙 목사님이 보내주시는 '오늘의 말씀'을 접하게 되었습니다. '오늘의 말씀'을 접하기 전 나의 삶은 흑백논리와 율법적인 삶, 교만과 독선으로 가득 찬 삶, 그 자체였습니다. 신앙과는 전혀 거리가 먼 삶이었습니다. 주님 안에서 자유하지 못하였고, 주님이 하실 일까지도 제 자신의 능력인 줄 아는 그런 삶이었습니다. 늘 불안하고 초조하였습니다.

오케스트라의 수석단원으로서 대중을 의식하였고, 지나치다 싶을 정도로 사람을 의식하게 되었습니다. 폼에 살고 폼에 죽는 사람이었습니다. 그런 제가 '오늘의 말씀'을 접하게 되면서 흑백논리와 율법적인 사고방식에서 벗어났고 불안감에서 자유하게 되었습니다. 음악적인 모든 활동들을 온전하신 우리 주 여호와 하나님께 모두 맡길 수 있는 믿음도 생겼습니다.
어떠한 절망적인 상황에서도 불평보다는 감사부터 찾는 자신의 모습을 발견하게 됩니다. 지극히 사소한 것에도 감사하고 있습니다. 그리고 어렵고 딱딱하게만 느껴졌던 하나님의 말씀이 이해가 되기 시작했습니다. 또한 적용하는 삶을 살아야겠다는 확고한 결심과 실행에 옮김에 있어서 어떠한 것에도 흔들리지 않는 담대함의 요소가 되었습니다.

'오늘의 말씀'을 통해 은혜를 주신 하나님께 영광과 찬송을 드리며 백만숙 목사님께서 하시는 문서선교를 통하여 하나님의 놀라우신 역사가 일어나기를 간절히 기도드립니다.

많은 사람들이 말씀을 접하지만 변하는 사람은 그리 많지 않은 것 같습니다. 말씀에 은혜는 받으면서 삶에 적용하지 않기 때문입니다. 말씀이 삶에 적용되면 존재의 변화가 시작됩니다. 그 변화된 삶을 누리는 자들이 그리스도인입니다. 오케스트라의 수석의 자리를 지키려고 무단히 노력하는 자신에서 벗어나 이제 주님 안에서 누리게 되니 자유하다는 것입니다. 청년의 말에 공감이 갔습니다. 누리는 삶, 이것이 가장 축복인 것 같습니다.

우리는 다른 사람과 비교의 대상이 아닙니다. 하나님은 우리의 존재, 그 자체를 귀히 여기십니다. 하나님은 우리 각자 개인을 하나님이 쓰시는 용도에 맞추어 만드셨습니다. 오케스트라의 연주를 들어보면 여러 가지 악기가 제각각 소리를 내고 있습니다. 그중 어느 악기도 소홀하지 않고 다 중요하다고 생각합니다. 제 위치에서 자신의 소리를 내줄 때 아름다운 화음이 되어 들려오기 때문입니다. 우리도 예수님을 중심으로 다 각자의 위치에서 아름다운 소리를 낼 때 '하나님 나라'라는 아름다운 나라가 세워질 것이라 생각해 봅니다.

인간의 관점으로 보면 오케스트라에서도 중요한 포지션이 있을 것이고, 악기를 가장 잘 연주하는 수석의 자리도 있을 것입니다. 그러나 그 사람들을 빛나게 해 주는 사람은 사이드에 있는 사람들입니다. 하나님의 관점으로 보면 어느 하나 중요하지 않은 사람이 없습니다.

때로는 자신의 모습을 보며 위축이 드는 것은 자신의 관점으로 자신을 보기 때문인 것 같습니다. 우리는 하나님이 지으신 위대한 피조물입니다. 자신의 위치를 잘 지키는 것이 조화를 이루는 것입니다. 하나님은 일등을 원하지 않습니다. 사람의 눈에 보잘것없는 위치에 있을지라도 자신의 위치에서 최선을 다하는 사람을 하나님은 잘했다고 칭찬하십니다. 가장 아름다운 꽃은 들판에 피어있는 꽃인 것 같습니다. 그 꽃들은 생명력이 강하기 때문입니다.

자신을 사랑할 줄 아는 사람이 다른 사람도 사랑할 수 있습니다. 트럼펫을 연주해준 윤석현 청년이 받은 은혜를 간증했지만 저는 청년과의 대화를 통해 저의 작은 수고가 한 사람을 자유롭게 하는 통로가 되었다는 것에 하나님의 위로하심을 체험하게 됩니다.

우리는 혼자가 아닙니다. 하나님을 중심으로 모두 하나입니다. 주변에 있는 연약한 지체의 손을 잡고 함께 걷는 것, 그리고 주님과 함께 주님의 뜻대로 걷는 것, 그것이 가장 축복받은 사람의 모습입니다. 청년이 주님 안에서 자신의 능력을 주님 앞에 내려놓고, 주님이 연주하시도록 한다면 최상의 연주자가 될 것입니다. 우리 모두 그런 사람이 되길 기도합니다.

9. '모든 것이 하나님의 은혜'
(나이지리아 교회 이순덕 사모)

2019년 2월 28일 남편이 나이지리아 교회에 청빙을 받아 생애 처음으로 해외에 나가게 되었습니다. 인천 공항을 출발하여 카타르 공항을 경유하여 도착한 곳은 아프리카 나이지리아 라고스 공항이었습니다. 주변은 온통 흑인들로 가득하였고, 사람들이 하는 말을 도무지 알아들을 수 없었습니다. 30분이면 갈 수 있는 길을 차가 막혀 3시간이 걸려 깜깜한 밤이 되어서야 겨우 교회에 도착하게 되었습니다.

우리가 섬기는 교회는 나이지리아에 단 하나뿐인 한인교회로 성도의 수는 30명 정도였습니다. 지역의 특성상 정착한 교인은 그리 많지 않고 주로 회사문제로 잠시 출장을 오거나 사업 때문에 나오신 분들이 함께 예배를 드리는데 치안 문제가 좋지 않아 주 1회 오전 예배만 드리고 있습니다.

사역하면서 어려운 점이 있었는데 함께 사는 조이라는 가정부와의 갈등입니다. 조이는 토요일 현지인 예배의 찬양인도를 하고, 늘 찬양을 하기에 믿음이 좋은 줄 알았는데 가끔 고약한 일들을 합니다. 그릇이란 그릇은 모두 날카로운 칼로 스크래치를 내고 다닙니다. 야단을 치면 더 깊이 상처를 냅니다. 조이를 내보내야겠다는 마음을 먹고 기도를 하는데 하나님께서 "작은 계집 종 하나도 사랑하지 못하면서 무엇을 할 수 있겠느냐"고 물으셔서 "조이를 용서하고 사랑할 수 있게 해달라"고 기도하니 하나님께서 기뻐하셨습니다.

백 목사님이 보내주시는 '오늘의 말씀'을 통해 어떤 상황에서도 반응하지 않아야 한다는 것을 알면서도 자주 실패하는 제 모습을 보게 되었습니다. 그래도 계속 하나님께 '나를 변화 시켜 달라고' 기도하니 이제는 조이가 사고를 쳐도 반응하지 않게 되었습니다. 그리고 조이의 변화를 보았습니다. 그 아이 안에 하나님이 계시니까 내가 반응하지 않을 때 하나님이 반응하신 것입니다.

이곳에 올 때는 빈 몸으로 왔는데 사람들을 통해 많은 것들을 채워주셨습니다. 한국에 두고 온 가족들을 돌보아 주셨고, 모든 것이 하나님의 은혜라는 말을 실감하게 되었고, 하나님의 일은 하나님이 하신다는 것을 매주 식사 준비를 하면서 체험하게 됩니다. 지금까지는 음식의 맛을 내가 내는 줄 알았는데 이것도 하나님이 하신다는 것을 알게 되었습니다.

언제나 함께 하시는 하나님께 감사드립니다. 언제나 변함없이 '오늘의 말씀'을 보내주셔서 힘과 위로가 되게 하신 목사님께도 감사드립니다. '오늘의 말씀'은 현지에 있는 교인들과 함께 나누고 있습니다.

이순덕 사모님은 2019년 우리 성서신학원을 졸업하신 분이십니다. 2년 내내 반찬봉사로 원우들을 섬기셨고, 남편 목사님께서 나이지리아 한인교회로 가시게 되어 잠시 아쉬운 이별을 하게 되었습니다. 현지에서 십자가 복음을 삶에 적용하여 승리하고 계신다니 하나님께서 참 기뻐하실 것이라 생각합니다. 목사님과 사모님의 사역에 날마다 주님의 기적들이 일어나기를 소원합니다.

photo by mansook paik

10. 축복의 통로가 된 '오늘의 말씀'
(문혜민 : 콩나무 아트 대표)

2013년부터 일대일 양육을 받으며 넘치는 말씀의 과부화로 인해 겉은 예수를 잘 믿고 있는 것 같으나 습관적인 종교인이었습니다. 말씀을 자기중심적 태도로 내 뜻을 이루기 위해 필요한 수단으로 생각해 왔던 무의식적 태도가 있었다는 것이 지금에 와서야 점검이 되는 것 같습니다.

4년 동안 '오늘의 말씀'을 받아왔지만 그 말씀을 지속적으로 공유하지 않았고, 해야 할 필요성을 느끼지 못했습니다. 그러던 중 2018년 가을, 제 인생에 한계가 왔습니다. 지금까지 나 자신만을 위해 살아왔던 모든 삶을 되돌아보는 시간을 갖게 되었습니다.

어린 시절, 가난하고 우울했던 삶에서 벗어나 결혼 후 행복하고 안정된 삶이 되자 처음으로 도전한 심리교육원 창업이 성공적으로 번창하게 되었습니다. 모든 열정을 쏟아부었고, 10여 년 동안 일중독으로 살아왔습니다. 물론 모든 과정에서 하나님께 예배드리고, 감사하는 마음도 컸지만 마음 깊은 곳에서는 내 힘으로 행하는 교만함의 뿌리도 깊었습니다.

건강상의 문제와 영적 갈급함으로 잠시 일을 내려놓고 주님을 예배하는 일에 더 힘을 쓰니 잃어버린 첫사랑이 회복되었습니다. 그러면서 자연스럽게 센터의 선생님들의 신앙 상태에 대해 관심을 갖게 되었습니다. 교회에 출석하지 않는 세 분의 선생님들에게 복음을 전했는데 놀랍게도 저를 통해 주님을 만나게 되었습니다. 모든 것이 주님이 계획하신 일이고, 인도하심이라 꿈만 같은 감사한 시간이었습니다.

하나님께서는 '내 양을 먹이라, 내 양을 치라'는 말씀으로 본격적인 말씀 양육의 실천을 요구하셨습니다. 저는 함께 일하는 선생님들에게 말씀을 전할 경우 편견을 가지고 '오늘의 말씀'을 귀찮아할지도 모른다는 부정적 생각에 잡혀 선뜻 실천하지 못했습니다. 그런데 제가 먼저 '오늘의 말씀'에 은혜를 받게 되니 말씀을 꼭 전해야 한다는 결단을 하며 말씀을 보내게 되었습니다. 놀랍게도 불교 집안에서 자라 교회에 대한 부정적 선입견이 있던 최 선생님이 말씀을 읽으며 그 말씀이 삶에 힘이 되었다는 고백을 듣고 신선한 충격을 받았습니다. 성령께서 일하심을 믿고 본격적으로 말씀을 전달하기로 다짐하게 되었습니다.

센터 선생님들과 양육하고 있는 교육생들, 큰 어려움을 겪고 있는 내담자들, 학부모님들께 '오늘의 말씀'을 전달하고 있습니다. 제가 '오늘의 말씀'을 귀하게 여기면서 그 말씀을 받는 다른 사람들도 말씀을 귀하게 여기며 아침마다 '오늘의 말씀'이 오기를 기다리고 있는 모습이 제게는 큰 힘이 됩니다.

내담자들 중에는 교회에 대한 편견이 가득한 사람들이 있습니다. 아직 교회에 나오지는 않지만 '오늘의 말씀'을 읽으며 깨달은 은혜를 나누게 되어 놀랍기만 합니다.

최근에 에피소드가 있었습니다. 어느 선생님의 가족 중에 이단에 빠진 분이 있었는데 그분의 가족이 제가 매일 말씀을 톡으로 전하자 저를 이단으로 오해하셔서 그 선생님은 가족들로부터 핍박을 받게 되었습니다. 처음에는 황당하고 불쾌하기도 하였습니다. 그래서 이 부분을 놓고 기도하였습니다. 그런데 가슴 저미는 상처 속에서 오해하고 있는 가족들의 모습이 바로 제 모습이라는 것을 깨닫게 되었습니다. 저 역시 상처로 세상을 살다 보니 비뚤어진 시각으로 왜곡된 세상을 바라보았던 모습들이 하나둘씩 스쳐 지나갔습니다. 주님을 주인으로 모시지 못한 나의 연약함을 바라보며 통곡하며 회개하였습니다. 내가 스스로 상처받고 사단에게 속아 사람들을 평가하고 오해했던 지난날들이 너무도 부끄러웠습니다. 펑펑 울며 진실되게 회개하고 나니 하나님은 누군가에게 말씀을 공급할 사람, 또 누군가를 위해 하나님 아버지의 마음으로 중보기도를 해 줄 사람을 찾고 계신다는 것을 알 수 있었습니다. 왜곡된 눈으로 세상을 바라보았던 지난날들이 고통의 시간을 보내는 이웃들의 마음을 공감하게 되었습니다.

이제는 신앙인을 핍박하는 사람들을 위해 중보기도하는 삶으로 변화되었고, 제 속에는 그분들을 향한 하나님의 사랑이 부어지게 되었습니다.
영혼을 돌보고 기도하는 일에 대한 결과는 오직 주님께 맡길 뿐입니다.

이렇게 '오늘의 말씀'을 읽고 은혜를 끼치는 말씀의 통로, 양육의 일이 이제 저에겐 큰 기쁨이 되었고, 말씀을 받는 분들을 위해 쉬지 않고 중보기도하고 있습니다. 이렇게 하나님과 조금씩 더 가까워지는 하루하루에 감사드리며 오직 하나님께 영광 올려드립니다.

　문혜민 집사는 광진교회 성도이고, 성서신학원 학생입니다. 중학교 때부터 성장과정을 지켜보아 딸과 같은 친구입니다. 가정에서는 아내와 엄마로, 직장에서는 대표로, 신학원에서는 학생으로 몸은 하나인데 너무 바쁘게 움직입니다. 때로는 가냘픈 몸으로 너무 바쁘게 사는 것이 딱하기도 합니다.

　그런데 은혜 안에서 그 많은 일들을 잘 감당하고 있고, 직원들 전부를 전도한 하나님의 은혜를 입은 자입니다. 지금처럼 꾸준히 주님의 도구로 잘 성장해나가기를 기도합니다. 집사님을 통해 청소년들이 어둠에서 빛으로 나오는 그런 축복의 통로가 되기를 바라며, 사랑하고 축복합니다.

11. '진정한 자유와 평강' 유서영 집사(온누리 교회)

저는 50대 주부이며 아이들에게 책을 통해 사고력 수업을 하는 프리랜서 교사입니다. 남편은 외아들로서 유교적인 가부장적 사고를 가졌고, 고집이 강한 성격입니다. 술을 거의 매일 마시는 알코올 의존성이 높은 사람입니다. 5년 전 돌아가신 시아버님의 죽음으로 스트레스성 급성 당뇨가 생긴 남편은 술을 마시고 새벽에 들어오는 일이 비일비재했습니다. 또 술만 마시면 부정적이고 예민해지는 남편은 시비를 걸고 화를 내는 일이 많았습니다. 남매를 두었는데 큰 아들은 미국 대학에 유학 중이고 딸은 고3이 되었습니다.

2017년 6월 기도학교에서 만난 자매를 통해 '오늘의 말씀'을 받게 되었습니다. 처음에는 좋은 말씀이라는 생각으로 시간 날 때 읽어보는 정도였는데 어느 날부터 제 마음에 감동을 주었습니다. 이때 저희 아이들은 큰아이가 크리스천 대안학교 고등학교 2학년, 작은 아이가 중학생이었습니다. 큰 아들은 입시에 대한 불안감이 컸으며 미래에 대한 불확실로 힘들어

했습니다. 그 당시 급성 당뇨가 생긴 남편은 술을 너무 좋아해 술을 끊는 다는 것은 생각도 못 했고, 술 없이 사는 남편은 누구도 상상하지 못할 정도였습니다. 특히 당뇨가 있는 사람이 술을 마시고 인사불성 상태로 새벽에 들어오니 너무 걱정스러워 예민한 저는 밤을 꼬박 새우곤 하였습니다.

새벽 한두시까지 안 들어오고 연락도 안 될 때는 너무 두렵고 불안해서 집안 사정을 잘 알고 있는 기도 모임의 조장님께 새벽에도 불구하고 전화나 카톡으로 기도를 부탁드리며, 제 마음을 안정시킨 후 기도를 하지만 기도도 안 되고 너무 걱정이 되어 온갖 상상을 하며 울기만 했습니다.
울면서 신세 한탄을 하고, 내 기도에 응답이 없으신 하나님이 원망스럽고 멀게만 느껴졌으며 하나님도 교회도 다 그만두고 싶어졌습니다.

평소에는 머리로 하나님을 잘 알고 있다고 느꼈는데 이렇게 문제가 생기면 기도도 말씀도 눈에 들어오지 않았고, 당장 나를 위로해줄 사람들에게 달려가는 제 모습이었습니다. 결과적으로 아무것도 해결되지 않았고 저의 모습은 늘 수면 부족으로 피곤하고 지쳐 보였습니다.

그러던 어느 날 백만숙 목사님과 연락이 닿아 만나 뵙게 되었고, '오늘의 말씀'이 더욱 제 마음에 심어지게 되었습니다. 불안함과 두려움에 지친 저는 '오늘의 말씀'으로 새로운 복음을 깨닫게 되었고, 십자가에 대한 원리(복음)는 머리로만 알던 믿음이 행할 수 있는 적용하는 믿음으로 변화되었으며 하나님을 온전히 알게 되었습니다. 하나님은 저를 불쌍히 여기시고 백 목사님이 보내주시는 '오늘의 말씀'으로 제 삶을 구원하셨습니다.

"내 안에 주님이 계십니다. 주님은 나의 주인이십니다. 오늘도 나는 주님을 나타내는 그릇으로 살아갑니다."

예수께서 승천하시며 각 사람에게 보혜사 성령을 보내주신 말씀이 '오늘의 말씀'을 읽으며 깨달아지니 내 안에 계신 성령 하나님을 바라보게 되었습니다. 남편과 아이들에게 문제가 생길 때마다 두려움과 큰 절망으로 항상 어둡고 지친 삶을 살았던 저는 진정한 복음을 알게 되었습니다. 거짓 자아에 속아 문제만을 크게 바라보며 내 안에 계신 주님, 나의 주인이신 하나님을 바라보지 못했고, 문제에 눌려 진정한 참 주인을 놓치고 세상으로 달려가 내 문제를 해결하고자 했으나 결국 실패의 삶을 살았던 것입니다.

또 내가 주인 되어 모든 간구를 하며 들어달라고 징징거리며 떼를 쓰던 기도로 지쳐갔고 능력 없고 믿음 없는 기복 신앙에서 진정한 참 주인이신 하나님께 모든 것을 맡기게 되어 진정한 자유와 평강을 누리게 되었습니다.

'오늘의 말씀'을 읽으며 복음이 깨달아지니 나의 참 자아, 하나님을 만났고 내 안에 계신 하나님을 주인으로 모시어 나를 십자가에 못 박고 종으로 사는 삶이 진정한 안식과 은혜임을 느끼게 되었습니다. 또 이러한 복음이 생활에 적용되어 살아가는 것이 너무 신기하고 놀라웠습니다. 남편이 새벽에 들어오는 날에도 이것은 주인이신 하나님이 하실 문제이기 때문에 주님께 맡기고 기도와 찬양으로 하나님 앞으로 나갔습니다. 마음이 불안하고 두려움이 찾아올 때 성경 말씀을 읽으며 평강과 안식을 주시는 주님께 무한한 감사를 드렸고, 늦게 들어온 남편에게 반응하지 않는 저를 보며 저 자신도 놀랐습니다.

"내가 사망의 음침한 골짜기로 다닐지라도 해를 두려워하지 않을 것은 주께서 나와 함께 하심이라 주의 지팡이와 막대기가 나를 안위하시나이다."(시편 23:3-4)

'오늘의 말씀'에서 가장 제 마음에 감동을 준 것은 십자가에 못 박힌 예수님과 죄인인 제가 함께 못 박혔고, 이제 제가 주인인 삶에서 하나님을 저의 주인으로 모시는 삶으로 변화되었다는 십자가 체험이 제 삶에 이루어진 놀라운 일입니다. 거듭나는 중생의 삶이 제게 이루어졌다는 것이 신기하고 감사했습니다.

술을 마시고 늦게 들어온 남편에게, 또 가부장적인 남편이 강한 말로 나를 무시할 때 환경에 반응하지 않고 주님께 달려가서 "하나님, 제가 이 가정에서 어떻게 살기를 원하십니까?" 하나님의 뜻을 구하며 주인이신 하나님만 바라보았더니 놀랍게도 남편은 술을 조절하고 새벽에 들어오는 일이 거의 없어졌다는 것입니다. 밉기만 했던 남편이 어느 날부터 불쌍하고 안타깝게 느껴지는 것도 참 신기한 일입니다.

결코 내 마음, 내 뜻이 아닌 하나님의 마음이 내 안에 역사하셔서 주님의 마음으로 남편을 보게 되니 나도 모르게 맛있는 것들을 챙겨주고, 화가 나는 일도 줄어들었습니다.

나를 변화시켜주신 주님을 찬양합니다. 남편도 변화되는 제 모습에 강한 말이 줄고 입술에서 부드러운 말이 나오게 되었습니다. 할렐루야!

주님만 바라보니 주님이 일하고 계심을 느끼며 안정이 되니 아직도 하나님을 거부하고 사는 남편이지만 하나님의 완전하신 때에 놀라운 구원의 역사가 이루어질 것을 믿기에 잠잠히 주님만 바라봅니다. 영혼 구원은 주인이신 하나님의 일이기 때문입니다.

우리가 그의 죽으심과 같은 죽음을 죽어서 그와 연합하는 사람이 되었으면 우리는 부활에 있어서도 또한 그와 연합하는 사람이 될 것입니다(롬 6:5).

하나님을 믿는 기독교인으로 삶과 신앙이 분리된 삶에서 항상 두렵고 미래를 염려하며, 어둠에 살던 실패한 삶이었는데 축복의 통로(믿음의 통로)인 백 목사님의 '오늘의 말씀'이 새로운 삶이 되어 나를 구원하는 '십자가의 도' 복음을 깨닫게 해주었습니다. 목사님께 진심으로 감사드립니다. 진정한 십자가 복음으로 제 삶과 저의 가정은 새롭게 변화되어 다시 거듭나게 되었고, 날마다 복음의 능력으로 살아가는 나의 삶에 새 일을 행하시는 나의 참 자아이신 하나님께 영광과 존귀와 찬양을 올려드립니다. 아멘.

감사합니다. 나의 하나님!!!

유서영 집사님은 '오늘의 말씀'을 보내던 사람이 보내다 안 보내다 하여 직접 말씀을 보내 달라며 연락을 해 오셨습니다. 그리고 사무실로 찾아와 상담을 하게 되었고, 가장 십자가 복음을 잘 실천하는 분이기도 합니다. 영적으로 해석하지 못하면 환경에 대해 도저히 이해할 수 없는 상황 속에서 오직 주님만 바라보며 하루하루에 최선을 다하고 있습니다. 저는 개인적으로 이런 분들이 많아지기를 기도하고 있습니다. 하나님 나라가 이들의 삶 속에서 이루어지기를 소망합니다.

photo by mansook paik

12. '내가 깨달은 십자가 복음' (구연회 집사)

50개월을 병상에 계셨던 아버지가 돌아가신지 1년이 넘었습니다. 세상의 눈으로 본다면 아버지의 회복을 위해 그렇게 열심히 기도하고 소망했건만 아버지는 자리에 누우신 후 가족들과 소통 한번 못해보고 그렇게 가셨으니 50개월은 그저 힘들게 지나간 허망함의 시간일 뿐일 것입니다. 그러나 믿음의 눈으로 바라보면 그 아픔의 시간 가운데 있었던 그 50개월을 우리 가족이 희망을 붙들고 견딜 수 있었던 것은 순전히 하나님의 은혜라고 고백할 수밖에 없습니다.

아버지를 받아줄 병원이 없어 엄마랑 길바닥에서 대성통곡을 했던 시간, 수많은 고비의 시간들이 주마등처럼 지나가는 그 아픔의 시간들이 주님만 그저 바라볼 수밖에 없던 시간이었음을, 때때마다 우리 가족만이 알 수 있는 주님의 위로로 인해 그 긴 세월을 한결같이 버틸 수 있었습니다. 아버지가 돌아가시던 순간까지 희망의 끈을 놓지 않도록 붙들어주신 분도 주님이시고, 돌아가신 이후에는 그 허전함과 슬픔을 위로하기 위해 제 3자를 통해 아버지가 천국에 계시다는 것을 알려주신 분도 주님이셨습니다.

아버지를 통한 그 고난의 시간을 통해 진짜 복음(십자가 복음)을 알게 되었고, 돌아가신 지금에는 천국의 소망이 있기에 우리 가족이 겪었던 모든 시간들을 감사할 수 있게 되었습니다. 그리고 그 시간 가운데 백만숙 목사님을 통해 주님께서 보내주시는 '오늘의 말씀'이 우리 가족에게 얼마나 큰 힘이 되었는지 모릅니다.

아침 시간이 아무리 바쁘더라도 수많은 지인들에게 '오늘의 말씀'을 보내는 것은 저에게 가장 중요한 일과가 되었습니다. 언젠가 남편이 "당신이 그렇게 열심히 보낸다고 받는 사람들이 그 말씀을 다 읽을까? 어쩌면 다른 카톡과 같이 쓸모없는 취급을 받을 수도 있다."라고 말한 적이 있습니다. "나의 역할은 그저 이 말씀을 보내는 전달자 일뿐, 그 사람들이 읽고 안 읽는 것은 주님의 소관이지요. 언젠가 필요하면 다 읽고 깨닫게 될 것입니다."라고 대답하였습니다. 그렇습니다. 나는 하나님의 타이밍을 소망하며 기다릴 뿐입니다.

현재는 말씀이 들리지 않는 시기입니다. 복음 전달자의 역할을 수행하지 못하는, 교회가 교회 답지 못한 이 소망 없는 시대에 SNS를 통해 택한 자들과 소통하시는 놀라우신 하나님의 계획안에 제가 있다는 사실이 저를 너무나도 기쁘고 행복하게 합니다. 그리하여 이 역할이 오래도록 지속되기를, 그 안에서 쓰임 받는 기쁨을 느끼기를 간절히 소망합니다.

이 귀한 사역의 중심이신 백만숙 목사님, 한없이 감사하고 늘 한결같은 모습으로 귀한 사역을 감당하시기를 기도하고 또 기도하겠습니다.

구연회 집사님은 참 효녀입니다. 그분을 통해 저는 효도가 무엇인지를 배우게 되었습니다. 아버님의 투병을 통해 하나님의 사랑을 깨달았고, 십자가 복음을 깨달으신 귀한 집사님이십니다.

말씀을 보내던 사람이 보내다 안 보내다 하니 참 답답하여 번호를 물어 제게 직접 연락하여 말씀을 보내게 되었습니다. 구 집사님은 약사로서 제가 잠을 자지 못할 때, 제 건강에 필요한 약을 오랫동안 보내주셨습니다. 그리고 지금은 문서선교 헌금도 다달이 보내주십니다. 참 감사한 마음을 가지고 있습니다.

긴 투병 끝에 아버님께서 소천 하셨다고 연락이 와서 중앙대학교병원에 찾아가 구 집사님과 가족들을 만날 수 있었습니다. 먼저 소천하신 아버님은 참 좋은 가족들을 두셔서 행복했을 것입니다. 온 가족이 '오늘의 말씀'을 통해 십자가 복음을 체험하신다니 참 감사합니다.

이제 집사님께서 깨달은 진리들을 주변 사람들에게 잘 전달하시리라 믿습니다. 하나님 나라는 조용히 확장되고 있음에 참 감사합니다.

13. '고난이 유익' 최정호 집사(원당교회)

얼마 전 저는 엘리자베스 엘리엇의 '고통은 헛되지 않아요'라는 책을 읽게 되었습니다. 책을 읽고 난 후 느낀 것은 고난의 크기와 고통의 크기입니다. 제 삶의 과정에서 오는 고난과 '오늘의 말씀'을 받으며 알게 된 백목사님의 고난, 그리고 엘리자베스 엘리엇의 고난은 모양과 크기는 각자다르고 시간의 크기도 다르지만, 그 속에 매몰되어 있을 때 느끼는 고통의크기는 같거나 비슷할 수 있을 것이란 생각을 하게 되었습니다.

하나님은 감당할 수 있는 고난과 피할 수 있는 길을 주신다고 하셨으니 각자 고난의 한계가 다른 사람들에게 그들이 견딜 만큼의 고난을 주실것이라고 생각하게 되었습니다. 예전에는 별일이 아닌데 죽을 만큼 힘들어하는 사람이 이해가 되지 않았는데 책을 읽으며 큰 깨달음을 얻게 되었습니다.

저는 세 살 되던 해 아버지가 돌아가셨습니다. 아버지에 대한 기억은 전혀 없고, 사진을 보아도 아버지라는 느낌이 전혀 없었습니다. 어머니는 14살에 돌아가셨으니 삶이 순탄한 삶은 아니었습니다. 기억에도 없는 아버지의 유언으로 12살에 혼자 이복형이 있는 집에 가서 5년을 살게 되었습니다. 특목고에 진학했는데, 장학금을 받아 학비는 해결되었지만 기숙사비와 교복 등 부대비용을 충당하기 위해 아르바이트를 했는데 돈을 받지 못해 자퇴를 하게 되었습니다. 그 후의 삶은 파란만장한 삶이었습니다.

저는 제가 무언가에 붙들린 삶을 살고 있다는 것에 대해 상상해 본 적이 없으며 상황은 어렵더라도 열심히 노력하면 성공한다는 학교에서 배운 지식을 믿고 나름대로 최선을 다해 노력했습니다. 그런데 나이 40에 내 노력으로 할 수 있는 것이 아무것도 없다는 것을 알게 되었고, 얼마 전에 제 삶이 붙들린 삶이라는 것을 알게 되었습니다.

'오늘의 말씀'을 받게 된 것은 2년 정도 되었고, 목사님이 출판한 책을 통해 깨닫게 된 것은 '하나님이 택한 사람은 절대로 놓치지 않는다'는 것이었습니다. 처음 고난에 대한 글을 썼을 때는 큰 의미를 깨닫지 못했습니다. 새신자일 적, 목사님께서 '고난이 유익'이란 설교를 하시면 속으로 비웃으며 '당신도 고난을 당해보세요. 그런 말이 나오는지...'라고 생각했습니다.

그리고 이후 삶이 해석되면서 하나님의 실존과 목사님을 통해 이루시려는 뜻이 있다는 것을 발견하게 되었습니다. 하나님께서 목사님을 통해 알게 하신 것도 '고난이 유익'이라는 것이었고, 엘리자베스 엘리엇의 고난에서도, 저의 삶 속에서도 공통적으로 알게 하신 것은 '고난이 유익'이었습니다.

고난은 유익입니다. 그리고 그 너머에 하나님의 사랑과 축복이 있습니다. 하나님께서 나를 특별히 선택하셨다는 것을 알게 될 때 진정 '고난이 유익'이라는 고백을 할 수 있을 것입니다. 그 고난 너머에 천국의 실존과 천국의 확신이 있습니다.

고난이 유익이라는 것을 알게 해주신 하나님께 감사드리고, 본인의 모든 삶을 오픈하여 책을 출판하신 목사님께 찬사를 보냅니다.

최정호 집사님은 신학원에 입학하려고 문의하는 과정에 알게 된 분이십니다. 참 올곧다는 표현을 쓸 만큼 바르신 분입니다. 하나님에 대한 순수함이 있고, 불의함을 참지 못하는 의로움이 있지만 역으로 하나님 말씀을 가장 순수하게 받아들이고 있습니다. 집사님이 하나님의 축복의 통로로 쓰임 받게 되기를 바랍니다.

14. '내 안에 주님만 사십니다. 유영란 집사(금성교회)

먼저 하나님께 감사드립니다.

지금까지 나를 인도해주신 모든 것들이 감사하고 은혜입니다. 목마르고 지치고 힘이 들었을 때 백 목사님을 만나게 하시고 '오늘의 말씀'을 묵상하며 하루하루 은혜 가운데 살고 있습니다.

지난해 힘든 일을 겪으며 자아가 깨어지고 하나님만 의지하며 6개월간 스스로 훈련하며 달려왔습니다. 일과 사람에 지쳐 탈진 상태에서 휴식의 시간을 가졌습니다. 휴식기간 동안 아침 금식을 하며 혼자 묵상하고 기도하며 지낼 때 하나님께서 말씀으로 위로하시며 참 쉼을 주셨습니다.

초등학교 4학년 때 처음 교회에 나가기 시작하여 대학생 때 선교의 사명을 주셨습니다. 결혼 후 교회에서 리더와 선교부 봉사, 열정적인 신앙생활을 하게 하셨고, 새벽 제단을 쌓을 수 있었습니다. 이사를 하게 되면서 가까운 곳에 있는 교회로 인도해 주셔서 구역장, 교사, 찬양대 봉사로 섬기고 있습니다. 두 딸은 모태신앙인으로 유아세례를 받았습니다.

어느 날 하나님께서 직장은 한 번도 지각, 결석 안 하면서 왜 새벽 기도는 못하느냐? 라는 마음을 주셔서 하나님께 직장에 나갈 힘이 있으면 새벽 기도에 가겠다고 약속했더니 전도의 문을 열어주셨습니다. 순종할 때 주님이 역사하심을 체험하였습니다.

하루를 감사와 찬양으로 시작하고, 감사로 마무리하고 있습니다. 성경 읽기는 하루에 잠언 한 장을 묵상하고, 찬송으로 마무리합니다. 하나님의 말씀과 기도 없이는 단 하루도 살 수 없을 정도로 하나님과 사랑에 푹 빠져 살고 있습니다. 또한 매일 보내주시는 '오늘의 말씀'을 묵상하며 도전을 받고, 은혜 안에 살고 있습니다. 그리고 목사님께서 신앙에 대해 많은 조언을 해주십니다. 특히 여자목사님을 좋아하는데 하나님께서 백 목사님을 선물로 보내주신 것 같습니다. 부족하지만 간증의 기회를 주심도 감사드립니다.

새로운 직장을 주셔서 열정을 다해 일하고 있습니다. 하나님은 참으로 신묘막측 하시고 신실하신 분이십니다. 주님께서 환경을 허락하신다면 신학원에 입학해서 공부하고 싶습니다. 모든 일을 하나님의 뜻 안에서 할 수 있도록 기도하고 있습니다.

"내 안에 주님만 사십니다." 그래서 기쁘고 감사합니다.

유영란 집사님은 신학원 입학 상담을 통해 알게 된 분입니다. 그때부터 카톡으로 '오늘의 말씀'을 보냈는데 얼마나 피드백을 잘 해주는지 참 감사한 마음을 가지고 있습니다. 하나님을 사랑하고, 복음의 열정이 있으신 집사님이십니다. 언젠가는 하나님의 음성에 순종하기를 기대해 봅니다.

photo by mansook paik

15. '복음의 파수꾼'(P. S. Park 집사)

사랑하는 아내와 7년의 오랜 교제 끝에 결혼을 했고, 예쁜 딸을 낳아 행복하게 살아가던 중, 결혼 3년 차에 아내가 다른 남자와 부정행위가 있음을 알게 되었고, 하루아침에 깊은 상실감, 배신감, 우울증, 불안감이 엄습하였습니다. 모태신앙인으로 지금껏 신앙생활을 열심히 하고 믿음이 좋다고 생각했지만 나의 속사람은 거친 파도 한 번에 무너져 내렸습니다.

아내를 돌이키려고 다가설수록 아내는 점점 더 멀어졌고 몇 주후 친정으로 가버렸습니다.

결혼 후 처음으로 이혼에 대해 고민하며 인터넷으로 기독교인의 이혼에 대한 글을 검색하던 중 백만숙 목사님이 올리신 부부에 대한 글을 보았고, 너무 은혜가 되어 무작정 목사님께 연락을 드렸는데, 목사님께서 너무도 친절히 상담을 해주셔서 그때부터 나의 신앙 멘토가 되어 주셨습니다. 그 후로 한 번도 빠짐없이 매일 이른 아침 '오늘의 말씀'과 찬양을 보내주셨고, 가끔 전화와 메신저로 치료자가 되어 주셔서 깨어진 나의 마음을 조금씩 회복시켜주셨습니다.

마음이 어느 정도 회복되는 시점에 아주 특별한 체험을 하였습니다. 교회 특별새벽 기도회가 있었는데 시작하기 한 주 전부터 새벽 기도회에 나가 기도하였고 첫날 기도를 시작하는데 몇 달간 아내와의 불화로 여러 가지 힘든 일들이 생각나면서 눈물이 나기 시작하였고, 하나님께 나를 불쌍히 여겨 함께 해 달라고 기도했는데 마음이 평안해졌습니다. 3주간 특새가 끝났지만 계속 새벽 기도를 이어갔고, 4주째부터는 오히려 새벽에 몸과 마음이 가볍고 맑아졌습니다. 5주째 되는 어느 날이었습니다. 새벽기도를 위해 일찍 자려고 침대에 엎드려 기도하는데 갑자기 몸이 뜨거워지고 통제가 안 되면서 "이제부터 내가 너와 친히 함께 할 것이고, 복을 내려줄 것이다."라는 처음 듣는 신비로운 큰 소리의 음성이 들려오는데 몸이 벌벌 떨렸습니다.

내 생애 최고의 은혜의 순간이며 영화로운 체험을 하고 난 후 깨닫게 되었습니다. 아내와의 불화를 통해 내가 그동안 하나님께 불화하였던 것을 알게 하셨고, 그 즉시 하나님과의 관계를 소중히 여기지 않은 것에 대해 회개하였습니다. 그 이후로 나의 삶은 변화되어 새롭게 태어나게 되었습니다.

그 일 이후 아내도 다시 집으로 돌아왔고, 직장의 특성상 계속되는 음주의 문제로 고민했던 일이 지인의 바이오사업 추천으로 직장을 퇴사한 후 사업장을 개업하여 7년 동안 많은 성장과 발전을 하게 되었습니다. 아내에 대한 원망의 입술이 하나님을 향한 감사로 바뀌게 되었습니다.

아내는 지금도 가끔 저의 마음을 아프게 합니다. 그러나 이제는 아내에게 원망의 말보다 하나님께서 나를 부르시는 신호로 생각하고 아내를 위해 부르짖고 주님께 더 매달립니다. 내가 주님 안에만 거하면 하나님은 항상 최선의 것으로 나에게 주시는 분이시니 어떠한 고난에도 하나님의 섭리와 뜻이 있음을 믿고 주님을 더욱 의지할 뿐입니다. 비록 아내와의 불화로 인해 이혼이라는 잘못된 생각을 했지만 하나님께서는 결국 그 잘못된 생각을 통해 백만숙 목사님을 만나게 하셨고, 저를 주님과의 깊은 만남의 통로로 인도해주셨습니다. 받은 은혜를 가지고 앞으로 더욱 하나님께 충성하고 가정에서는 신앙의 남편과 아빠로서 사업장에서는 복음의 파수꾼으로 교회에서는 헌신하는 직분자로 나의 일생을 바칠 것을 다짐해봅니다.

7년 전 블로그 '축복의 통로'(https://blog.naver.com/sjin0691)를 통해 박 집사님이 상담을 해왔습니다. 내용을 들어보니 조금 황당하기도 했지만 분명 하나님의 계획이 있다는 것을 알게 되었습니다. 물론 관점이 조금 다른 신앙인이 볼 때는 당연히 배우자의 부정함은 이혼 사유가 되기 때문에 이혼을 해야 한다고 말씀드렸을 수도 있습니다. 그런데 저는 하나님께서 집사님에게 특별한 은혜가 있다는 것을 알게 되었습니다. 먼저 하나님과의 관계가 우선될 때 가정이 회복될 것이라고 말씀드렸습니다.

그리고 아내를 무척이나 사랑하는 남편의 마음을 알게 되었습니다. 그러나 우선순위가 하나님이어야 하는데, 하나님보다 아내가 더 우선순위였던 것입니다. 하나님을 우선으로 할 때 그 아내의 마음을 돌이킬 수 있다는 것을 알게 하였는데, 감사하게도 집사님은 먼저 하나님과의 관계를 회복하였습니다.

고멜을 통해 호세아에게 하나님의 마음을 깨닫게 하신 주님, 집사님의 회개와 주님께 가까이 나감을 통해 하나님은 자신의 존재를 알리셨고, 집사님은 하나님께 더 가까이 감으로 영적인 축복을 받은 것입니다.

집사님의 십자가 복음을 삶 속에서 실천함을 통해 하나님께서는 박 집사님의 가정을 회복시켜 주셨고, 그 하는 일을 친히 하나님께서 이루고 계심을 확신합니다.

세상적인 관점으로 본다면 깨어질 수밖에 없는 가정이지만, 어떤 상황에서도 주님의 섭리가 있음을 믿으니 그 상황에서 가장 최선의 길로 인도하시는 주님을 보게 됩니다. 지금까지 잘 해 오신 것처럼 앞으로도 주님께 더 가까이 나가는 귀한 집사님이 되시기를 기도합니다. 그 가정과 사업장의 주인이 주님이시니 주님께서 선하신 길로 인도하실 것입니다. 멀지 않은 시간에 집사님의 가정이 천국이 되기를 소망합니다.

박 집사님은 저에게 상담해 주셔서 감사하다고 그랜드 힐튼호텔 vip 룸 숙박권을 선물하셔서 (사막에 핀 꽃은 형통하다 p78) 평생 단 한 번 호사를 누려보게 해 주셨습니다.

16. '오늘의 말씀'은 주님의 사랑의 편지
(이금남 권사 백봉교회)

너무나 부족한 저에게 간증의 기회를 주신 하나님께 감사드립니다.

백 목사님을 만나게 된 것이 저에게는 기적이고, 하나님의 은혜이며 축복입니다.

2012년 가을이었습니다. 그날도 어김없이 도서관에 가며 기도했습니다.

'주님, 책을 읽으러 가는데 저에게 꼭 필요한 책을 찾게 해 주세요'

도서관 책꽂이에서 이리저리 살피던 중 눈에 들어오는 한 권의 책이 있었습니다. '사막에 핀 꽃은 시들지 않는다.' 제목이 특별했고, 마음에 끌려 첫 장을 넘기게 되었습니다. 책의 서두를 읽는데 마음이 울컥했습니다. 집으로 돌아와 단숨에 책을 다 읽었습니다.

그런데 제가 읽은 책은 두 번째 책이었습니다. 첫 번째 책의 내용이 궁금해졌습니다. 그래서 인터넷 검색을 했는데 '사막에 핀 꽃은 아름답다'란 책은 절판으로 나와 있었습니다. 책에 저자의 프로필을 보니 광진교회에 근무하고 계셔서 전화를 걸어 백만숙 목사님을 찾았는데 전화를 받으신 분이 친절하게 번호를 알려주셨습니다.

목사님과 통화하면서 1권의 책을 읽고 싶다고 했더니 주소를 알려 달라고 하시면서 세 권의 책을 보내주셨습니다. 그래서 가까운 지인들에게 선물하며 감사한 마음으로 책을 읽게 되었습니다.

이렇게 목사님과의 만남이 시작되었습니다. 주님께서 허락하신 특별한 만남이었습니다. 그때부터 보내주신 '오늘의 말씀'은 늘 같은 시간에 보내오는 하나님의 사랑의 편지였습니다. 그 당시 나의 삶은 가장 힘든 시기였습니다. 그런데 날마다 같은 시간에 보내오는 '오늘의 말씀'을 통해 하나님은 나의 마음을 위로해 주시고, 내가 살아갈 길을 알려주셨습니다. 가장 힘든 시기에 가장 큰 힘이 되었습니다. '오늘의 말씀'은 오늘 내게 주시는 나침판과 같습니다.

요즘 저의 삶은 말씀에 순종하며 하루하루 살아갑니다. 성경통독을 하며 매일 감사일기도 적으며 남편과 함께 말씀을 묵상하고 있습니다. 정말 꿈같은 일입니다. 하나님이 주시는 지혜로 성경 암송도 하고 있습니다.

'사막에 핀 꽃은 형통하다'를 읽으며 삶의 현장에서 일어난 일들을 '오늘의 말씀'과 일치시키며 하나하나를 삶에 적용하고 있습니다.

주님은 나의 주인이십니다. 그리고 나는 주님을 나타내는 그릇으로 사용되기 위해 날마다 주님께 더 가까이 나가게 됩니다. 내 자아가 죽고 내가 비워짐으로 나를 통해 주님만 나타나기를 소원합니다.

백 목사님을 만나게 해 주신 주님께 감사드립니다. 목사님의 사역을 위해 기도하겠습니다.

2012년 어느 날, 집사님에게 전화가 왔습니다. 도서관에서 간증집 2권인 '사막에 핀 꽃은 시들지 않는다'를 읽었는데 전 편이 궁금하다며 책을 구매하고 싶다고 했습니다. 책을 읽고 싶다고 교회를 수소문해서 저를 찾았다는 용기에 참 놀랐습니다. 적극적이다 싶어 '사막에 핀 꽃은 아름답다' 세 권을 선물했습니다. 그때부터 집사님과 톡을 통해 상담을 하게 되었고, 남양주에서 개봉동에 있는 사무실에 찾아와 상담을 하게 되었습니다. 그 당시에는 남편 때문에 많이 힘든 상황이었습니다. 그런데 말씀이 그 가정을 회복시켰습니다. 하루하루 말씀에 은혜를 받고, 실천이 안 되는 부분들에 대한 피드백을 받게 되면서부터 집사님의 가정이 변하기 시작했습니다. 집사님이 은혜를 받으니 가족들이 변화된 것입니다. 이제는 남편과 함께 말씀을 묵상하며 가정예배도 드린다고 합니다. 지금은 이금남 권사님이신 그분과의 만남을 하나님의 특별한 섭리 가운데 필연적 만남이란 생각을 합니다.

우연히 지나칠 수도 있는데 용기를 내어 저를 찾아 이렇게 '오늘의 말씀'을 받아 보게 되었고, 그 말씀을 통해 신앙의 성장이 이루어진 것 등 특별한 하나님의 섭리 가운데 있는 일입니다. 그리고 이제는 십자가 복음을 살아내면서 가정이 회복된 것, 주님의 일은 주님이 하신다는 것을 새삼 깨닫습니다.

하나님께서 저에게 주신 비전은 깨어진 가정의 회복이었습니다. 주님은 먼저 저희 가정을 회복시키고, 갈등 속에 있던 가정들을 한 가정씩 회복시키십니다. 이런 아름다운 만남을 허락하신 주님께 감사드립니다.

photo by mansook paik

17. '문제보다 크신 주님을 보라'(김영숙 부교)

　제가 '오늘의 말씀'을 받아보게 된 것은 4년 정도 된 것 같습니다. 2012년 폐암 진단을 받고 수술 후 항암, 방사선 치료와 함께 한방치료를 병행할 때부터였습니다.

　2015년 어느 날, 소람 병원에서 꾸준히 치료받고 있던 가운데 믿음의 동역자 박윤향, 윤진옥, 노혜숙, 배복희, 신혜정, 박민송, 신현란, 조희순, 김승애 (이분들은 모두 소천 하셔서 하나님 품에 편히 쉬고 계십니다.)와 지금도 함께 하시는 송명자 권사님, 백문화 사모님, 두 교수님과 치유의 말씀, 기도 모임을 매주 월요일에 가졌습니다. 그때 박윤향 집사님을 통해 '오늘의 말씀'을 전달받고 그 말씀에 은혜를 받아 저도 다른 지인, 병원 의료진, 출석하는 교회 성도님 등 150여명에게 매일 말씀을 보내고 있습니다. 이 일이 저의 사명이라 생각하며 날마다 '오늘의 말씀'을 전하며 하루를 열어갑니다.

"내 안에 주님이 계십니다. 주님은 나의 주인이십니다. 오늘도 나는 주님을 나타내는 그릇으로 살아갑니다."

아침마다 주님께 고백하는 다짐이며 하루를 시작하는 나의 마음가짐입니다.

저는 9년차 폐암 4기 환우입니다. 주님을 믿는다고 하지만 암이라는 골리앗과 같은 장벽에 가로막히고 여러 번의 위험한 고비를 넘기며 두려움이 엄습해 올 때 '내 안에 주님이 계시고, 주님이 나의 주인이시니 주님께 다 맡기는 거야'라며 매일매일 고백하고 순종하는 삶으로 살다 보니 마음의 평안이 넘쳐나기 시작했고 문제가 문제 되지 않으며 기쁨이 넘쳐 났습니다. 문제보다 크신 하나님, 풍랑을 잠잠케 하시는 주님만을 바라보니 매일 매일이 감사로 고백되며 일어나는 모든 일들에 주님이 어떻게 펼쳐 나가실지 기대하게 됩니다.

주님은 우리를 이 땅에 사명자로 보내셨으니 그 사명 다 마칠 때까지 주님이 나를 통해 일하신다는 확신 속에 주님만을 나타내는 그릇이 되기를 소망하며 살아가고 있습니다.

소람 병원에 있는 암 환우들의 영혼 구원과 사슴이 시냇물을 찾듯 말씀에 갈급함이 있음을 알기에 예배를 드려야겠다는 강력한 바램과 기도 가운데 네 분의 목사님, 전도사님을 모시고 2019년 11월부터 매주 월요일 2시에 소람 병원에서 예배를 드리고 있습니다. 목사님을 초빙하는 일 또한 하나님의 일하심을 보게 됩니다. 네 분의 목사님께서 한 주씩 맡아주시고, 사례비 없이 말씀을 인도해 주시는데 그 중 한 분으로 '오늘의 말씀'

을 전하시는 백만숙 목사님을 모시게 되었습니다. 작은 무리일지라도 하나님의 임재 안에서 말씀이 선포되는데 그 감격은 이루 말할 수 없습니다.

모든 것을 주님께 맡길 때 그분이 일하심을 보게 됩니다. 더욱 반가운 소식이 있습니다. 소람 병원은 기독교 병원이 아님에도 몇 주 전부터 공식적으로 매주 주일 오전 10시에 독수리 둥지 교회 김대영 목사님의 인도로 예배를 드리고 있습니다. 할렐루야~ 하나님이 하셨습니다. 우리가 수년간 드린 기도를 하나님께서 이루셨습니다. 우리가 모든 힘을 다 빼고 온전히 주님께 맡길 때 내 안에 사시는 그분이 역사하십니다.

지금 이 시간에도 수많은 사람들을 통해 '오늘의 말씀'(하나님의 말씀)은 세계 곳곳에 전해지고 있을 것입니다.

"오직 성령이 너희에게 임하시면 너희가 권능을 받고 예루살렘과 온 유대와 사마리아와 땅 끝까지 이르러 내 증인이 되리라 하시니라"(행 1:8)

땅 끝까지 복음이 전파되기를 바라며 주님 오실 때까지 주님을 나타내는 그릇으로 살아가기를 소망합니다.

마라 나타 아멘 주 예수여 어서 오시옵소서.

김영숙 부교님을 만날 때마다 제가 은혜를 받습니다. 폐암 환우로서 소람 병원에서 다른 환우들을 섬기는 모습이 마치 천사와 같습니다. 그래서 저는 부교님을 볼 때마다 축복받은 사람이라고 말합니다. 언젠가 한 번은 아주 힘든 고비를 맞게 되었습니다. 그런데 부교님은 잘 견디어 주었고, 지금은 씩씩하게 예배를 주관하며 힘들지만 다른 환우들을 잘 섬기고 있습니다.

소람 병원은 참 오랜 시간 동안 인연이 있는 병원입니다. 그곳에서 만난 여러분들이 지금은 하나님 나라에 먼저 가 계십니다.(자세한 내용은 사막에 핀 꽃은 형통하다 p364-373)

어느 날 김영숙 부교님이 한 달에 한 번 예배에 설교를 해 줄 수 있는지 물었습니다. 문서선교를 하는 저에게는 설교는 참 부담이었습니다. 그러나 하나님께서 등을 떠밀 듯이 가라는 마음을 주셨습니다. 그런데 제가 그곳에서 깨닫는 것이 있습니다. 오늘 하루를 끊어 살아야 한다고 말씀을 전하지만, 그분들은 절박한 상황에서 오늘 하루의 소중함, 그리고 하나님을 향한 마음이 간절하다는 것입니다. 그분들을 볼 때마다 그런 마음의 자세를 배웁니다. 하나님께서 저에게 '너도 오늘 하루가 네 마지막이라 생각하고 살아라'고 그곳에 보내신 것 같습니다.

제가 그분들에게 늘 하는 말씀이 있습니다.

"우리가 살아도 주를 위하여 살고 죽어도 주를 위하여 죽나니 그러므로 사나 죽으나 우리가 주의 것이로다"(롬 14:8)

살아 있으나 죽으나 우리는 주님의 것입니다.

에필로그

2017년 11월 간증집 3권인 '사막에 핀 꽃은 형통하다' 가 세상에 나왔습니다. 그리고 2년 4개월 만에 간증집 제 4권인 '사막에서 깨달은 진리, 십자가 사랑'이 세상 속으로 나오게 되었습니다. 이 과정에 저희가 이사를 하게 되었고, 이사하는 과정에 많은 에피소드가 있었습니다. 그 일들이 하나님이 '한 인간의 삶을 이끌어 가시는 과정'이라 생각하였고. 많은 사람들에게 하나님이 하시는 일들을 나누고 싶었습니다.

그래서 하나님께 살짝 출판의 때가 되지 않았는지? 물었습니다. 그러자 하나님은 정확하게 출판 비용을 이혜숙 권사님을 통해 준비해주셨습니다. 그리고 윤 용 목사님을 준비해 주셔서 출판을 맡기게 하셨고, 이제 글을 쓰는 일만 남았을 때 조용한 곳, 양수리 수양관에서 2박 3일 동안 어떻게 써야 할지를 구상할 수 있었습니다.

제가 일하는 방법은, 다른 사람들처럼 사람들이 없는 조용한 곳에서 하나님의 음성을 듣는 것이 아니라 일상의 삶 속에서 생각을 통해 하나님의 뜻을 발견합니다. 그래서 생각을 집중하는 것이 제가 할 일입니다. 제목을 놓고 고민할 때, 어느 목사님께서 "사막 시리즈가 좋지 않을까요?" 물었고, 저는 사막에서 탈피하고 싶어 갈등하고 있을 때 힐링 동산에서 조용히 주님께 제목에 대해 물었습니다.

제가 사막에서 훈련을 받는 동안 깨달은 진리는 하나였습니다. 주님의 십자가 사랑, 그것이 오늘 제가 여기까지 올 수 있도록 만들어준 원동력 이었습니다. 그래서 '사막에서 깨달은 진리, 십자가 사랑'이란 제목이 만 들어지게 되었습니다. 십자가 사랑은 주님의 피 흘려 죽으심을 통해 제가 구원 받았듯이, 내 안에 주님이 사시기 때문에 자아가 죽기만 하면 주님 의 사랑이 저를 통해 다른 사람들에게 흘러가는 것입니다.

하나님께서 지금까지 일 하시는 방법은 먼저 저에게 은혜를 쏟아 부어 주시고, 그리고 출판의 마음을 주시고 물질을 준비하십니다. 이것이 출판 에 대한 하나님의 사인입니다. 출판 하겠다고 순종하면 하나님께서 사건 들을 친히 생각나게 하시고, 그 사건에 대한 해석까지 주십니다. 그래서 책을 출판하는 것이 저에게는 그리 어려운 일은 아니었습니다.

방학이어서 시간적인 여유는 있었지만, 저희 집을 힐링하우스로 공개 한 후 이어지는 방문객들 때문에 글 쓰는 일에 집중할 수가 없었습니다. 때로 하나님은 아프게 하셔서 다른 일에 집중하도록 하실 때가 있습니다. 책을 쓰는 기간 중에 엄지손가락을 베이는 사건이 있었습니다. 깊이 베이 게 되어 그 기간 동안 방문객을 조절할 수 있었고, 집안일에서 자유하게 되어 오히려 책을 쓰는데 집중할 수 있게 되었습니다. 비록 엄지손가락은 부상을 입었지만 글을 쓰는데 전혀 불편함은 없었습니다. 교회 행사로 바 쁠 즈음에는 발을 다치게 되어 일주일이라는 시간 동안 집안에만 있게 되 었습니다. 그 시간에도 집중해서 글을 쓰게 하셨습니다.

내게 왜 이런 일이 있을까? 내 관점에서 보면 속이 상할만한 일이지만 주님의 관점에서 보면 모든 것 하나하나에 주님의 계획과 뜻이 있다는 것입니다. 그래서 모든 사건을 주님의 관점으로 생각하는 것이 중요한 것 같습니다.

7년 동안 '오늘의 말씀'을 보내게 되었는데 그동안 참으로 많은 사람들을 알게 되었습니다. 만날 수 없는 새로운 사람들을 만난다는 것이 얼마나 신나는 일인지, 그 사람들에게 십자가 복음을 전하는 것도 참 기쁨이 됩니다. 문서사역을 통해 수많은 사람들을 만나게 하시고, 그분들에게 주님의 십자가 사랑을 전달하는 일이 제게 주신 사명(使命)입니다. 모든 일의 주체는 주님이십니다. 나는 그분의 그릇(도구)으로서 충실할 뿐입니다. 그분의 손과 발 그리고 입이 되어드릴 뿐입니다. 그 역할에 충실 하는 것이 주님을 기쁘시게 하는 일이라는 것을 알기 때문에 감히 그릇이 내용물이 되지 않도록 저 자신을 채찍질하며 마음을 살피고 있습니다.

이제 조용히 기도하는 마음으로 아름다운 책이 나오기를 기다리고 있습니다. 이 책이 세상에 나와 저와 같이 부족한 사람들에게 큰 소망을 갖기 원하고, 주님께 더 가까이 갈 수 있기를 간절히 소망하고 있습니다. 또 저의 도움이 필요하다면 언제든지 그분들의 손을 잡아줄 것이고, 어머니의 따스한 가슴으로 그분들을 품어줄 것입니다.

언젠가 제가 주님의 부르심을 받고 이 세상을 떠났을 때 '주님을 나타내는 아름다운 그릇으로 살다 본향으로 돌아갔다.'는 묘비명을 남기고 싶습니다. 주님이 허락하시는 날까지 주님을 나타내는 글 쓰는 일은 계속될 것이고, 주님이 은혜를 주시는 날까지 '오늘의 말씀'은 계속 전달될 것입니다.

이 땅에 하나님 나라가 커지기를, 인생 전체를 하나님의 통치를 받는 사람들이 많아지기를, 이 땅에 아름다운 그릇으로 살아가는 사람들이 많아지기를, 저의 발걸음을 지표(指標)로 삼아 그 길을 걸어가는 사람들이 많아지기를, 그래서 더 많이 나 자신을 부인하고 주님만 나타나길 소망합니다.

주님께 영광을 올립니다.

"나는 하나님의 은혜로 오늘의 내가 되었습니다. 나에게 베풀어주신 하나님의 은혜는 헛되지 않았습니다. 나는 사도들 가운데 어느 누구보다도 더 열심히 일하였습니다. 그러나 이렇게 한 것은 내가 아니라 나와 함께 하신 하나님의 은혜입니다."(고전 15:10)